―― 相続法変遷・相続人特定チェックリスト付き ――

末光 祐一 著

日本加除出版株式会社

推薦のことば

日本では，年間100万件前後の不動産の相続登記がされている。両親，親族からの財産の相続も，不動産の管理も，国民に関わりがあり，安全・安心に暮らしていくためには，不動産登記制度の健全な運用が不可欠となる。

その観点から，所有者不明土地が増えること自体，健全な不動産登記制度の運用には望ましくなく，従来より司法書士は相続登記や所有者探索など，所有者不明土地の発生予防，解決に努めてきた。

そして，令和3年4月21日に「民法等の一部を改正する法律」（令和3年法律第24号）及び「相続等により取得した土地所有権の国庫への帰属に関する法律」（令和3年法律第25号）が成立し，同年4月28日に公布された。相続登記の申請を義務化したことや，遺産分割に関し，具体的相続分の主張についての期間制限を設けたことなど，民法・不動産登記法の改正の内容は，早期の権利関係の確定に資するものであり，所有者不明土地の発生予防や解消に極めて有意義なものになると思われる。

日本司法書士会連合会では，空き家・所有者不明土地問題の解決は，まさに司法書士に課せられた重大な使命であるという認識のもと，全国の司法書士会や8つのブロック会とのコラボレーションによる相続登記促進事業など，様々な事業を展開してきた。相続登記の義務化に関しても，単に法定相続分による相続登記や相続人申告登記を行えばいいのではなく，将来に備えての，早期の権利関係の確定という視点から「遺産分割の促進」という重要な問題を常に意識して実務にあたるべきと考えている。

なお，相続には「亡くなった時点で施行されていた法律」が適用されるため，長らく相続登記がなされていない場合，明治・大正・昭和時代に遡って相続人を確認するケースがあり，数次相続の場合，旧々民法，旧民法を確認する必要が生じる。本書籍は相続法の変遷をまとめたうえで，相続人特定のためのチェックリストを設けてあるなど，相続登記の実務において非常に有益な書籍だと思われる。

身近なくらしの中の法律家として国民の皆様から色々な相談を受けるなどしている中で，相続及び相続登記の知識は司法書士に不可欠である。今後，司法書士には不動産登記制度の健全化にむけ存在意義をいかんなく発揮していただきたく，本書を強く推薦する。

令和３年11月

日本司法書士会連合会

会長　小 澤 吉 徳

はしがき

「相続」をテーマに，筆者は，平成29年9月に「事例でわかる　戦前・戦後の新旧民法が交差する相続に関する法律と実務」，令和元年5月に「事例でわかる　基礎からはじめる　旧民法相続に関する法律と実務」，そして，令和2年9月に「事例でわかる　過去から現在の相続に関する法律と実務」を日本加除出版から公刊させていただいた。これらの3作を通して，我が国における明治，大正，昭和，平成，令和の「相続」について，多くの事例に基づきながら，それぞれの時代において，「相続」はどのような効果を有したか，誰がどのように相続人になったか等について解説した。民法の変遷に沿って，相続の前提となる親族身分に関する規律及び相続に関する規律を明らかにすることを主眼としたものであり，各時代の相続，特に法定相続人の特定に関しては，これら3作をお読みいただければ多くの事案に対応していただくことができるのではないかと考えている。ただ，相続に関する用語は，ことに古い時代のものは，専門家であっても馴染みが薄いものも少なくなく，読者から，実務で出会った用語を手軽に理解することはできないか，現代までの相続についてコンパクトにまとまって一覧することはできないか，などのような意見が寄せられた。

そこで，今般，これら3作で取り扱った相続に関連する用語を中心に「キーワード」として整理して解説した本書を刊行させていただくことになった。

本書では，現代の相続のみならず，旧民法の相続や，旧民法施行前の相続を理解するうえで必要不可欠な「キーワード」を網羅し，根拠を示しながら，そのキーワードから各相続の要点を理解することができるように努めた。また，よりいっそう理解を深めていただけるよう，キーワードごとに関連する文献を検索することができるようにもした。加えて，年代別の民法の変遷と相続の関係をコンパクトにまとめ，さらに相続人特定のためのチェックリストも載せて，体系的な理解の一助になることも企図した。

本書は,「事例でわかる」3部作の,いわば別冊のような意味合いも持つものであり,相続に携わる数多くの専門家等の実務に多少でもお役に立ち,あるいは,所有者不明土地問題等の解消に向けて,その手伝いとなることができれば,筆者として望外の喜びである。

最後に,本書に対して「推薦のことば」を寄せて下さいました,日本司法書士会連合会小澤吉徳会長には,心から感謝を申し上げ,また,コロナ禍にもかかわらず,出版に向けてご尽力いただいた日本加除出版株式会社の佐伯寧紀氏に,お礼を申し上げる。

令和3年11月

末 光 祐 一

凡　例

1　本書中，法令名などの表記については，原則として省略を避けたが（昭和 22 年民法は本文中でも「新民法」と略記している。），括弧内及び第３編のキーワードにおいては以下の略号を用いた。

【法令略記】

民　民法（昭和 22 年民法以降）

附　新民法（昭和 22 年法律第 222 号）附則

旧　民法（明治 31 年民法，昭和 17 年民法（昭和 22 年民法の前の民法））

取　明治 23 年 10 月 7 日法律第 28 号民法財産取得編人事編のうち財産取得編（旧々民法財産取得編）

人　明治 23 年 10 月 7 日法律第 98 号民法財産取得編人事編のうち人事編（旧々民法人事編）

応　昭和 22 年 4 月 19 日法律第 74 号日本国憲法の施行に伴う民法の応急的措置に関する法律

【法令表記】

民 733 ② i　⇒　民法 733 条２項１号

【先例・裁判例】

最大決平 25・9・4 民集 67 巻 6 号 1320 頁

→　最高裁判所大法廷平成 25 年 9 月 4 日決定最高裁判所民事判例集 67 巻 6 号 1320 頁

平 25・12・11 民二第 781 号民事局長通達

→　平成 25 年 12 月 11 日付け民二第 781 号法務省民事局長通達

2　出典の表記につき，以下の略号を用いた。

民集　最高裁判所民事判例集

登研　登記研究

新　　末光祐一『事例でわかる　戦前・戦後の新旧民法が交差する相続に関する法律と実務』（日本加除出版，2017 年）

（注）該当頁は横組を示し，縦組（資料）は「(頁)」で示す。

基　末光祐一『事例でわかる　基礎からはじめる　旧民法相続に関する法律と実務』（日本加除出版，2019 年）

過　末光祐一『事例でわかる　過去から現在の相続に関する法律と実務』（日本加除出版，2020 年）

体　南敏文　監修，髙妻新　著，青木惺　補訂改訂『最新　体系・戸籍用語事典』（日本加除出版，2014 年）

相　髙妻新，荒木文明，後藤浩平『全訂第三版　相続における戸籍の見方と登記手続』（日本加除出版，2021 年）

相二版　髙妻新＝荒木文明『全訂第二版　相続における戸籍の見方と登記手続』（日本加除出版，2011 年）

（注）該当頁は縦組（第１～第７）の頁数を示し，横組（第８～第 10）は「(頁)」で示す。

手　髙妻新『新版　旧法・韓国・中国関係　Q&A　相続登記の手引き』（日本加除出版，2007 年）

3　事例等の表記につき，以下の略号を用いた。

- 被相続人とは，本書においては，相続登記における登記名義人である被相続人をいい，数次相続の場合は，登記名義人である初代の被相続人をいう。
- 事例の各図は，登記所に提出する相続関係説明図，法定相続情報一覧図，裁判所に提出する親族関係説明図と一致するものではない。
- 事例において現れた親族関係以外は，考慮しないものとする。

- 図

A
戸籍

Aを筆頭者とする戸籍を意味する。

甲家
戸籍

甲家の戸籍を意味する。

甲家分家　甲家新家	各々，甲家の分家の戸籍，甲家の者（又は，一家創立がないとしたら甲家に入るべき者）が一家創立した家の戸籍を意味する。
~~甲家戸籍~~	甲家が廃家され，又は絶家となったことを意味する。
~~A戸籍~~	特別養子の新戸籍であるA戸籍が直ちに消除されるなど，戸籍内の全員が当該戸籍から除かれたことを意味する。
[A男]　B男	A男は戸籍の筆頭者又は戸主で，B男は筆頭者，戸主以外の者であることを意味する。
A男＝＝B女	A男とB女は婚姻関係にあることを意味する。
A男＝＝B女 C女	C女はA男・B女の実子（特別養子を含む。）であることを意味する。
A男＝＝B女 E女　D男　C女	C女・D男・E女はA男・B女の実子（特別養子を含む。）であることを意味する。
A男＝＝B女 ‖ C女	C女はA男・B女の養子であることを意味する。
A男 ‖ C女	C女はA男の養子であることを意味する。
B女（斜線）	B女の死亡を意味する。
~~B女~~	B女が除籍したことを意味する。
B女←―	B女が入籍したことを意味する。
A男＝╳＝B女	A男とB女が離婚したことを意味する。

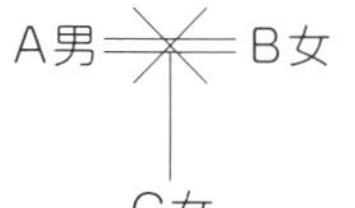

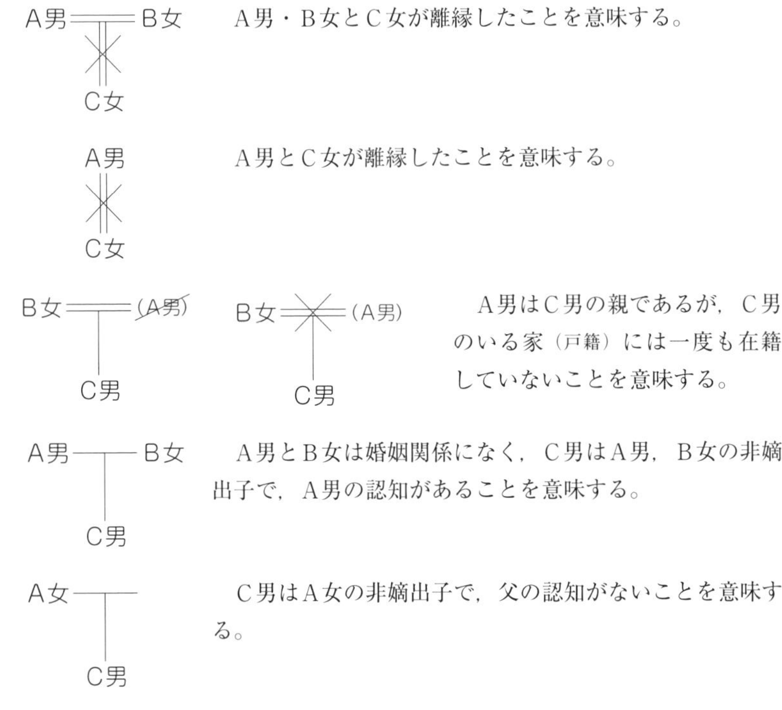

A男・B女とC女が離縁したことを意味する。

A男とC女が離縁したことを意味する。

A男はC男の親であるが，C男のいる家（戸籍）には一度も在籍していないことを意味する。

A男とB女は婚姻関係になく，C男はA男，B女の非嫡出子で，A男の認知があることを意味する。

C男はA女の非嫡出子で，父の認知がないことを意味する。

A男

A男が被相続人で，その死亡によって相続が開始したことを意味する。

そのほか，旧民法前の戸籍において，戸主からみて「子の妻」を「婦」又は「嫁」と表記しており（相 437 頁ほか参照），事例においてもその記載としている。

目　次

キーワード一覧

【い】

【え】

【お】

【か】

【き】

【け】

【こ】

【さ】

【し】

【す】

【せ】

【そ】

【た】

事例一覧

第1編

相続法の変遷と相続人特定チェックリスト

はじめに

本書は，第３編「キーワード」に，過去から現代までの相続に必要不可欠な用語をキーワードとして掲載し，それらのキーワードから「相続」を理解することを主な目的としているが，さらに，その効果を高めるために，第１編（本編）では相続法の変遷の流れを示した上で，戸籍謄本等を基に法定相続人を正確に特定するためのチェックリストを載せた。いずれも，明治から現代までの相続に対応している。

中でも本編２の「相続人特定のための重要事項チェックリスト」は，被相続人の戸籍謄本等を取得することから始まって，「はい」，「いいえ」等をチェックし，次のチェック番号に進み，その項目を確認し，さらに次のチェック番号へ，チェック番号へと進むと，最終的に，当該被相続人の全ての法定相続人を特定することができるよう，そのために必要と思われる事項をリスト化した。

共通スタートの１から，フローチャートのようにチェック番号を進んでいただいて，通常，現代（応急措置法以後）の相続であれば，表Ⓐの３～８を活用するだけで表Ⓑによって法定相続人を特定することができる。しかし，本書では過去の相続をも取り扱っていることから，旧民法の当時や旧民法の施行前の相続，あるいは，新民法附則が適用されるもの等についても重要事項をリスト化してある。被相続人の死亡日（さらには，死亡以外の事由で開始した家督相続の日），被相続人の出生日によってチェックするべきリストも変化し，通常の現代の相続以外の場合にはリストも複雑になるが，これにより過去から現代までの相続の大半の事例に対応できるようにしている。最後に，見落としがちな重要ポイントもリスト化して，法定相続人の特定の正確さを期すことができるようにしているので，仕上げの確認等に活用していただきたい。

1　相続人特定のための相続法変遷の年表

相続法変遷の年表では，明治から令和まで，相続に関連する法令等の重要な制定，改正等を一覧することができるよう，年表にした。携わっている相続が，どの時代の，どの法令が適用されるのか，まず概略を確認していただきたい。

1　相続人特定のための相続法変遷の年表

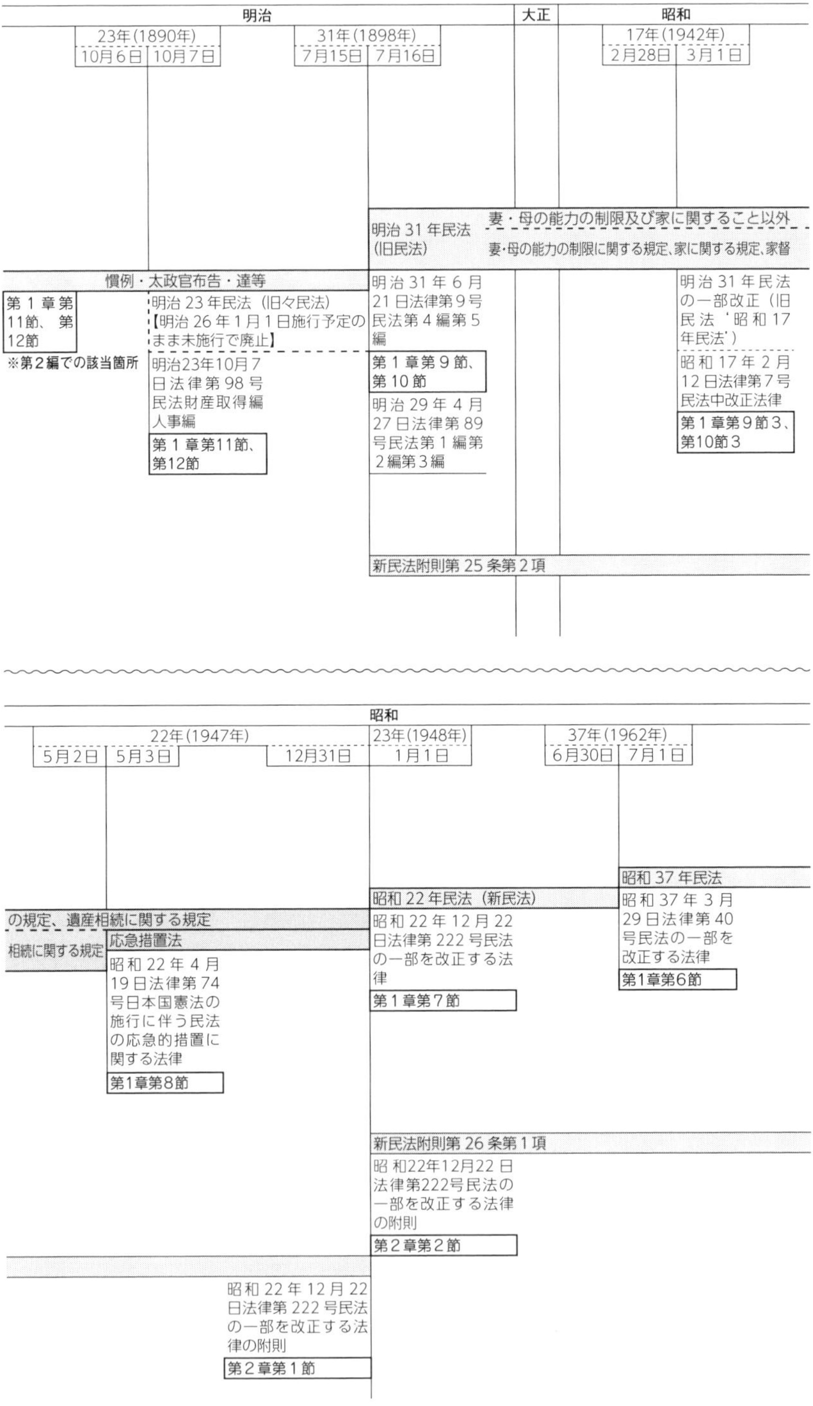

明治｜大正｜昭和

明治23年(1890年)　10月6日｜10月7日

明治31年(1898年)　7月15日｜7月16日

昭和17年(1942年)　2月28日｜3月1日

慣例・太政官布告・達等

第１章第11節、第12節

※第２編での該当箇所

明治23年民法（旧々民法）【明治26年1月1日施行予定のまま未施行で廃止】

明治23年10月7日法律第98号民法財産取得編人事編

第１章第11節、第12節

明治31年民法（旧民法）

妻・母の能力の制限及び家に関すること以外

妻・母の能力の制限に関する規定、家に関する規定、家督の規定、遺産相続に関する規定

明治31年6月21日法律第9号民法第4編第5編

第１章第９節、第10節

明治29年4月27日法律第89号民法第1編第2編第3編

明治31年民法の一部改正（旧民法‘昭和17年民法’）

昭和17年2月12日法律第7号民法中改正法律

第１章第９節３、第10節３

新民法附則第25条第２項

昭和22年(1947年)　5月2日｜5月3日　12月31日

昭和23年(1948年)　1月1日

昭和37年(1962年)　6月30日｜7月1日

相続に関する規定

応急措置法

昭和22年4月19日法律第74号日本国憲法の施行に伴う民法の応急的措置に関する法律

第1章第8節

昭和22年民法（新民法）

昭和22年12月22日法律第222号民法の一部を改正する法律

第１章第７節

昭和37年民法

昭和37年3月29日法律第40号民法の一部を改正する法律

第1章第6節

新民法附則第26条第１項

昭和22年12月22日法律第222号民法の一部を改正する法律の附則

第２章第２節

昭和22年12月22日法律第222号民法の一部を改正する法律の附則

第２章第１節

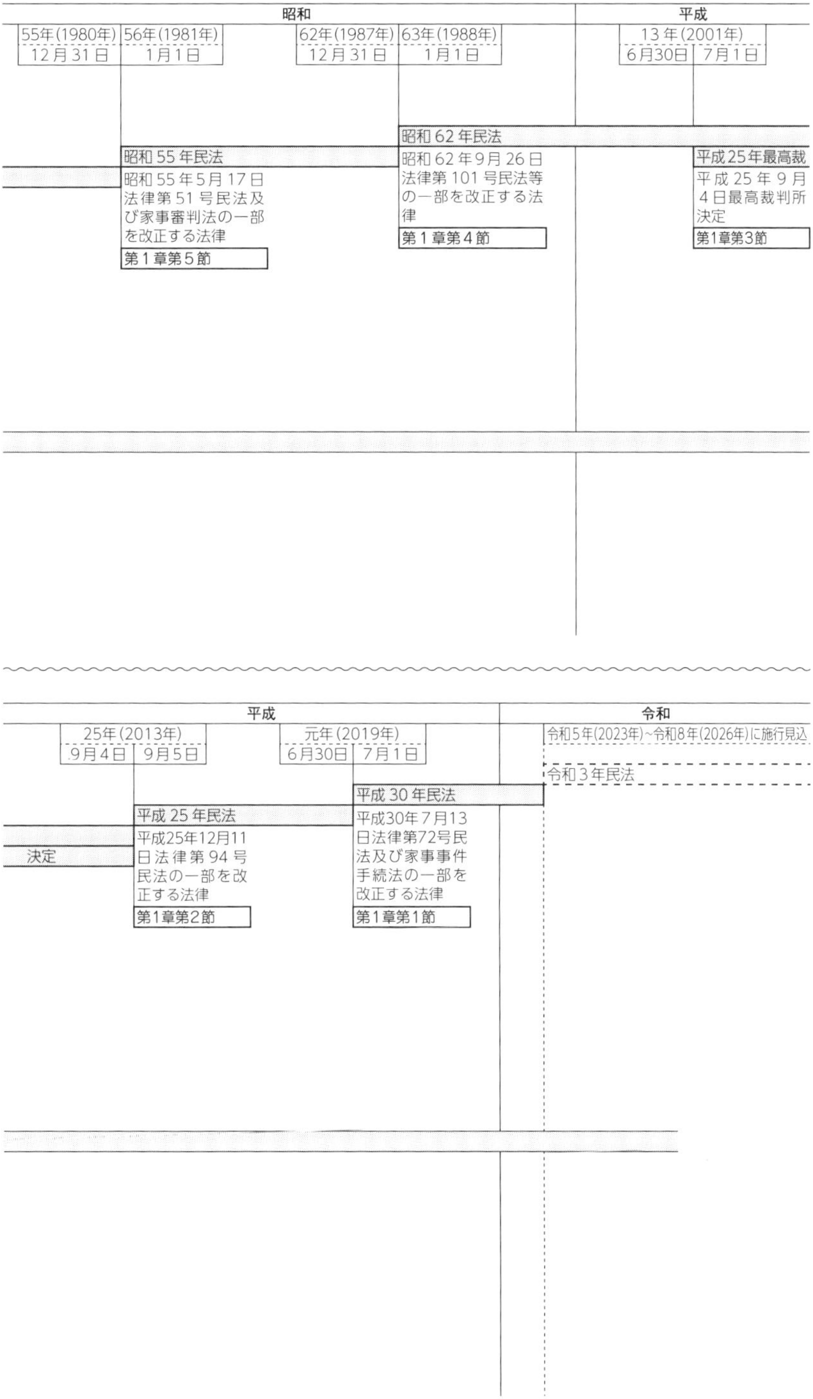

昭和				平成	
55年(1980年) 12月31日	56年(1981年) 1月1日	62年(1987年) 12月31日	63年(1988年) 1月1日	13年(2001年) 6月30日	13年(2001年) 7月1日

昭和55年民法
昭和55年5月17日法律第51号民法及び家事審判法の一部を改正する法律
第1章第5節

昭和62年民法
昭和62年9月26日法律第101号民法等の一部を改正する法律
第1章第4節

平成25年最高裁
平成25年9月4日最高裁判所決定
第1章第3節

平成				令和
25年(2013年) 9月4日	25年(2013年) 9月5日	元年(2019年) 6月30日	元年(2019年) 7月1日	令和5年(2023年)~令和8年(2026年)に施行見込

決定

平成25年民法
平成25年12月11日法律第94号民法の一部を改正する法律
第1章第2節

平成30年民法
平成30年7月13日法律第72号民法及び家事事件手続法の一部を改正する法律
第1章第1節

令和3年民法

2　相続人特定のための重要事項チェックリスト

◎　共通スタート

<table>
<tr><td rowspan="3">1</td><td rowspan="3">被相続人の死亡の記載のある最後の戸籍謄本等を取得しましたか。</td><td>□は　い</td><td>2へ</td></tr>
<tr><td>□取得して，死亡を確認</td><td>2へ</td></tr>
<tr><td>□現在の戸籍謄本を取得して，生存を確認</td><td>71へ</td></tr>
<tr><td rowspan="2">2</td><td rowspan="2">被相続人の死亡日は，昭和22年5月3日以後ですか。</td><td>□は　い</td><td>3へ</td></tr>
<tr><td>□いいえ</td><td>22へ（別途，注意事項⓪80〜に注意してください。）</td></tr>
</table>

表Ⓐ〔応急措置法，新民法以後の民法に基づく法定相続人〕

＊詳しくは：第1章第1節〜第8節

<table>
<tr><td rowspan="2">3</td><td rowspan="2">被相続人の出生から死亡までの全ての戸籍謄本等を間断なく取得しましたか。
＊詳しくは：キーワード「戸籍」</td><td>□は　い</td><td>4へ</td></tr>
<tr><td>□いいえ</td><td>取得してから，4へ</td></tr>
<tr><td rowspan="2">4</td><td rowspan="2">○　常に相続人となる配偶者の確認
被相続人の死亡の時に生存している配偶者はいますか。</td><td>□は　い</td><td>その配偶者を法定相続人として特定して下さい。
5へ</td></tr>
<tr><td>□いいえ</td><td>5へ</td></tr>
<tr><td rowspan="2">5</td><td rowspan="2">○　第1順位の相続人の確認
被相続人の死亡の時に生存※している子（代襲相続がある場合は代襲相続人である孫，再代襲相続がある場合は再代襲相続人である曽孫以下の直系卑属）はいますか。
一人でもいれば「はい」，一人もいなければ「いいえ」
被相続人の子の戸籍謄本等を取得して，被相続人の死亡の時に生存している子を確認して下さい。
被相続人の死亡以前に死亡した子がいた場合，その死亡した子の子の戸籍謄本等を取得して，代襲相続人である被相続人の孫（被相続人の死亡時に生存※している者）を確認してください。さらに死亡している場合には，再代襲相続人である曽孫以下の直系卑属を，同様に確認してください。
被代襲者の戸籍謄本等は，出生から死亡までの全てのものを取得してください。
※　詳しくは：キーワード「胎児と相続」，「胎児と代襲相続」</td><td>□は　い</td><td>その子（代襲相続人である孫，再代襲相続人である曽孫以下の直系卑属）を法定相続人として特定して下さい。
4で「はい」のときは9へ，「いいえ」のときは10へ</td></tr>
<tr><td>□いいえ</td><td>6へ</td></tr>
<tr><td>6</td><td>◎　第2順位の相続人の確認
被相続人の死亡の時に生存している直系尊属はいますか。
一人でもいれば「はい」，一人もいなければ「いいえ」</td><td>□は　い</td><td>その直系尊属のうち，最も親等が近い者を法定相続人として特定して下さい。例えば，その父母が一人でもいれば，生存し</td></tr>
</table>

	被相続人の父の戸籍謄本等と母の戸籍謄本等を取得して，被相続人の死亡の時に生存している父，母を確認して下さい。 被相続人の死亡の時に父母の全てが死亡していた場合において，被相続人の死亡の時に一人でも祖父母が生存している可能性があるときは，その祖父母の戸籍謄本等を取得して下さい。さらに，祖父母の全てが死亡している場合には，曽祖父母について，同様に確認してください。		ているその父，母が特定され，この場合は祖父母が特定されることはありません。 4で「はい」のときは11へ，「いいえ」のときは12へ
		□いいえ	7へ
7	○　第3順位の相続人の確認 被相続人の父の出生から死亡までの戸籍謄本等と，母の出生から死亡までの戸籍謄本等を取得して，兄弟姉妹の戸籍謄本等を取得して，被相続人の死亡時に生存している兄弟姉妹を確認して下さい。	被相続人の死亡の日に対応して結論が異なります。	
	1　被相続人の死亡の日：～昭和22年12月31日 被相続人の死亡の時に生存している兄弟姉妹はいますか。 一人でもいれば「はい」，一人もいなければ「いいえ」 被相続人の死亡前に死亡した兄弟姉妹がいた場合でも，代襲相続はなかったため，甥姪がいたとしても，甥姪は相続人となりません。	□は　い	その兄弟姉妹を法定相続人として特定して下さい。 4で「はい」のときは13へ，「いいえ」のときは14へ
		□いいえ	8へ
	2　被相続人の死亡の日：昭和23年1月1日～昭和55年12月31日 被相続人の死亡の時に生存している兄弟姉妹（代襲相続がある場合は代襲相続人である甥姪，再代襲相続がある場合は再代襲相続人である姪孫※以下の傍系卑属）はいますか。 一人でもいれば「はい」，一人もいなければ「いいえ」 被相続人の死亡以前に死亡した兄弟姉妹がいた場合，その死亡した兄弟姉妹の子の戸籍謄本等を取得して，代襲相続人である被相続人の甥姪（被相続人の死亡時に生存している者）を確認してください。さらに死亡している場合には，再代襲相続人である姪孫以下の者を，同様に確認してください。 被代襲者の戸籍謄本等は，出生から死亡までの全てのものを取得してください。 ※　被相続人の甥姪の子である被相続人の傍系卑属	□は　い	その兄弟姉妹（代襲相続人である甥姪，再代襲相続人である姪孫以下の傍系卑属）を法定相続人として特定して下さい。 4で「はい」のときは13へ，「いいえ」のときは14へ
		□いいえ	8へ
	3　被相続人の死亡の日：昭和56年1月1日～ 被相続人の死亡の時に生存している兄弟姉妹（代襲相続がある場合は代襲相続人である甥	□は　い	その兄弟姉妹（代襲相続人である甥姪）を法定相続人として特定して下さ

	姪）はいますか。 一人でもいれば「はい」，一人もいなければ「いいえ」 被相続人の死亡以前に死亡した兄弟姉妹がいた場合，その死亡した兄弟姉妹の子の戸籍謄本等を取得して，代襲相続人である被相続人の甥姪（被相続人の死亡時に生存している者）を確認してください。なお，再代襲はありませんので，姪孫以下は相続人とはなりません。 被代襲者の戸籍謄本等は，出生から死亡までの全てのものを取得してください。		い。 4で「はい」のときは13へ，「いいえ」のときは14へ
		□いいえ	8へ
8	4は「はい」ですか。	□は　い	15へ
		□いいえ	16へ

表Ⓑ〔表Ⓐに基づく法定相続人の特定の結果〕

9	配偶者＋子（代襲相続がある場合は当該代襲相続人（再代襲相続がある場合は当該再代襲相続人以下））		17へ
10	子（代襲相続がある場合は当該代襲相続人（再代襲相続がある場合は当該再代襲相続人以下））		
11	配偶者＋親等の最も近い直系尊属		
12	親等の最も近い直系尊属		
13	配偶者＋兄弟姉妹（代襲相続がある場合は当該代襲相続人（再代襲相続がある場合は当該再代襲相続人以下））		
14	兄弟姉妹（代襲相続がある場合は当該代襲相続人（再代襲相続がある場合は当該再代襲相続人以下））		
15	配偶者		
16	不存在		
17	被相続人の出生日は，昭和22年5月3日以後ですか。	□は　い	18へ
		□いいえ	19へ
18	法定相続人を特定することができました。⇒特定終了（最終チェック，73へ）		

表Ⓒ〔新民法附則26条1項の適用〕　＊詳しくは：第2章第2節

19	被相続人は，昭和22年5月3日午前0時当時，戸主（婚姻又は養子縁組によって他家から入った者に限ります。）でしたか※。 ※　昭和22年5月3日以後に，被相続人は，婚姻の取消若しくは離婚又は縁組の取消若しくは離縁によって氏を改めていない場合に限ります。	□は　い	20へ
		□いいえ	18までに特定された法定相続人のとおりです。 ⇒通常は，これで特定終了（念のため，生前相続の可能性については，60へ）
20	昭和22年5月3日午前0時当時，被相続人に，家附の継子に該当する者はいますか。	□は　い	21へ
		□いいえ	18までに特定された法定相続人のとおりです。 ⇒通常は，これで特定終了（念のため，生前相続の可能性については，60へ）

21	その家附の継子を被相続人の子であるとみなして，再び，表Ⓐを適用してください。	⇒適用後，通常は，これで特定終了（念のため，生前相続の可能性については，60へ）

◎　応急措置法施行前につきスタート

22	被相続人の死亡日は，明治31年6月15日以後ですか。	□はい	23へ
		□いいえ	46へ

◎　旧民法につきスタート

23	被相続人は，死亡の時に戸主ですか。	□はい	24へ
		□いいえ	36へ

表Ⓓ〔旧民法に基づく死亡による家督相続人〕　＊詳しくは：第1章第9節

24	○　家督相続届の記載の確認 被相続人の死亡の時の戸籍謄本等に，その次の家督相続人が記載されていますか。 被相続人の死亡の時の戸籍謄本等に，家督相続届の記載があり，その次の家督相続人が誰であるかを確認して下さい。 その家督相続によって新たに編成された戸籍謄本等を取得して，その次の家督相続人が，当該戸籍謄本等における戸主となっているか確認してください。	□はい	当該家督相続人を法定相続人として特定して下さい。 30へ
		□いいえ	25へ
25	○　絶家の記載の確認 被相続人の最後の戸籍謄本等に，絶家の記載はありますか。	□はい	26へ
		□いいえ	27へ
26	絶家の記載は，❶又は❷のどちらでしょうか。 ❶「家督相続人ナキニ因リ絶家」 ❷「区裁判所ノ許可ヲ得テ絶家」	□　❶	家督相続人は不存在です。 31へ
		□　❷	家督相続人不選定です。 35へ
27	○　第1種法定家督相続人の確認 被相続人の死亡の時において，被相続人と同じ戸籍に在籍し，生存している直系卑属はいますか。	□はい	第1種法定家督相続人として最優先の順序の直系卑属が単独で家督相続人となります。 例えば，長女（姉）と長男（弟）では長男が，二男（弟）と亡長男（兄）の長女（兄，弟はいないとする。）では亡長男の長女である孫が優先します。 32へ
		□いいえ	28へ

28	○　第１種選定家督相続人の被選定対象者の確認 被相続人の死亡の時において，被相続人と同じ戸籍に在籍し，生存している配偶者，兄弟，姉妹，甥姪以下の直系卑属はいますか。	□は　い	家督相続人不選定です。 35へ
		□いいえ	29へ
29	○　第２種法定家督相続人の確認 被後見人の死亡の時において，被相続人と同じ戸籍に在籍し，生存している直系尊属はいますか。	□は　い	第２種法定家督相続人として最優先の順序の直系尊属が単独で家督相続人となります。 例えば，祖父と母では母が，父と母では父が優先します。 33へ
		□いいえ	家督相続人不選定です。 35へ

表Ⓔ〔表Ⓓに基づく法定相続人の特定の結果〕

30	戸籍に家督相続人として記載された者	34へ
31	不存在	
32	第１種法定家督相続人	
33	第２種法定家督相続人	
34	法定相続人を特定することができました。⇒通常は，これで特定終了（念のため，生前相続の可能性については，61へ）	

◎　新民法附則25条２項の適用　　＊詳しくは：第２章第１節

35	被相続人が死亡した時に遡って，表Ⓐを適用（７の適用に当たっては②）してください。	⇒適用後，通常は，これで特定終了（念のため，生前相続の可能性については，61へ）

表Ⓕ〔旧民法に基づく遺産相続人〕　　＊詳しくは：第１章第10節

36	被相続人の出生から死亡までの全ての戸籍謄本等を間断なく取得しましたか。	□は　い	37へ
		□いいえ	取得してから，37へ
37	○　第１順位の遺産相続人の確認 被相続人の死亡の時に生存している子，代襲相続人である孫，再代襲相続人である曽孫以下の直系卑属はいますか。 一人でもいれば「はい」，一人もいなければ「いいえ」 被相続人の子の戸籍謄本等を取得して，被相続人の死亡の時に生存している子を確認して下さい。 被相続人の死亡以前に死亡した子がいた場合，その死亡した子の子の戸籍謄本等を取得して，代襲相続人である被相続人の孫（被相続人の死亡の時に生存している者）を確認してください。	□は　い	その子（代襲相続人である孫，再代襲相続人である曽孫以下の直系卑属）を法定相続人として特定して下さい。 41へ

	さらに死亡している場合には，再代襲相続人である曾孫以下の直系卑属を，同様に確認してください。 被代襲者の戸籍謄本等は，出生から死亡までの全てのものを取得してください。	□いいえ	38へ
38	○　第２順位の遺産相続人の確認 被相続人の死亡の時に生存している配偶者はいますか。	□は　い	その配偶者を法定相続人として特定して下さい。 42へ
		□いいえ	39へ
39	◎　第３順位の相続人の確認 被相続人の死亡の時に生存している直系尊属はいますか。 一人でもいれば「はい」，一人もいなければ「いいえ」 被相続人の父の戸籍謄本等と母の戸籍謄本等を取得して，被相続人の死亡の時に生存している父，母を確認して下さい。 被相続人の死亡時に父母の全てが死亡していた場合において，被相続人の死亡の時に一人でも祖父母が生存している可能性があるときは，その祖父母の戸籍謄本等を取得して下さい。さらに，祖父母の全てが死亡している場合には，曽祖父母について，同様に確認してください。	□は　い	その直系尊属のうち，最も親等が近い者を法定相続人として特定して下さい。例えば，その父母が一人でもいれば，生存しているその父，母が特定され，この場合は祖父母が特定されることはありません。 43へ
		□いいえ	40へ
40	○　第４順位の遺産相続人の確認 被相続人の死亡の時の戸籍謄本等に記載されている，生存している戸主を法定相続人として特定して下さい。		44へ

表Ⓖ〔表Ⓕに基づく法定相続人の特定の結果〕

41	直系卑属（代襲相続がある場合は当該代襲相続人（再代襲相続がある場合は当該再代襲相続人以下））	45へ
42	配偶者	
43	親等の最も近い直系尊属	
44	戸主	
45	法定相続人を特定することができました。⇒通常は，これで特定終了（念のため，生前相続の可能性については，61へ）	

◎　旧民法の施行前につきスタート

46	被相続人は，死亡の時に戸主ですか。	□は　い	47へ
		□いいえ	53へ

表Ⓗ〔旧民法施行前の家督相続人〕　＊詳しくは：第1章第11節

No.	確認事項	回答	結果
47	○　家督相続人の確認 被相続人の死亡の時の戸籍謄本等に，その家督相続人が記載されていますか。 被相続人の死亡の時の戸籍謄本等に，家督相続届の記載があり，その家督相続人が誰であるかを確認して下さい。 その家督相続によって新たに編成された戸籍謄本等を取得して，その家督相続人が，当該戸籍謄本等における戸主となっているか確認してください。	□はい	当該家督相続人を法定相続人として特定して下さい。 49へ
		□いいえ	48へ
48	○　絶家の記載の確認 被相続人の最後の戸籍謄本等に，絶家の記載はありますか。	□はい	相続人が不存在です。 50へ
		□いいえ	旧々民法，太政官布告・達等を参考にして，家督相続人を特定して下さい。 51へ

表Ⓘ〔表Ⓗに基づく法定相続人の特定の結果〕

No.	結果	
49	当該家督相続人	52へ
50	不存在	
51	特定された家督相続人	
52	法定相続人を特定することができました。⇒通常は，これで特定終了（念のため，生前相続の可能性については，61へ）	

表Ⓙ〔旧民法施行前の遺産相続人〕　＊詳しくは：第1章第12節

No.	確認事項	回答	結果
53	○　第1順位の遺産相続人の確認 被相続人の死亡の時において，被相続人と同じ戸籍に在籍し※，生存している直系卑属はいますか。 一人でもいれば「はい」，一人もいなければ「いいえ」 ※　被相続人の死亡の時において，被相続人と同じ戸籍に在籍していない直系卑属は，遺産相続人とはなりません。	□はい	第1順位の最優先の順序の直系卑属が単独で遺産相続人ととなります。 56へ
		□いいえ	54へ
54	○　第2順位の遺産相続人の確認 被相続人の死亡の時に生存している配偶者はいますか。	□はい	その配偶者を法定相続人として特定して下さい。 57へ
		□いいえ	55へ
55	○　第3順位の遺産相続人の確認 被相続人の死亡時の戸籍謄本等に記載されている，生存している戸主を法定相続人として特定して下さい。		58へ

表Ⓚ〔表Ⓙに基づく法定相続人の特定の結果〕

56	当該最優先の直系卑属	59へ
57	配偶者	
58	戸主	
59	法定相続人を特定することができました。⇒通常は，これで特定終了（念のため，生前相続の可能性については，61へ）	

◎　生前相続の可能性につきスタート　　＊詳しくは：キーワード「生前相続」

60	昭和22年5月3日午前0時の前に，被相続人について，死亡以外の事由で，家督相続が開始していたかを確認します。	62へ
61	被相続人の死亡の前に，同人（その被相続人）について，死亡以外の事由で，家督相続が開始していたかを確認します。	62へ

表Ⓛ〔生前相続による家督相続人〕　　＊詳しくは：キーワード「生前相続」

62	被相続人は，男性ですか。女性ですか。	□男性	64へ
		□女性	63へ
63	○　入夫婚姻の確認 戸主であった被相続人が，入夫婚姻によって，戸主ではなくなったことはありますか。 被相続人（女性）が戸主（女戸主）であった戸籍が，入夫婚姻によって，新たに，入夫を戸主とする戸籍が編成されている場合が，これに該当します。入夫婚姻があっても，引き続き，被相続人が戸主であるとき（新たな戸籍が編成されていないとき）は，該当しません（家督相続は開始していません。）。	□は　い	その入夫が家督相続人となります（入夫婚姻の時に家督相続が開始）。 67へ
		□いいえ	64へ
64	○　隠居の確認 被相続人は，隠居したことがありましたか。 被相続人の戸籍謄本等に隠居届の記載があると，併せて家督相続届の記載があり，新たに，その家督相続人を戸主とした戸籍が編成されています。	□は　い	新たな戸主が家督相続人となります（隠居の時に家督相続が開始）。 67へ
		□いいえ	65へ
65	○　その他の生前の家督相続の確認 被相続人に，婚姻によって当該戸籍を除籍し，養子縁組の取消しによって当該戸籍を除籍し，又は入夫の離婚はありましたか。 入夫婚姻によって戸主となった入夫が離婚したとき，戸主が戸主のまま（隠居しないで）婚姻などして他の戸籍入籍した場合は家督相続が開始し，その家督相続届によってに家督相続人を確認することができます。 ただし，このようなときに家督相続届の記載がない戸籍謄本等もあり，この場合には，表Ⓓ	□は　い	その確認された者，特定された者が家督相続人となります（当該除籍などの行為の時に家督相続が開始）。 67へ

	の 25（旧民法の施行前では，表Ⓗの 48）以下を適用して，家督相続人を特定してください。	□いいえ	66 へ
66	生前相続はありません。	法定相続人は既に 20，21，34，35，52，59 で特定されたとおりです。⇒これで特定終了（最終チェック，73 へ）	

表Ⓜ〔生前相続による法定相続人の判定〕

＊詳しくは：キーワード「生前相続と死亡相続」

67	○　不動産の取得時期の確認 登記事項から，被相続人が当該不動産を取得した日を確認すると，次の❶又は❷のどれに当たりますか。 ❶　当該不動産を取得してから，表Ⓛの 63 から 65 による家督相続が開始した。 ❷　表Ⓛの 63 から 65 による家督相続が開始してから，当該不動産を取得した。	□　❶	生前相続を考慮して法定相続人を判定する必要があります。 68 へ
		□　❷	生前相続を考慮して法定相続人を判定する必要はありません。 70 へ
68	当該不動産については，表Ⓛの 63 から 65 による家督相続人が法定相続人となります。この場合，既に 59 まで特定された相続人は，当該不動産については法定相続人となりません。		左の家督相続人を当該不動産についての法定相続人として特定して，69 へ
69	法定相続人を特定することができました。⇒これで特定終了（最終チェック，73 へ） さらに生前に家督相続が開始していた場合は，その家督相続について表Ⓛから適用して，すべての生前相続について確認してください。		
70	当該不動産については，表Ⓛの 63 から 65 による家督相続人は法定相続人となりません。この場合，既に 59 までで特定された相続人が，当該不動産についての法定相続人となります。		20，21，34，35，52，59 で特定された相続人を当該不動産についての法定相続人として特定してください。⇒これで特定終了（最終チェック，73 へ）

表Ⓝ〔生存している者の生前相続による法定相続人の判定〕

71	被相続人の出生日は，昭和 22 年 5 月 3 日以後ですか。	□は　い	相続は開始していません。⇒これで終了
		□いいえ	72 へ
72	被相続人の生前に，同人（その被相続人）について，死亡以外の事由で，家督相続が開始していたかを確認します。		62 へ

◎　通常の最終チェック　＊チェックの結果，必要があれば，もう一度，最初から，法定相続人を特定してください。

73	被相続人の出生※から死亡までの全ての戸籍謄本等を取得していますか。取得した謄本の内容は，記載されてる（いた）全ての人について確認してください（以下，同じです。）。 ※　相続登記の手続等については，生殖可能年齢からのものでも許容される場合があります。	□は　い	74へ
		□いいえ	取得して，その内容を確認してから，74へ
74	代襲相続がある場合，被代襲者の出生※から死亡までの全ての戸籍謄本等を取得していますか。 ※　73と同じ	□は　い	75へ
		□いいえ	取得して，その内容を確認してから，75へ
75	被相続人の養子（又は養子縁組に基づく兄弟姉妹）の子が代襲相続人となる場合，当該子は，被相続人の孫（又は甥姪）※に当たりますか。 ※　例えば，養子の子であっても，養子縁組前に出生した子は，もともと被相続人の孫でない限り，被相続人の孫にはならない。	□被相続人の養子（又は養子縁組に基づく兄弟姉妹）の子が代襲相続人となる場合ではない場合。	76へ
		□は　い	76へ
		□いいえ	当該者は代襲相続人にはなりません（法定相続人として特定しません。）。76へ
76	法定相続人として特定された者の戸籍謄本等※を取得していますか。なお，その戸籍謄本は，相続の開始の日の後に発行されたものでなければなりません。また，その相続人の住所を確認する必要がある場合は，その戸籍の附票又は住民票の写しを取得して下さい（手続によっては，被相続人の最後の住所を確認することができる戸籍の附票又は住民票の写しを取得する必要があります。）。 ※　特定された法定相続人が生存しているときは，その現在の戸籍の抄本で足ります。	□は　い	77へ
		□いいえ	取得して，その内容を確認してからから，77へ
77	子，親，兄弟姉妹の判別は，実親子関係（非嫡出の親子関係を含む。）に基づくものの他，養親子関係（特別養子縁組によるものを含む。）を考慮（昭和22年5月2日までの，それらの親族関係については継親子関係を考慮）しましたか。	□は　い	78へ
		□いいえ	考慮してから，78へ
78	昭和22年5月3日以後に開始した相続において兄弟姉妹（代襲相続人を含む。）が法定相続人として特定される場合に，被相続人の父及び母の双方について出生※から死亡までの全ての戸籍謄本等を取得していますか。また，兄弟姉妹は，全血の兄弟姉妹だけでなく，半血の兄弟姉妹も確認しましたか。 ※　74と同じ	□は　い	通常の最終チェックは終了です。79へ
		□いいえ	取得して，確認してすると，通常の最終チェックは終了です。79へ

◎　数次相続について　　＊詳しくは：キーワード「数次相続」

79	特定された法定相続人が，その後に死亡※しているとき（数次相続）は，当該相続人を被相続人として，共通スタート１から，第２次相続について，法定相続人を特定してください。この場合，数次相続と代襲相続に際に留意して下さい。 ※　死亡以外の事由で家督相続が開始している場合を含む。

注意事項◎〔旧民法の施行中・前に出生した者に特有の主な注意事項〕

80	旧民法に特有の親族関係に注意してください。応急措置法の施行後に開始した相続にあっては，旧民法当時の親族関係の消長についても注意してください。	継親子関係
		嫡母，嫡母庶子関係
		養親の去家による養親子関係の終了
		養親子関係の終了の例外
		庶子・私生子
81	旧民法施行前に特有の親族関係に注意してください。旧民法の施行後に開始した相続にあっては，旧民法施行前の親族関係の消長についても注意してください。	共同養子縁組の成立
		嗣子・養嗣子
		廃嫡
		退隠

(注) 戸籍謄本等は，生殖年齢ではなく，出生を基準としている。相続人の現在戸籍は被相続人の死亡日後に取得する。

3　親族・親等図表

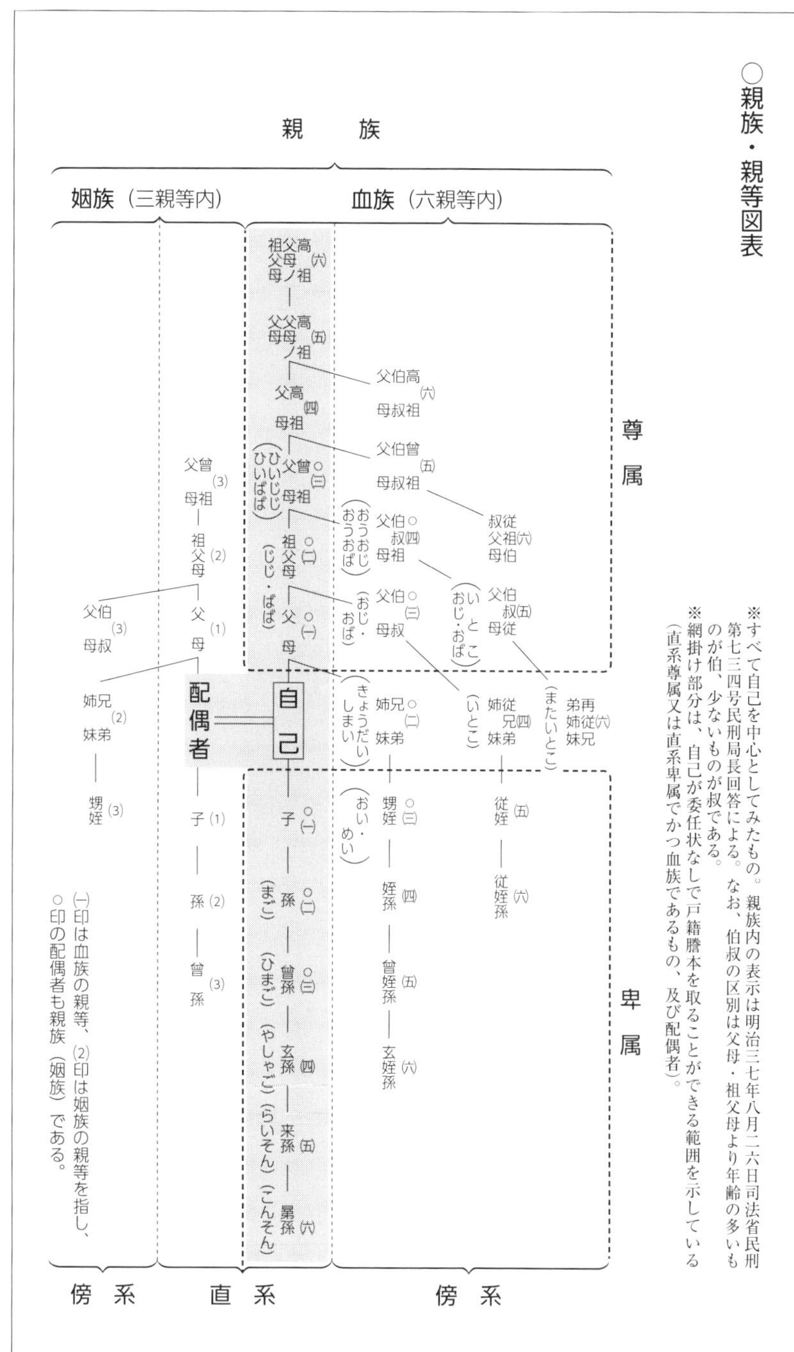
○親族・親等図表
親族
姻族（三親等内）
血族（六親等内）
高祖父母ノ祖父母(六)
高祖父母ノ父母(五)
高祖父母(四)
曽祖父母○(三)（ひいじじ・ひいばば）
祖父母○(二)（じじ・ばば）
父母○(一)
自己
配偶者
子○(一)
孫○(二)（まご）
曽孫○(三)（ひまご）
玄孫(四)（やしゃご）
来孫(五)（らいそん）
昆孫(六)（こんそん）
高祖伯叔父母(六)
曽祖伯叔父母(五)
祖伯叔父母○(四)（おおおじ・おおおば）
従祖伯叔父母(六)
伯叔父母○(三)（おじ・おば）
従伯叔父母(五)（いとこおじ・おば）
兄弟姉妹○(二)（きょうだい・しまい）
従兄弟姉妹(四)（いとこ）
再従兄弟姉妹(六)（またいとこ）
甥姪○(三)（おい・めい）
姪孫(四)
曽姪孫(五)
玄姪孫(六)
従甥姪(五)
従姪孫(六)
曽祖父母(3)
祖父母(2)
父母(1)
伯叔父母(3)
兄弟姉妹(2)
甥姪(3)
子(1)
孫(2)
曽孫(3)
尊属
卑属
傍系
直系
傍系
(一)印は血族の親等、(2)印は姻族の親等を指し、○印の配偶者も親族（姻族）である。
※すべて自己を中心としてみたもの。親族内の表示は明治三七年八月二六日司法省民刑第七三四号民刑局長回答による。なお、伯叔の区別は父母・祖父母より年齢の多いものが伯、少ないものが叔である。
※網掛け部分は、自己が委任状なしで戸籍謄本を取ることができる範囲を示している（直系尊属又は直系卑属でかつ血族であるもの、及び配偶者）。

第2編
時代別の民法と相続

第1章 時代別の相続

第1節 平成30年民法に基づく相続 (令和元年7月1日～)

[図1] 相続人・法定相続分 (令和元年7月1日～)

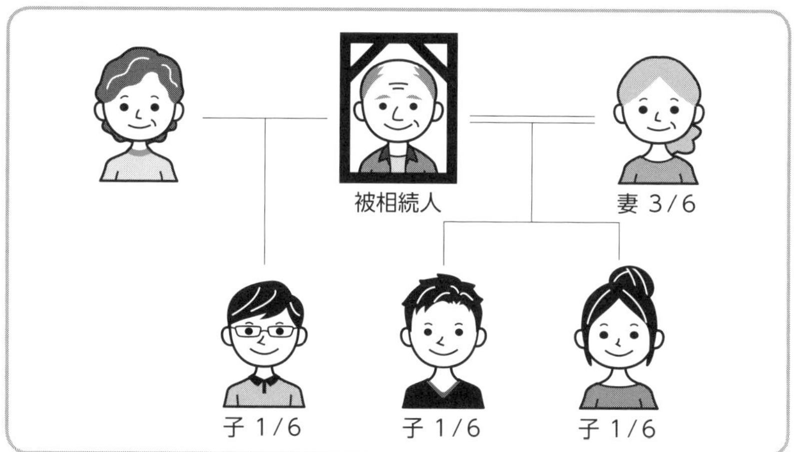

1 根拠

平成30年7月13日法律第72号民法及び家事事件手続法の一部を改正する法律によって改正された民法 (平成30年民法) に基づく相続である。

平成31年1月13日に一部が，令和元年7月1日に大部分 (原則部分) が，そして令和2年4月1日に残余の部分が施行されたことで，令和元年

７月１日以後に開始した相続については，原則として，平成30年民法が適用される。

２　相続人の順位・法定相続分

平成30年民法が施行された以後（令和元年７月１日から現在までの間）に相続が開始した場合の相続人（平成30年民法の相続・相続人）は，配偶者及び第１順位から第３順位まで法定されている。配偶者は常に相続人となり，子，直系尊属，兄弟姉妹が各々第１順位から第３順位の相続人として，先順位の者が優先して相続人となり，配偶者と第１順位から第３順位の相続人がいる場合，次のとおりの法定相続分となる。また，同順位の者が複数人であるときは，それら全員が等しい法定相続分（ただし，半血の兄弟姉妹の法定相続分は全血の兄弟姉妹の法定相続分の２分の１となる。）で共同相続人となる。

[表１] 相続人の順位・法定相続分（令和元年７月１日～）

常に相続人となる平成30年民法の相続人	法定相続分		相続人の順位	図
配偶者	1/2	1/2	第１順位（第１順位の平成30年民法の相続人） 被相続人の子 ＊　代襲相続の適用	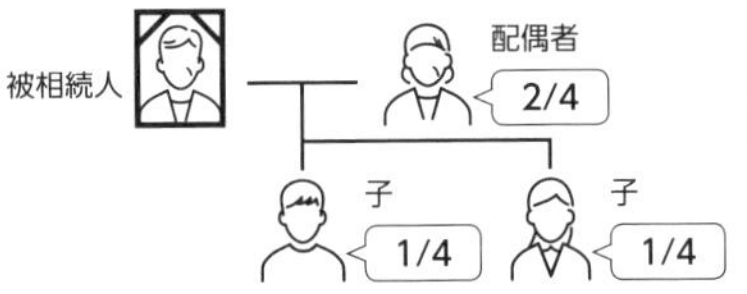 被相続人 配偶者 2/4 子 1/4 子 1/4
	2/3	1/3	第２順位（第２順位の平成30年民法の相続人） 被相続人の直系尊属（被相続人と親等が近い者）	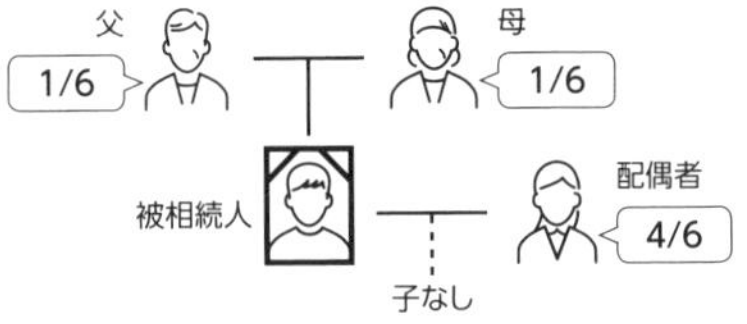 父 1/6 母 1/6 被相続人 配偶者 4/6 子なし
	3/4	1/4	第３順位（第３順位の平成30年民法の相続人） 被相続人の兄弟姉妹 ＊　代襲相続の適用（被相続人の甥姪まで）	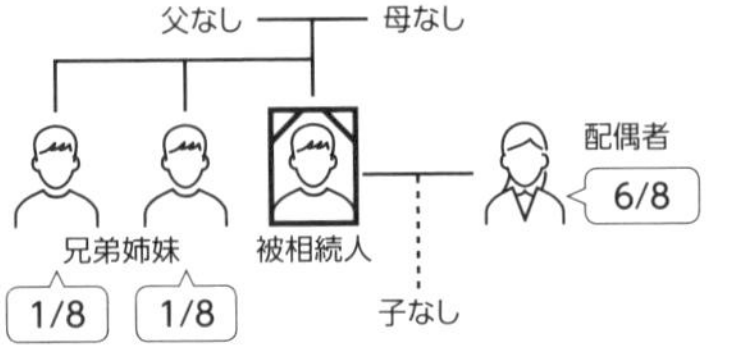 父なし　母なし 兄弟姉妹 1/8 1/8 被相続人 配偶者 6/8 子なし

［図１］は，配偶者及び第１順位の相続人（子）の事例で，子に，嫡出子と非嫡出子がいた事例であり，配偶者と子の相続分の割合は２分の１と２分の１であり，嫡出子と非嫡出子の法定相続人は同等であることから，図のような法定相続人及び法定相続分となる。

３　主な改正事項

平成 25 年民法のうち，自筆証書遺言の方式が緩和され，遺留分減殺請求が遺留分侵害額請求へと変更され，新たに，配偶者居住権等，配偶者のための持戻し免除の意思表示の推定規定，遺産分割前の払戻し制度，相続人以外の者の特別の寄与に関する制度などが新設されるなどした。

法定相続人の特定及び法定相続分の算定に関する事項は，平成 25 年民法と同じである。

４　重要なキーワード

平成 30 年民法の相続・相続人，常に相続人となる平成 30 年民法の相続人，第１順位の平成 30 年民法の相続人，第２順位の平成 30 年民法の相続人，第３順位の平成 30 年民法の相続人，遺留分侵害額請求権，配偶者短期居住権，配偶者居住権，配偶者のための持戻し免除の意思表示の推定，相続人以外の者の特別の寄与

５　法令判例先例文献等

条文：民法 887 ～ 890・900・901

参考文献：過 27

第2節　平成25年民法に基づく相続（平成25年９月５日～令和元年６月30日）

［図２］相続人・法定相続分（平成25年９月５日～令和元年６月30日）

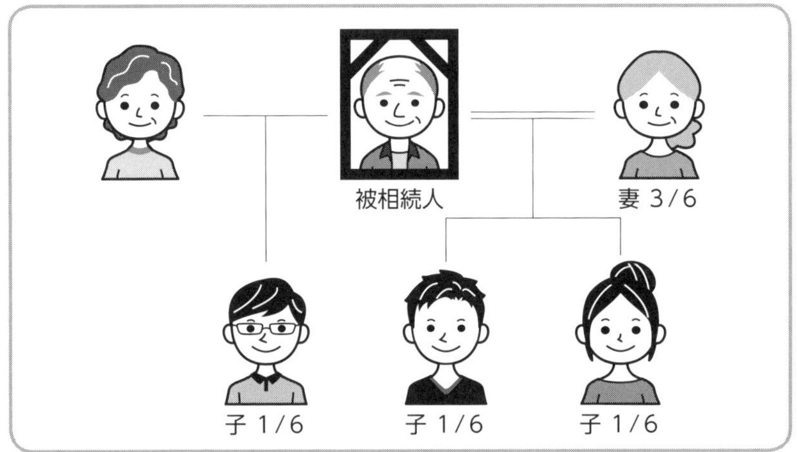

1　根拠

平成25年12月11日法律第94号民法の一部を改正する法律によって改正された民法（平成25年民法）に基づく相続である。

平成25年９月５日以後に開始した相続について適用されたことで，平成25年９月５日以後，令和元年６月30日以前に開始した相続については，原則として，平成25年民法が適用された。

2　相続人の順位・法定相続分

平成25年民法が適用された以後（平成25年９月５日から令和元年６月30日までの間）に相続が開始した場合の相続人（平成25年民法の相続・相続人）は，配偶者及び第１順位から第３順位まで法定されている。配偶者は常に相続人となり，子，直系尊属，兄弟姉妹が各々第１順位から第３順位の相続人として，先順位の者が優先して相続人となり，配偶者と第１順位から第３順位の相続人がいる場合，次のとおりの法定相続分となった。また，同順位の者が複数人であるときは，それら全員が等しい法定相続分（ただし，半血の兄弟姉妹の法定相続分は全血の兄弟姉妹の法定相続分の２分の１となった。）で共同相続人となった。

[表２] 相続人の順位・法定相続分（平成 25 年９月５日～令和元年６月 30 日）

常に相続人となる平成25年民法の相続人	法定相続分		相続人の順位	図
配偶者	1/2	1/2	第１順位（第１順位の平成25年民法の相続人） 被相続人の子 ＊　代襲相続の適用	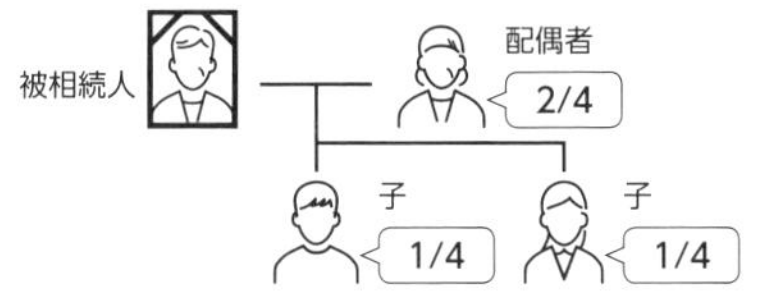 被相続人 配偶者 2/4 子 1/4 子 1/4
	2/3	1/3	第２順位（第２順位の平成25年民法の相続人） 被相続人の直系尊属（被相続人と親等が近い者）	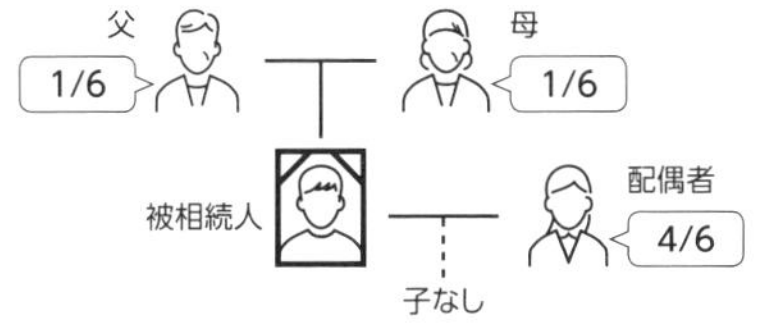 父 1/6 母 1/6 被相続人 配偶者 4/6 子なし
	3/4	1/4	第３順位（第３順位の平成25年民法の相続人） 被相続人の兄弟姉妹 ＊　代襲相続の適用（被相続人の甥姪まで）	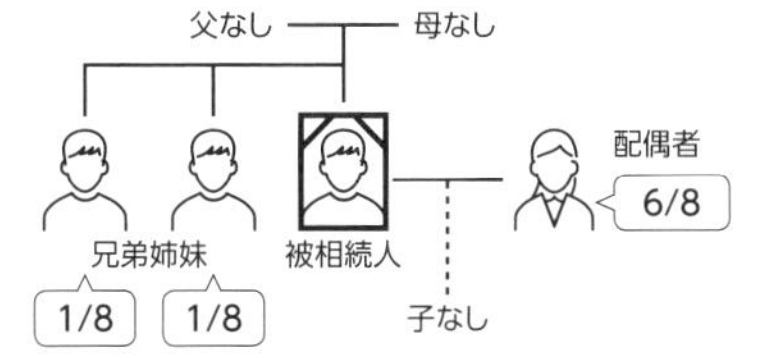 父なし　母なし 兄弟姉妹 1/8 1/8 被相続人 配偶者 6/8 子なし

[図２] は，配偶者及び第１順位の相続人（子）の事例で，子に，嫡出子と非嫡出子がいた事例であり，配偶者と子の相続分の割合は２分の１と２分の１であり，嫡出子と非嫡出子の法定相続分は同等であることから，図のような法定相続人及び法定相続分となった。

３　主な改正事項

昭和 62 年民法のうち，条文上，非嫡出子の法定相続分が嫡出子の法定相続分と同等になった。なお，平成 25 年最高裁決定との関連については，次の第３節を見ていただきたい。

４　重要なキーワード

平成 25 年民法の相続・相続人，常に相続人となる平成 25 年民法の相続人，第 1 順位の平成 25 年民法の相続人，第 2 順位の平成 25 年民法の相続人，第 3 順位の平成 25 年民法の相続人

５　法令判例先例文献等

条文：民法 887 ～ 890・900・901

参考文献：過 131

第3節　昭和62年民法及び平成25年最高裁決定に基づく相続（平成13年7月1日～平成25年9月4日）

［図3］相続人・法定相続分（平成13年7月1日～平成25年9月4日）

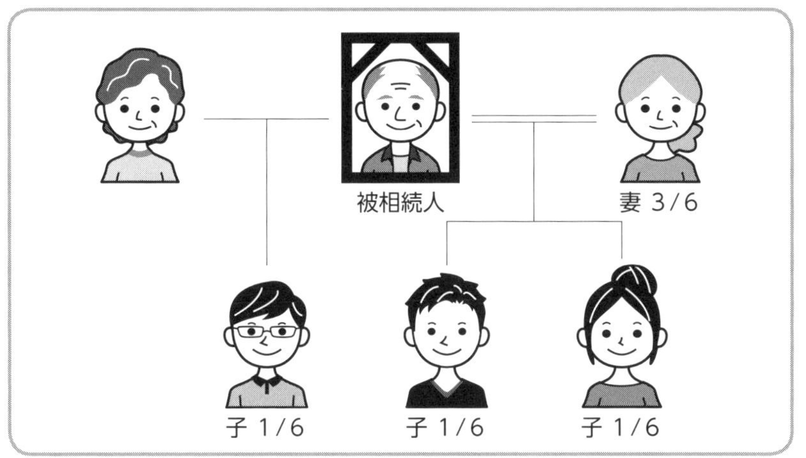

1　根拠

昭和62年民法を根拠とするが，平成25年9月4日最高裁判所大法廷決定（民集67巻6号1320頁）によって，昭和62年民法において非嫡出子の法定相続分は嫡出子の法定相続分の2分の1とされている規定が，平成13年7月当時には憲法違反であったとされたのである。

そのため，原則として，平成13年7月1日以後，平成25年9月4日以前に開始した相続については昭和62年民法が適用されたものの，非嫡出子の法定相続人については昭和62年民法の規定にかかわらず，嫡出子の法定相続分は同等とされた。

2　相続人の順位・法定相続分

昭和62年民法及び平成25年最高裁決定が適用された結果，平成13年7月1日から平成25年9月4日までの間に相続が開始した場合の相続人（昭和62年民法及び平成25年最高裁決定に基づく相続・相続人）は，配偶者及び第1順位から第3順位まで法定されている。配偶者は常に相続人となり，子，直系尊属，兄弟姉妹が各々第１順位から第３順位の相続人として，先順位の者が優先して相続人となり，配偶者と第１順位から第３順位の相続人がいる場合，次のとおりの法定相続分となった。また，同順位の者が複数人であるときは，それら全員が等しい法定相続分（ただし，半血の兄弟姉妹の法定相続分は全血の兄弟姉妹の法定相続分の２分の１となった。）で共同相続人となった。

[表３] 相続人の順位・法定相続分（平成13年7月1日～平成25年9月4日）

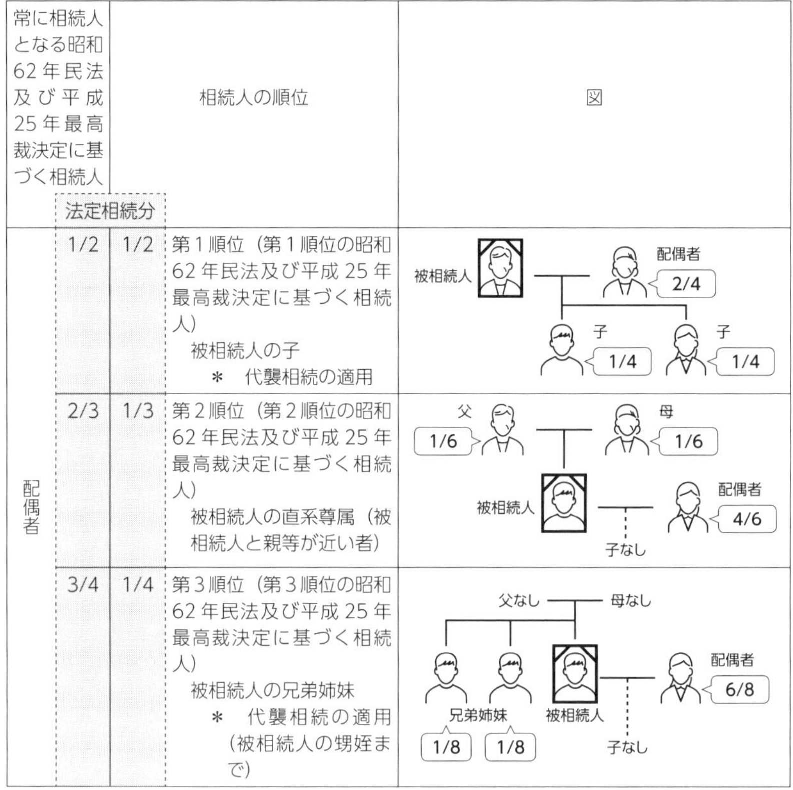

常に相続人となる昭和62年民法及び平成25年最高裁決定に基づく相続人	法定相続分		相続人の順位	図
配偶者	1/2	1/2	第1順位（第1順位の昭和62年民法及び平成25年最高裁決定に基づく相続人） 被相続人の子 ＊　代襲相続の適用	被相続人 配偶者 2/4 子 1/4 子 1/4
	2/3	1/3	第2順位（第2順位の昭和62年民法及び平成25年最高裁決定に基づく相続人） 被相続人の直系尊属（被相続人と親等が近い者）	父 1/6 母 1/6 被相続人 配偶者 4/6 子なし
	3/4	1/4	第3順位（第3順位の昭和62年民法及び平成25年最高裁決定に基づく相続人） 被相続人の兄弟姉妹 ＊　代襲相続の適用（被相続人の甥姪まで）	父なし　母なし 兄弟姉妹 1/8 1/8 被相続人 配偶者 6/8 子なし

［図３］は，配偶者及び第１順位の相続人（子）の事例で，子に，嫡出子と非嫡出子がいた事例であり，配偶者と子の相続分の割合は２分の１と２分の１であり，嫡出子と非嫡出子の法定相続分は同等であることから，図のような法定相続人及び法定相続分となった。

なお，既に昭和62年民法の規定を前提に遺産分割が成立するなど，確定的なものとなった法律関係に影響は及ばない。

3　主な改正事項

昭和62年民法のうち，条文上の改正はないものの，非嫡出子の法定相続分が嫡出子の法定相続分と同等になった。

4　重要なキーワード

昭和62年民法の相続・相続人，常に相続人となる昭和62年民法の相続人，第1順位の昭和62年民法の相続人，第2順位の昭和62年民法の相続人，第3順位の昭和62年民法の相続人，平成25年最高裁決定，嫡出でない子

5　法令判例先例文献等

条文：民法887～890・900・901

参考文献：過147

第4節　昭和62年民法に基づく相続
（昭和63年1月1日～平成25年9月4日）

［図4］ 相続人・法定相続分（昭和63年1月1日～平成25年9月4日）

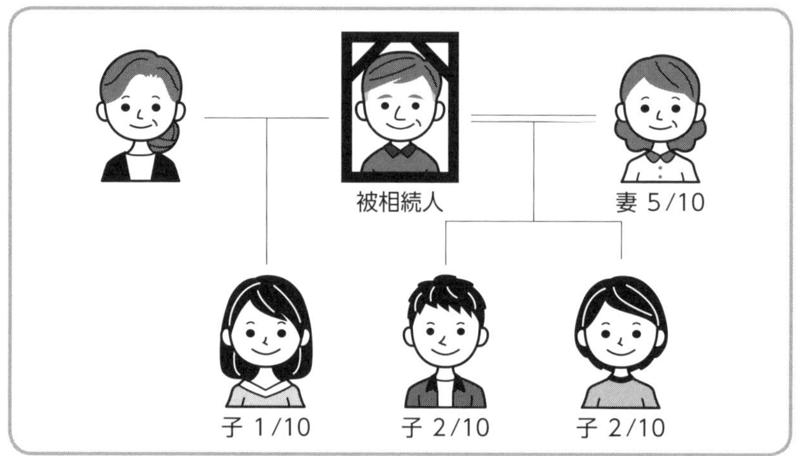

1　根拠

昭和62年9月26日法律第101号民法等の一部を改正する法律によって改正された民法（昭和62年民法）に基づく相続である。

昭和63年1月1日に施行されたことで，昭和63年1月1日以後，平成25年9月4日以前に開始した相続については，原則として，昭和62年民法が適用された。

なお，平成13年7月1日以後に開始した相続における非嫡出子と嫡出子の法定相続分については，前節のとおりである。

2　相続人の順位・法定相続分

昭和62年民法が施行された以後（昭和63年1月1日から平成25年9月4日までの間）に相続が開始した場合の相続人（昭和62民法の相続・相続人）は，配偶者及び第1順位から第3順位まで法定されている。配偶者は常に相続人となり，子，直系尊属，兄弟姉妹が各々第1順位から第3順位の相続人として，先順位の者が優先して相続人となり，配偶者と第1順位から第3

順位の相続人がいる場合，次のとおりの法定相続分となった。また，同順位の者が複数人であるときは，それら全員が等しい法定相続分（ただし，非嫡出子の法定相続分は嫡出子の法定相続分の2分の1，半血の兄弟姉妹の法定相続分は全血の兄弟姉妹の法定相続分の2分の1となった。）で共同相続人となった。

［表4］相続人の順位・法定相続分（昭和63年1月1日～平成25年9月4日）

常に相続人となる昭和62年民法の相続人	法定相続分		相続人の順位	図
配偶者	1/2	1/2	第1順位（第1順位の昭和62年民法の相続人） 被相続人の子 ＊　代襲相続の適用	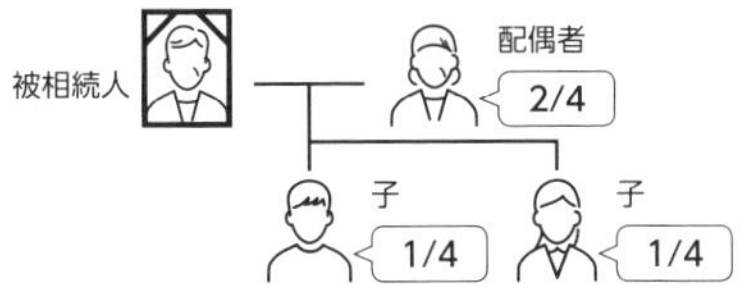 被相続人　配偶者 2/4 子 1/4　子 1/4
	2/3	1/3	第2順位（第2順位の昭和62年民法の相続人） 被相続人の直系尊属（被相続人と親等が近い者）	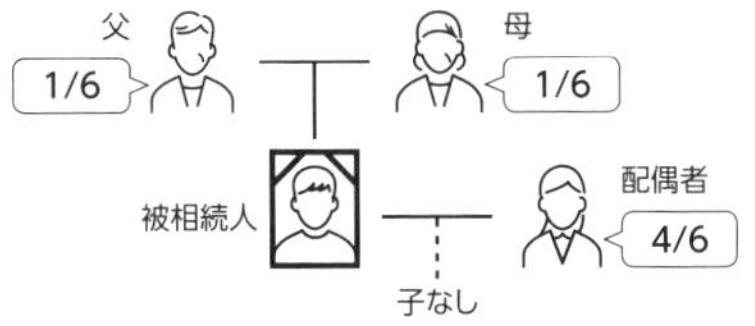 父 1/6　母 1/6 被相続人　配偶者 4/6 子なし
	3/4	1/4	第3順位（第3順位の昭和62年民法の相続人） 被相続人の兄弟姉妹 ＊　代襲相続の適用（被相続人の甥姪まで）	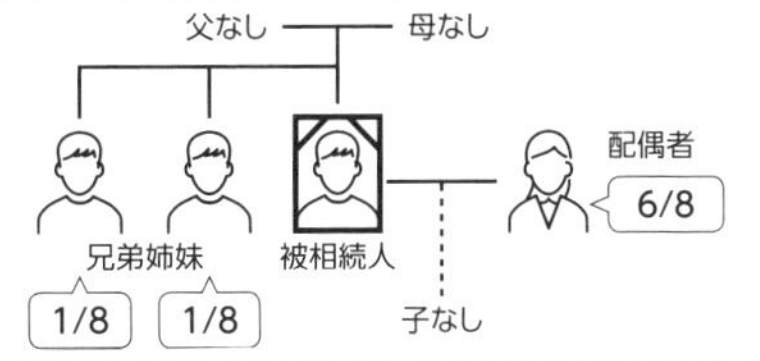 父なし　母なし 兄弟姉妹 1/8　1/8 被相続人　配偶者 6/8 子なし

［図4］は，配偶者及び第1順位の相続人（子）の事例で，子に，嫡出子と非嫡出子がいた事例であり，配偶者と子の相続分の割合は2分の1と2分の1であり，非嫡出子の法定相続分は嫡出子の法定相続分の2分の1であることから，図のような法定相続人及び法定相続分となった。

ただし，平成13年7月1日以後は，前節のとおりである。

3　主な改正事項

昭和55年民法のうち，法定相続人の特定，法定相続分についての改正はないが，特別養子縁組の制度が創設されたことで，相続人としての子

（養子）には特別養子が含まれ，一方，特別養子となった者は実方の父母の子ではなくなった。その他，縁氏続称の制度が導入され，子の氏の変更，夫婦共同縁組の原則が緩和された。

4　重要なキーワード

昭和62年民法の相続・相続人，常に相続人となる昭和62年民法の相続人，第1順位の昭和62年民法の相続人，第2順位の昭和62年民法の相続人，第3順位の昭和62年民法の相続人，特別養子縁組，夫婦共同縁組の原則

5　法令判例先例文献等

条文：民法887～890・900・901

参考文献：過152

第５節　昭和 55 年民法に基づく相続（昭和 56 年 1 月 1 日～昭和 62 年 12 月 31 日）

［図５］相続人・法定相続分（昭和 56 年 1 月 1 日～昭和 62 年 12 月 31 日）

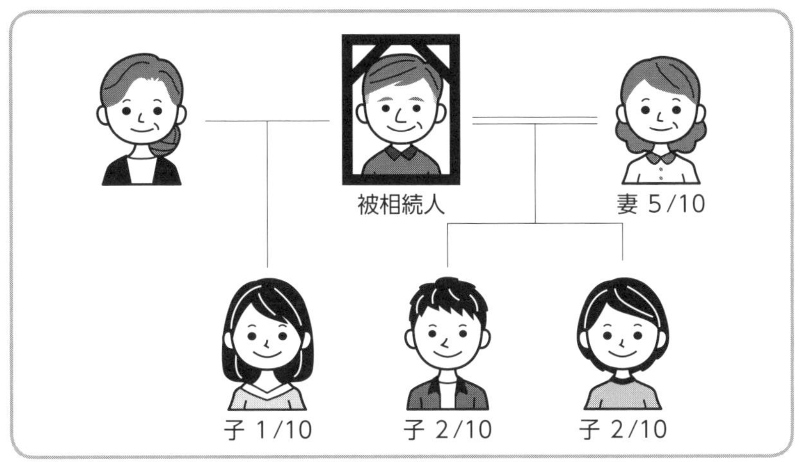

1　根拠

昭和 55 年 5 月 17 日法律第 51 号民法及び家事審判法の一部を改正する法律によって改正された民法（昭和 55 年民法）に基づく相続である。

昭和 56 年 1 月 1 日に施行されたことで，昭和 56 年 1 月 1 日以後，昭和 62 年 12 月 31 日以前に開始した相続については，原則として，昭和 55 年民法が適用された。

2　相続人の順位・法定相続分

昭和 55 年民法が施行された以後（昭和 56 年 1 月 1 日から昭和 62 年 12 月 31 日までの間）に相続が開始した場合の相続人（昭和 56 年民法の相続・相続人）は，配偶者及び第 1 順位から第 3 順位まで法定されている。配偶者は常に相続人となり，子，直系尊属，兄弟姉妹が各々第 1 順位から第 3 順位の相続人として，先順位の者が優先して相続人となり，配偶者と第 1 順位から第 3 順位の相続人がいる場合，次のとおりの法定相続分となった。また，同順位の者が複数人であるときは，それら全員が等しい法定相続分（ただし，非嫡出子の法定相続分は嫡出子の法定相続分の２分の１，半血の兄弟姉妹の法定相続分は全血の兄弟姉妹の法定相続分の２分の１となった。）で共同相続人となった。

［表５］相続人の順位・法定相続分（昭和 56 年１月１日～昭和 62 年 12 月 31 日）

常に相続人となる昭和55年民法の相続人	法定相続分		相続人の順位	図
配偶者	1/2	1/2	第１順位（第１順位の昭和55年民法の相続人） 被相続人の子 ＊　代襲相続の適用	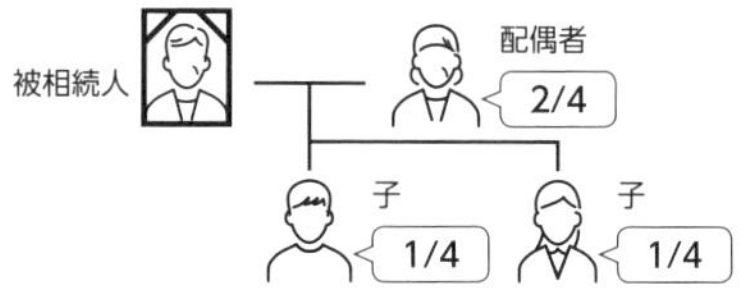 被相続人 配偶者 2/4 子 1/4 子 1/4
配偶者	2/3	1/3	第２順位（第２順位の昭和55年民法の相続人） 被相続人の直系尊属（被相続人と親等が近い者）	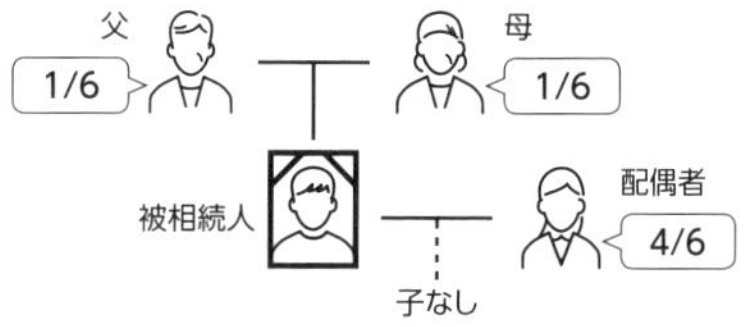 父 1/6 母 1/6 被相続人 配偶者 4/6 子なし
配偶者	3/4	1/4	第３順位（第３順位の昭和55年民法の相続人） 被相続人の兄弟姉妹 ＊　代襲相続の適用（被相続人の甥姪まで）	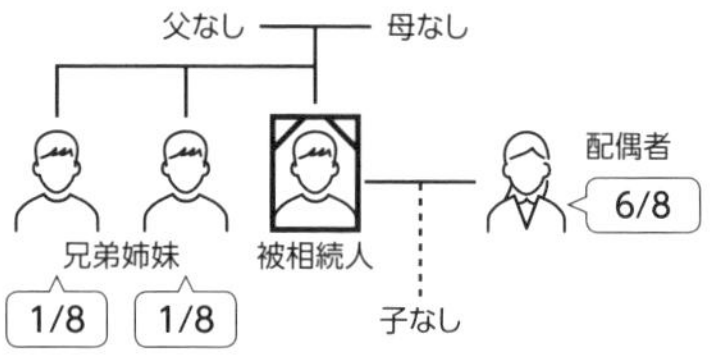 父なし　母なし 兄弟姉妹 1/8 1/8 被相続人 配偶者 6/8 子なし

［図５］は，配偶者及び第１順位の相続人（子）の事例で，子に，嫡出子と非嫡出子がいた事例であり，配偶者と子の相続分の割合は２分の１と２分の１であり，非嫡出子の法定相続分は嫡出子の法定相続分の２分の１であることから，図のような法定相続人及び法定相続分となった。

３　主な改正事項

昭和 37 年民法のうち，配偶者と子，直系尊属，兄弟姉妹の法定相続分の割合が改正され，法定相続人の特定については，兄弟姉妹の代襲相続が甥姪までに制限され，新たに寄与分の制度が創設され，遺産分割の基準，遺留分の割合が改正された。

4　重要なキーワード

昭和 55 年民法の相続・相続人，常に相続人となる昭和 55 年民法の相続人，第 1 順位の昭和 55 年民法の相続人，第 2 順位の昭和 55 年民法の相続人，第 3 順位の昭和 55 年民法の相続人

5　法令判例先例文献等

条文：民法 887 ～ 890・900・901

参考文献：過 170

第6節　昭和37年民法に基づく相続
（昭和37年７月１日～昭和55年12月31日）

［図６］ 相続人・法定相続分（昭和37年７月１日～昭和55年12月31日）

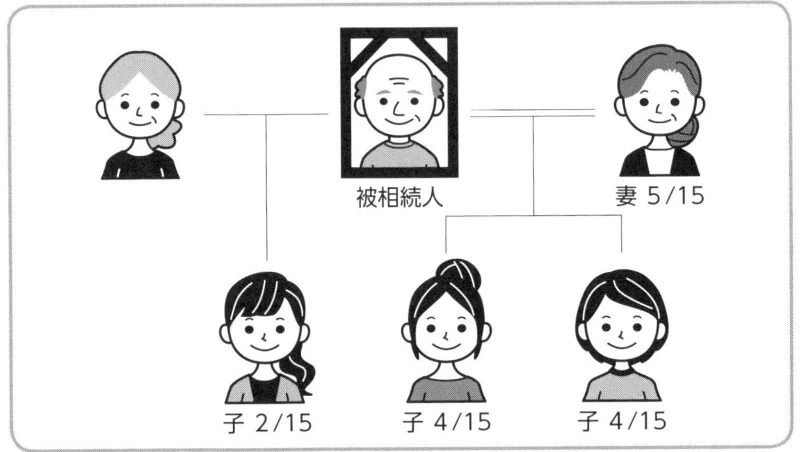

1　根拠

昭和37年３月29日法律第40号民法の一部を改正する法律によって改正された民法（昭和37年民法）に基づく相続である。

昭和37年７月１日に施行されたことで，昭和37年７月１日以後，昭和55年12月31日以前に開始した相続については，原則として，昭和37年民法が適用された。

2　相続人の順位・法定相続分

昭和37年民法が施行された以後（昭和37年７月１日から昭和55年12月31日までの間）に相続が開始した場合の相続人（昭和37年民法の相続・相続人）は，配偶者及び第１順位から第３順位まで法定されている。配偶者は常に相続人となり，子，直系尊属，兄弟姉妹が各々第１順位から第３順位の相続人として，先順位の者が優先して相続人となり，配偶者と第１順位から第３順位の相続人がいる場合，次のとおりの法定相続分となった。また，同順位の者が複数人であるときは，それら全員が等しい法定相続分（ただし，非嫡出子の法定相続分は嫡出子の法定相続分の２分の１，半血の兄弟姉妹の法定相続分は全血の兄弟姉妹の法定相続分の２分の１となった。）で共同相続人となった。

［表６］相続人の順位・法定相続分（昭和37年7月1日～昭和55年12月31日）

常に相続人となる昭和37年民法の相続人	法定相続分		相続人の順位	図
配偶者	1/3	2/3	第１順位（第１順位の昭和37年民法の相続人） 被相続人の子 ＊　代襲相続の適用	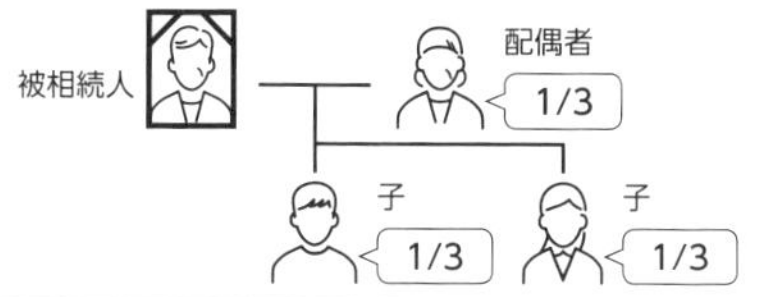 被相続人 配偶者 1/3 子 1/3 子 1/3
	1/2	1/2	第２順位（第２順位の昭和37年民法の相続人） 被相続人の直系尊属（被相続人と親等が近い者）	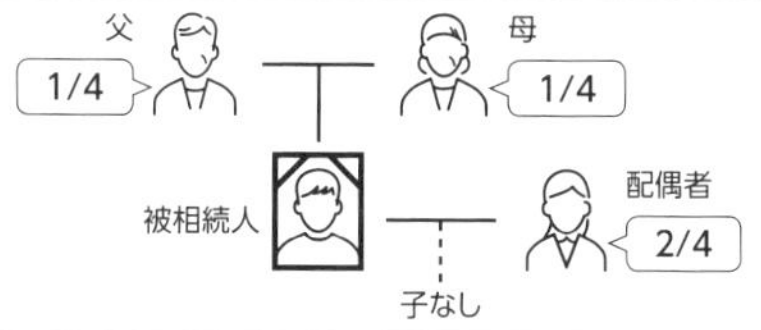 父 1/4 母 1/4 被相続人 配偶者 2/4 子なし
	2/3	1/3	第３順位（第３順位の昭和37年民法の相続人） 被相続人の兄弟姉妹 ＊　代襲相続の適用	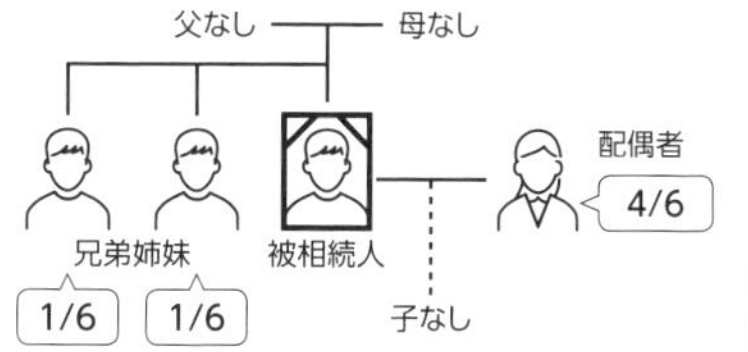 父なし 母なし 兄弟姉妹 1/6 1/6 被相続人 配偶者 4/6 子なし

［図６］は，配偶者及び第１順位の相続人（子）の事例で，子に，嫡出子と非嫡出子がいた事例であり，配偶者と子の相続分の割合は３分の１と３分の２であり，非嫡出子の法定相続分は嫡出子の法定相続分の２分の１であることから，図のような法定相続人及び法定相続分となった。

また，そのほか昭和37年民法では，配偶者と直系尊属では２分の１と２分の１，配偶者と兄弟姉妹では３分の２と３分の１となった。

３　主な改正事項

昭和22年民法のうち，第１順位の相続人の直系卑属が子へ改正され，代襲相続に関する規定，相続放棄に関する規定が改正された。新たに，同時死亡の推定に関する規定が新設され，特別縁故者に対する相続財産の分与の制度が創設された。さらに，昭和 55 年民法までに，婚氏続称の制度が創設された。

４　重要なキーワード

昭和 37 年民法の相続・相続人，常に相続人となる昭和 37 年民法の相続人，第 1 順位の昭和 37 年民法の相続人，第 2 順位の昭和 37 年民法の相続人，第 3 順位の昭和 37 年民法の相続人

５　法令判例先例文献等

条文：民法 887 ～ 890・900・901

参考文献：過 184

第7節 新民法（昭和22年民法）に基づく相続（昭和23年1月1日〜昭和37年6月30日）

［図7］相続人・法定相続分（昭和23年1月1日〜昭和37年6月30日）

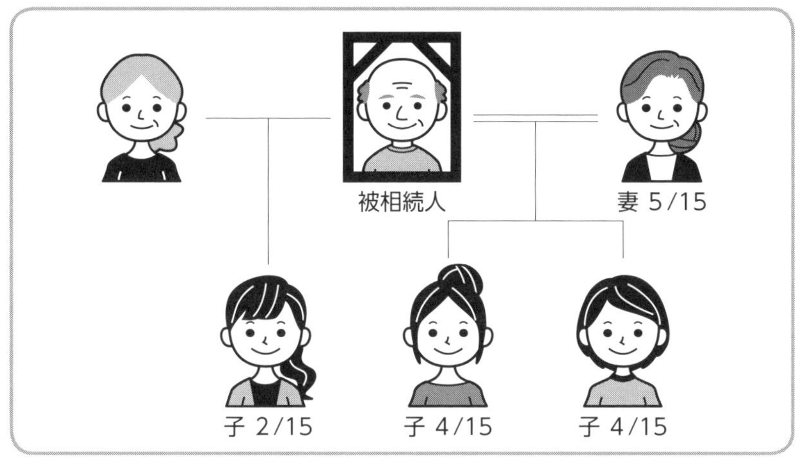

1　根拠

昭和22年12月22日法律第222号民法の一部を改正する法律によって改正（全部改正）された民法（昭和22年民法，いわゆる新民法）に基づく相続である。

昭和23年1月1日に施行されたことで，昭和23年1月1日以後，昭和37年6月30日以前に開始した相続については，原則として，昭和22年民法が適用された。

2　相続人の順位・法定相続分

新民法が施行された以後（昭和23年1月1日から昭和37年6月30日までの間）に相続が開始した場合の相続人（昭和22年民法の相続・相続人，新民法施行中の相続・相続人）は，配偶者及び第1順位から第3順位まで法定されている。配偶者は常に相続人となり，直系卑属，直系尊属，兄弟姉妹が各々第1順位から第3順位の相続人として，先順位の者が優先して相続人となり，配偶者と第1順位から第3順位の相続人がいる場合，次のとおりの法定相続分となった。また，同順位の者が複数人であるときは，それら全員が等しい法定相続分（ただし，非嫡出子の法定相続分は嫡出子の法定相続分の２分の１，半血の兄弟姉妹の法定相続分は全血の兄弟姉妹の法定相続分の２分の１となった。）で共同相続人となった。

なお，第１順位の相続人である直系卑属は，親等の異なる者がいるときは，そのうち親等の近い者が相続人となり，さらに，代襲相続に関する規定が適用されることから，例えば被相続人に孫だけがいた場合には，その孫は，２親等の直系卑属として本位の相続人になるものではなく，あくまでも，その親（被相続人の子）を代襲して相続人となるもので，結局，第１順位の新民法施行中の相続人は，原則として，昭和37年民法以後と同様，事実上，子と考えて差し支えない。

[表７] 相続人の順位・法定相続分（昭和23年1月1日～昭和37年6月30日）

常に相続人となる昭和22年民法の相続人（常に相続人となる新民法施行中の相続人）	法定相続分		相続人の順位	図
配偶者	1/3	2/3	第１順位（第１順位の昭和22年民法の相続人，第１順位の新民法施行中の相続人） 被相続人の直系卑属（被相続人と親等が近い者）：子 ＊ 代襲相続の適用	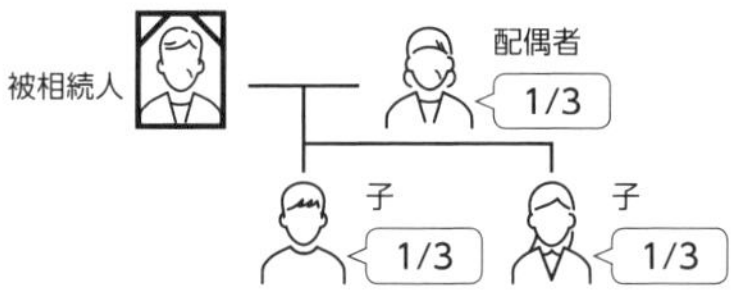 被相続人 配偶者 1/3 子 1/3 子 1/3
	1/2	1/2	第２順位（第２順位の昭和22年民法の相続人，第２順位の新民法施行中の相続人） 被相続人の直系尊属（被相続人と親等が近い者）	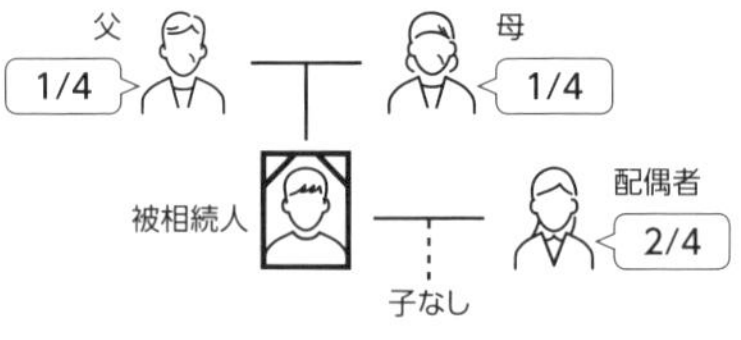 父 1/4 母 1/4 被相続人 配偶者 2/4 子なし
	2/3	1/3	第３順位（第３順位の昭和22年民法の相続人，第３順位の新民法施行中の相続人） 被相続人の兄弟姉妹 ＊ 代襲相続の適用	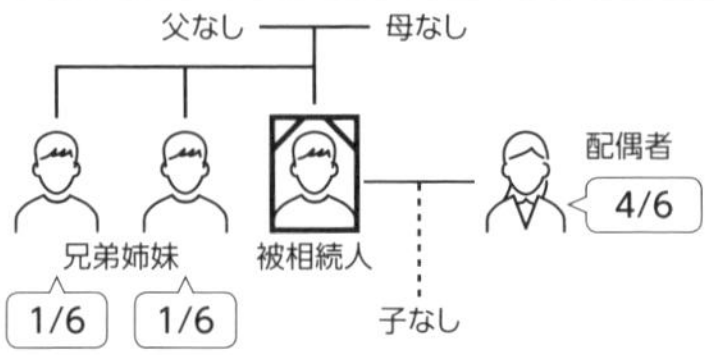 父なし　母なし 配偶者 4/6 兄弟姉妹 1/6 1/6 被相続人 子なし

［図7］は，配偶者及び第1順位の相続人（子）の事例で，子に，嫡出子と非嫡出子がいた事例であり，配偶者と子の相続分の割合は3分の1と3分の2であり，非嫡出子の法定相続分は嫡出子の法定相続分の2分の1であることから，図のような法定相続人及び法定相続分となった。

また，そのほか昭和37年民法では，配偶者と直系尊属では2分の1と2分の1，配偶者と兄弟姉妹では3分の2と3分の1となった。

3　主な改正事項

明治31年民法（いわゆる旧民法のうち昭和17年民法）が大改正され，家制度が廃止され，そのため，戸主や家族，継親子関係，去家による養親子関係の消滅，入夫婚姻，婿養子縁組，隠居，絶家など，家制度に基づく身分，制度，親族関係等は廃止された。

既に，応急措置法の施行によって家制度，家督相続が不適用となっていたことで，兄弟姉妹の代襲相続に関する規律などを除いて，新民法の親族に関する規律，相続に関する規律は，応急措置法の当時と概ね同じである。

4　重要なキーワード

新民法施行中の相続・相続人，常に相続人となる新民法施行中の相続人，第1順位の新民法施行中の相続人，第2順位の新民法施行中の相続人，第3順位の新民法施行中の相続人，代襲相続

5　法令判例先例文献等

条文：民法887〜890・900・901

参考文献：過208

第８節　応急措置法に基づく相続（昭和 22 年５月３日～昭和 22 年 12 月 31 日）

［図８］相続人・法定相続分（昭和 22 年５月３日～昭和 22 年 12 月 31 日）

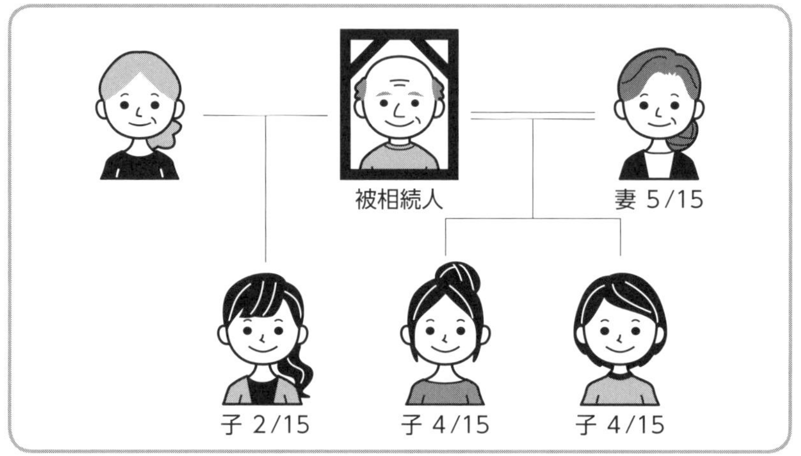

１　根拠

昭和 22 年４月 19 日法律第 74 号日本国憲法の施行に伴う民法の応急的措置に関する法律（いわゆる応急措置法）は昭和 22 年５月３日に施行された。これにより，明治 31 年民法（いわゆる旧民法のうち昭和 17 年民法（旧民法‘昭和 17 年民法’））が改正されたわけではなかったが，家制度に関連する規律について適用しないとされた。

応急措置法が昭和 22 年５月３日に施行されたことで，昭和 22 年５月３日以後，昭和 22 年 12 月 31 日以前に開始した相続については，原則として，応急措置法が適用（主に法定相続人の特定）され，部分的に旧民法‘昭和 17 年民法’が適用（法定相続分など遺産相続に関する規定の一部）された。

２　相続人の順位・法定相続分

応急措置法が施行された以後（昭和 22 年５月３日から昭和 22 年 12 月 31 日までの間）に相続が開始した場合の相続人（応急措置法施行中の相続・相続人）は，配偶者及び第１順位から第３順位まで法定されている。配偶者は常に相続人となり，直系卑属，直系尊属，兄弟姉妹が各々第１順位から第３順位の相続人として，先順位の者が優先して相続人となり，配偶者と第１順位から第３順位の相続人がいる場合，次のとおりの法定相続分となった。また，同順位の者が複数人であるときは，それら全員が等しい法定相続分（ただし，非嫡出子の法定相続分は嫡出子の法定相続分の２分の１となった。なお，半血の兄弟姉妹の法定相続分が全血の兄弟姉妹の法定相続分の２分の１となる規定はなかった。）で共同相続人となった。

なお，第１順位の相続人である直系卑属は，親等の異なる者がいるときは，そのうち親等の近い者が相続人となり，さらに，代襲相続に関する規定が適用されることから，例えば被相続人に孫だけがいた場合には，その孫は，２親等の直系卑属として本位の相続人になるものではなく，あくまでも，その親（被相続人の子）を代襲して相続人となるもので，結局，応急措置法施行中の第１順位の相続人（第１順位の応急措置法施行中の相続人）は，原則として昭和 37 年民法以後と同様，事実上，子と考えて差し支えない。

［表８］相続人の順位・法定相続分（昭和 22 年5月3日～昭和 22 年 12 月 31 日）

常に相続人となる応急措置法施行中の相続人	法定相続分		相続人の順位	図
配偶者	1/3	2/3	第１順位（第１順位の応急措置法施行中の相続人） 被相続人の直系卑属（被相続人と親等が近い者）：子 ＊　代襲相続の適用	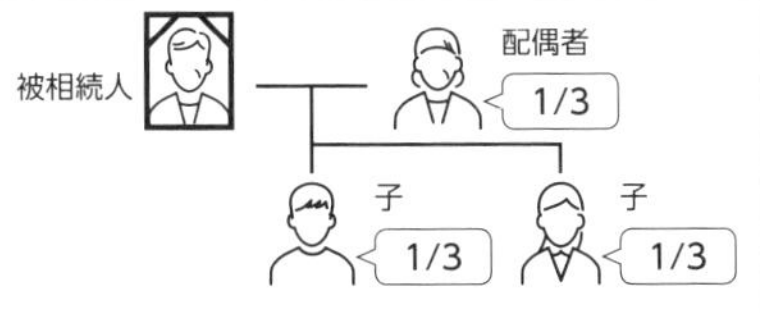 被相続人 配偶者 1/3 子 1/3 子 1/3
	1/2	1/2	第２順位（第２順位の応急措置法施行中の相続人） 被相続人の直系尊属（被相続人と親等が近い者）	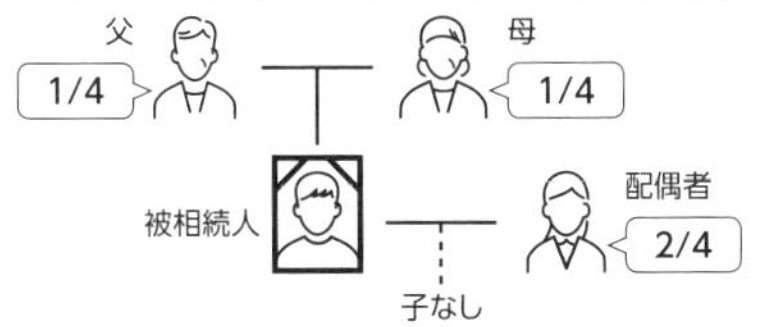 父 1/4 母 1/4 被相続人 配偶者 2/4 子なし
	2/3	1/3	第３順位（第３順位の応急措置法施行中の相続人） 被相続人の兄弟姉妹	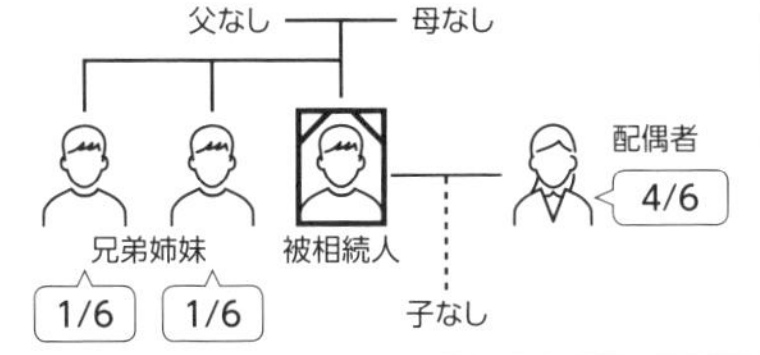 父なし　母なし 兄弟姉妹 1/6 1/6 被相続人 配偶者 4/6 子なし

［図８］は，配偶者及び第１順位の相続人（子）の事例で，子に，嫡出子と非嫡出子がいた事例であり，配偶者と子の相続分の割合は３分の１と３分の２であり，非嫡出子の法定相続分は嫡出子の法定相続分の２分の１であることから，図のような法定相続人及び法定相続分となった。

また，そのほか応急措置法では，配偶者と直系尊属では２分の１と２分の１，配偶者と兄弟姉妹では３分の２と３分の１とされた。

３　主な改正事項

明治31年民法（いわゆる旧民法のうち昭和17年民法）を改正した法律ではないが，応急措置法は個人の尊厳と両性の本質的平等に立脚する応急的措置を講ずることを目的として，旧民法の規定のうち，妻又は母であることに基づいて法律上の能力その他を制限する規定，戸主，家族その他家に関する規定が不適用とされるなどし，また，家督相続に関する規定も不適用とされ，そのため，戸主や家族，継親子関係，去家による養親子関係の消滅，入夫婚姻，婿養子縁組，隠居，絶家など，家制度に基づく身分，制度，親族関係等は消滅し，以後，成立することはなくなった。相続は，人の死亡のみを開始の原因とする相続となった。

４　重要なキーワード

応急措置法施行中の相続・相続人，常に相続人となる応急措置法施行中の相続人，第１順位の応急措置法施行中の相続人，第２順位の応急措置法施行中の相続人，第３順位の応急措置法施行中の相続人，代襲相続

５　法令判例先例文献等

条文：応急措置法１・２・３・７・８，旧民法994～996・1004・1005

参考文献：過225

第９節　旧民法に基づく家督相続（明治 31 年７月 16 日～昭和 22 年５月２日）

［図９］相続人・法定相続分（明治 31 年７月 16 日～昭和 22 年５月２日）

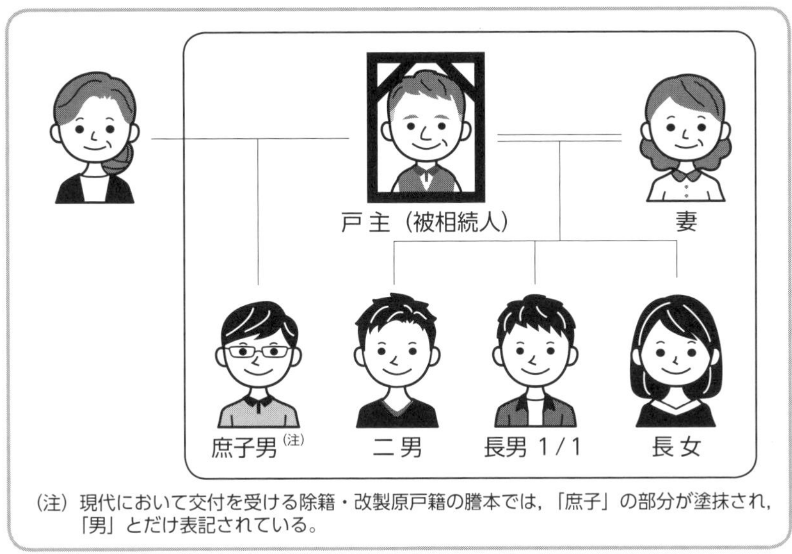

１　根拠

民法は，明治 29 年４月 27 日法律第 89 号民法第１編第２編第３編，明治 31 年６月 21 日法律第９号民法第４編第５編として制定され，その後，幾多の改正を経て，現代に続いている。この明治 29 年及び明治 31 年に制定された民法の第４編親族第５編相続が明治 31 年民法であり，実務の慣行で旧民法と呼ばれている。

明治 31 年民法は，明治 31 年７月 16 日に施行され，相続に関しては，昭和 17 年２月 12 日法律第７号民法中改正法律によって改正され（昭和 17 年３月１日に施行された旧民法 '昭和 17 年民法'），応急措置法の施行によって，妻又は母であることに基づいて法律上の能力その他を制限する規定や，家制度，家督相続が不適用とされ，そして，新民法の施行によって廃止された。

明治 31 年７月 16 日以後，昭和 22 年５月２日以前に開始した相続については，原則として，旧民法が適用された。

なお，旧民法が適用される相続には，家督相続と遺産相続があったが，ここでは，家督相続について解説する（遺産相続については次の第10節を見ていただきたい。）。

２　家督相続人の順位・順序

旧民法が施行された以後（明治31年7月16日から昭和22年5月2日までの間）に開始した家督相続は，戸主を被相続人とする相続であり，被相続人である戸主が死亡したときに開始し，のみならず，戸主が生前に隠居し，あるいは入夫婚姻（女戸主の場合）をするなどしたときにも開始した。家督相続が開始すると，その家の戸主（被相続人）が戸主権を喪失して，家督相続人が新たな戸主として戸主権を承継し，家督相続人は，新たな戸主として，前戸主（被相続人）が有していた財産上の権利義務の一切を包括して承継した。

旧民法が施行された以後の家督相続人（旧民法施行中の家督相続・家督相続人）は，第１順位から第５順位まで定められ，その最優先の該当者が，単独で家督相続人となった。第１順位の者は，家族である（被相続人である戸主と同じ家の戸籍に在籍する）直系卑属であり，複数人の間では，第１順序から第５順序まで定められ，最優先の順序の者が家督相続人となった。原則として，子のうち，年長の男子が優先した。

第４順位の者は，家族である直系尊属であり，複数人の間では，親等が近い者が優先し，そして男子が優先した。

［表9］家督相続人の順位・順序（明治 31 年7月 16 日～昭和 22 年5月2日）

家督相続人の順位	
第1順位（第1順位の旧民法施行中の家督相続人）	第1種法定家督相続人 家族である直系卑属（被相続人と親等が近い者） ＊　代襲相続の適用
第2順位（第2順位の旧民法施行中の家督相続人）	指定家督相続人 戸主が家督相続人として指定した者
第3順位（第3順位の旧民法施行中の家督相続人）	第1種選定家督相続人 家族である配偶者（家女），兄弟，姉妹，家女でない配偶者，兄弟姉妹の直系卑属の順序で選定された者
第4順位（第4順位の旧民法施行中の家督相続人）	第2種法定家督相続人 家族である直系尊属（被相続人と親等が近い者，男が優先）
第5順位（第5順位の旧民法施行中の家督相続人）	第2種選定家督相続人 親族，家族，分家の戸主又は本家若しくは分家の家族から選定された者，あるいは，他人の中から選定された者

なお，入夫婚姻によって家督相続が開始した場合は，入夫が家督相続人となった。

［図9］は，妻及び長女，長男，二男，庶子の男子（庶子男）がいる戸主が死亡した事例で，第1順位の家督相続人である直系卑属（ここでは子）のうち，その順序は年長の男子が優先することから，図のような家督相続人となった。

3　主な事項

明治 31 年民法は，親族編，相続編ともに家制度に基礎を置く規律で構成され，現行民法の婚姻，養子縁組等に相当する規律のほか，戸主や家族，継親子関係，去家による養親子関係の消滅，入夫婚姻，婿養子縁組，隠居，絶家など，家制度に基づいた身分，制度，親族関係が規定された。また，非嫡出子は，庶子，私生子と呼ばれた。相続には，家の承継及び財産の承継である家督相続と，家族の財産の承継である遺産相続があった。

なお，明治 31 年民法は，相続に関しては，昭和 17 年3月1日に施行された旧民法‘昭和 17 年民法’によって，私生子の名称は廃止され，死後認知が認められ，家督相続において胎児にも代襲相続の規定が適用（遺産相続にも準用）された。

４　重要なキーワード

家督相続・家督相続人，旧民法施行中の家督相続・家督相続人，第１順位の旧民法施行中の家督相続人，第１種法定家督相続人，第２順位の旧民法施行中の家督相続人，指定家督相続人，第３順位の旧民法施行中の家督相続人，第１種選定家督相続人，第４順位の旧民法施行中の家督相続人，第２種法定家督相続人，第５順位の旧民法施行中の家督相続人，第２種選定家督相続人，家，戸主，家族，継親子関係，嫡母，嫡母庶子関係，養親の去家による養親子関係の消滅，入夫婚姻，婿養子縁組，隠居，絶家，廃家，親族入籍，引取入籍，庶子・私生子，代襲相続

５　法令判例先例文献等

条文：旧民法 736・752・964 ～ 985

参考文献：基 157，過 243・268・312

第10節　旧民法に基づく遺産相続（明治31年7月16日～昭和22年5月2日）

［図10］相続人・法定相続分（明治31年7月16日～昭和22年5月2日）

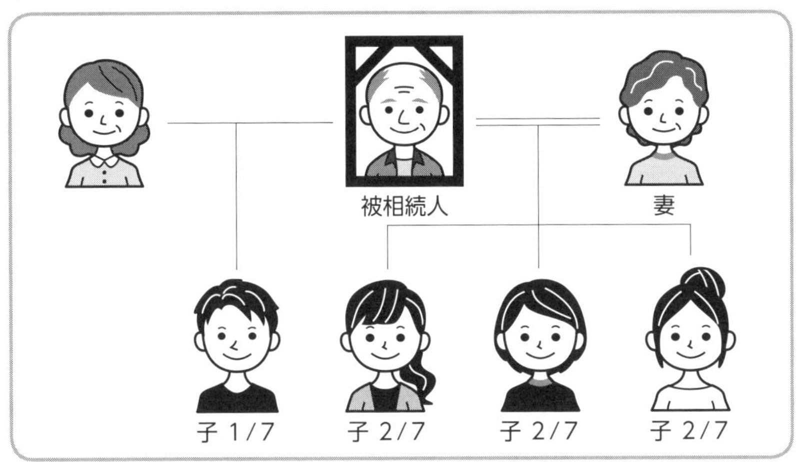

1　根拠

前節1のとおり，旧民法と呼ばれる明治31年民法は，明治31年7月16日に施行され，昭和17年に一部が改正され（昭和17年3月1日施行の昭和17年旧民法'昭和17年民法'），応急措置法の施行によって，妻又は母であることに基づいて法律上の能力その他を制限する規定や，家制度，家督相続が不適用とされ（遺産相続に関する規定は，応急措置法の施行中も，なお，一部が適用された。），そして，新民法の施行によって廃止された。

そこで，明治31年7月16日以後，昭和22年5月2日以前に開始した相続については，原則として，旧民法が適用され，旧民法が適用される相続には，家督相続と遺産相続があったことも，前節のとおりである。

ここでは，遺産相続について解説する。

2　遺産相続人の順位・法定相続分

明治31年民法（旧民法）の施行中（明治31年7月16日から昭和22年5月2日までの間）に開始した遺産相続は，家族（戸主でない者）を被相続人とする相続であり，被相続人が死亡したときにのみ開始した。遺産相続が開始すると，遺産相続人は，被相続人の財産に関する一切の権利義務を包括して承継した。遺産相続人が複数人である場合は，各共同相続人は，その相続分に応じて，被相続人の権利義務を承継した。

遺産相続人は，第１順位が直系卑属，第２順位が配偶者，第３順位が直系尊属，第４順位が戸主と法定され，先順位の者が優先して相続人となった。同順位の者が複数人であるときは，それら全員が等しい法定相続分（ただし，非嫡出子の法定相続分は嫡出子の法定相続分の２分の１となった。）で共同相続人となった。

なお，第１順位の相続人である直系卑属は，親等の異なる者がいるときは，そのうち親等の近い者が相続人となり，さらに，代襲相続に関する規定が適用されることから，例えば被相続人に孫だけがいた場合には，その孫は，２親等の直系卑属として本位の相続人になるものではなく，あくまでも，その親（被相続人の子）を代襲して相続人となるもので，結局，旧民法の第１順位の遺産相続人（第１順位の旧民法施行中の遺産相続人）は，原則として，事実上，子と考えて差し支えない。

［表 10］遺産相続人の順位・法定相続分（明治 31 年7月 16 日〜昭和 22 年5月2日）

遺産相続人の順位	
第１順位（第１順位の旧民法施行中の遺産相続人）	直系卑属（被相続人と親等が近い者）：子 ＊　代襲相続の適用
第２順位（第２順位の旧民法施行中の遺産相続人）	配偶者
第３順位（第３順位の旧民法施行中の遺産相続人）	直系尊属（被相続人と親等が近い者）
第４順位（第４順位の旧民法施行中の遺産相続人）	戸主

［図 10］は，第１順位の遺産相続人（子）の事例で，配偶者は第２順位であり，被相続人に子がいる限り，子だけが遺産相続人となった。複数人の子の法定相続分は等しく，ただ，非嫡出子の法定相続分は嫡出子の法定相続分の２分の１であることから，図のような法定相続人及び法定相続分となった。

3　主な事項

前節3のとおり，明治31年民法は，親族編，相続編ともに家制度に基礎を置く規律で構成され，相続には家の承継及び財産の承継である家督相続と財産の承継である遺産相続が規定された。

なお，明治31年民法は，相続に関しては，昭和17年3月1日に施行された旧民法‘昭和17年民法’によって，私生子の名称が廃止され，死後認知が認められ，遺産相続においても胎児にも代襲相続の規定が適用された。

4　重要なキーワード

旧民法施行中の遺産相続・遺産相続人，第1順位の旧民法施行中の遺産相続人，第2順位の旧民法施行中の遺産相続人，第3順位の旧民法施行中の遺産相続人，第4順位の旧民法施行中の遺産相続人，代襲相続

5　法令判例先例文献等

条文：旧民法992・994～996・1004・1005

参考文献：基247，過243・321・337

第11節　旧民法施行前の家督相続

（〜明治31年7月15日）

[図11] 相続人・法定相続分（〜明治31年7月15日）

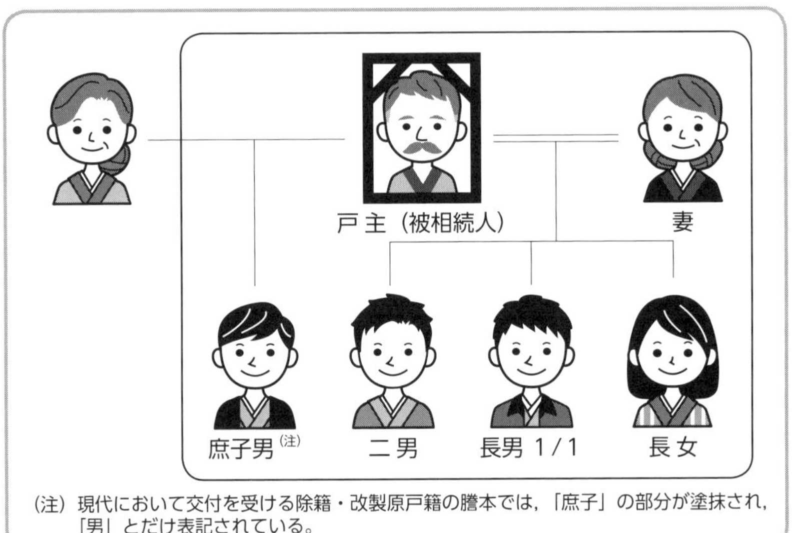

(注) 現代において交付を受ける除籍・改製原戸籍の謄本では，「庶子」の部分が塗抹され，「男」とだけ表記されている。

1　根拠

明治31年民法（旧民法）が施行されるまでは，施行されていた民法典はなかった。

そのため，明治31年7月15日までの親族関係，相続関係については，旧民法の規定を適用することができず，当時の慣例，そして法令としての効力を有した太政官布告・達等を適用することになる。

そこで，旧民法施行前の親族関係，相続関係については，太政官布告・達等を調査し，また，判例，先例等に当たる必要があるが，その際に，もっとも参考とすべきものが旧々民法であろう。

我が国において近代的な民法典として初めて制定，公布された民法が，明治23年4月21日法律第28号民法財産編財産取得編債権担保編証拠編及び明治23年10月7日法律第98号民法財産取得編人事編であり，後者の民法財産取得編人事編のうち，概ね，親族に関しては人事編に規定され，相続に関しては財産取得編に規定されている。この民法財産取得編人事編が，実務上，旧々民法（明治23年民法）と呼ばれているものである（注）。

旧々民法は，明治26年1月1日から施行予定であったが，結局，施行されることなく廃止されため，成文の民法としての効力はなかったのであるが，親族，相続に関する規定は，概ね，当時の慣例に基づいて制定されたといわれている。そこで，旧民法の施行前（明治31年7月15日以前）に開始した相続については，旧々民法の規定が，実務において大いに参考になるであろう。

旧民法の施行前には，旧民法の施行中と同様に相続には，家督相続と遺産相続があった。

ここでは，家督相続について解説する（遺産相続については次の第12節を見ていただきたい。）。

(注)「民法」は今も昔も「みんぽう」であるところ，この当時，その振り仮名は「みんぱふ」と書かれることもあった。例えば，岡田常三郎編『民法人事篇俗解』（書籍行商社出版，1890年（明治23年））には「みんぱふじんじへんはやわかり」と振り仮名がある。

2　家督相続人の順位・順序

旧民法の施行前（明治31年7月15日以前）に開始した家督相続は，戸主を被相続人とする相続であり，被相続人である戸主が死亡したときに開始し，のみならず，戸主が生前に隠居するなどしたときにも開始した（生前相続）。家督相続が開始すると，その家の戸主（被相続人）が戸主権を喪失して，家督相続人が新たな戸主として戸主権を承継し，家督相続人は，新たな戸主として，前戸主（被相続人）が有していた姓氏，貴号，及び一切の財産を包括して承継した。

旧民法の施行前の家督相続人（旧民法施行前の家督相続・家督相続人）は，旧々民法を参考（旧々民法を参考とする家督相続・家督相続人）にすると，第1順位から第6順位まで定められ，その該当者が，単独で家督相続人となった。第1順位の者は，家族である（被相続人である戸主と同じ家の戸籍に在籍する）卑属親（直系卑属）であり，複数人の間では，第1順序から第4順序まで定められ，最優先の順序の者が家督相続人となった。原則として，子のうち，年長の男子が優先した。

第4順位の者は，家族である直系尊属であり，複数人の間では，親等が近い者が優先した。

[表11] 家督相続人の順位・順序（～明治31年7月15日）

家督相続人の順位
第1順位　**法定家督相続人** 被相続人の家族である（被相続人である戸主と同じ戸籍に在籍する）**卑属親（直系卑属）** 複数人の卑属親の間の順序 第1　**親等**の最も近い者 第2　同親等の男子と女子では男子 第3　数人の男子では年長者 ただし，**嫡出子**，**庶子**，**私生子**では嫡出子 第4　数人の女子では年長者 ただし，嫡出子，庶子，私生子では嫡出子
第2順位　**指定家督相続人**
第3順位　**血族選定家督相続人** 原則として，被相続人の父が，家族である次の者から，次の順序で家督相続人を**選定** 第1　**兄弟** 第2　**姉妹** 第3　**兄弟姉妹**の卑属親のうち親等の最も近い男子 なお，男子がいない（**放棄**した）ときは女子
第4順位　**尊属家督相続人** 家族である**尊属親（直系尊属）**のうち親等の最も近い者
第5順位　**配偶者**
第6順位　**他人選定家督相続人** **親族会**が，他人を家督相続人に選定

[図11] は，妻及び長女，長男，二男，庶子の男子（庶子男）がいる戸主が死亡した事例で，第1順位の家督相続人である直系卑属（ここでは子）のうち，その順序は年長の男子が優先することから，図のような家督相続人となった。

3　主な事項

明治23年民法は，家制度に基礎を置く規律で構成され，財産取得編には相続として家の承継及び財産の承継である家督相続，及び家族の財産の承継である遺産相続に関する規律が規定され，人事編には親族及び姻族，婚姻，親子，養子縁組，戸主及び家族等に関する規律が規定された。現行民法の婚姻，養子縁組等に相当する規律のほか，旧民法に特有の身分，制度，親族関係も，概ね，規定されていた。

4　重要なキーワード

旧民法施行前の家督相続・家督相続人，旧々民法を参考とする家督相続・家督相続人，太政官布告・達等・大審院判例等・司法省先例等と家督相続・遺産相続

5　法令判例先例文献等

条文：旧々民法財産取得編286～305

参考文献：過341・346

第12節　旧民法施行前の遺産相続

（～明治 31 年７月 15 日）

[図 12]　相続人・法定相続分（～明治 31 年7月 15 日）

(注)　現代において交付を受ける除籍・改製原戸籍の謄本では，「庶子」の部分が塗抹され，「男」とだけ表記されている。

1　根拠

前節１のとおり，明治 31 年民法（旧民法）が施行されるまでは，親族関係，相続関係については，当時の慣例，そして法令としての効力を有した太政官布告・達等を適用することになり，太政官布告・達等を調査し，また，判例，先例等に当たる必要があるが，その際に，もっとも参考とすべきものに旧々民法（明治 23 年民法）がある。

旧々民法は，公布されたものの施行されることなく廃止されたため，成文の民法としての効力はなかったのであるが，親族，相続に関する規定は，概ね，当時の慣例に基づいて制定されたといわれているため，そこで，旧民法の施行前（明治 31 年７月 15 日以前）に開始した相続（家督相続と遺産相続）については，旧々民法の規定が，実務において大いに参考になるであろう。

ここでは，遺産相続について解説する。

2　遺産相続人の順位・順序

旧民法の施行前（明治31年7月15日以前）に開始した遺産相続は，家族（戸主でない者）を被相続人とする相続であり，被相続人が死亡したときにのみ開始した。遺産相続が開始すると，遺産相続人は，被相続人である家族の遺産を包括して承継した。旧民法の施行前の遺産相続は，旧民法の施行中と異なり，単独相続であった。

遺産相続人は，第1順位が卑属親（直系卑属），第2順位が配偶者，第3順位が戸主と法定され，その最優先の該当者が，単独で遺産相続人となった。第1順位の者は，家族である（被相続人である戸主と同じ家の戸籍に在籍する）卑属親（直系卑属）であり，複数人の間では，第1順序から第4順序まで定められ，最優先の順序の者が家督相続人となった。原則として，子のうち，年長の男子が優先した。

[表12] 遺産相続人の順位・順序（〜明治31年7月15日）

第1順位	被相続人と同じ戸籍に在籍する卑属親（直系卑属） （複数人の卑属親の間の順序） 第1　親等の最も近い者 第2　同親等の男子と女子では男子 第3　数人の男子では年長者 　　ただし，嫡出子，庶子，私生子では嫡出子 第4　数人の女子では年長者 　　ただし，嫡出子，庶子，私生子では嫡出子
第2順位	配偶者
第3順位	戸主

[図12] は，妻及び長女，長男，二男，庶子の男子（庶子男）がいる戸主が死亡した事例で，第1順位の遺産相続人である直系卑属（ここでは子）のうち，その順序は年長の男子が優先することから，図のような遺産相続人となった。

第2順位，第3順位の遺産相続人は当然に単独で相続したが，第1順位の遺産相続人には家督相続の場合と同様の順序が準用されたことから，図の場合，長男以外の被相続人の子は遺産相続人とはならなかった。

３　主な事項

前節３と同じである。

４　重要なキーワード

旧民法施行前の遺産相続・遺産相続人，旧々民法を参考とする遺産相続・遺産相続人，太政官布告・達等・大審院判例等・司法省先例等と家督相続・遺産相続

５　法令判例先例文献等

条文：旧々民法財産取得編 312 ～ 314

参考文献：過 341・346・357

第2章　新旧民法が交差する相続

第1節　家督相続人の不選定

（明治31年7月16日～昭和22年5月2日）

［図13］相続人・法定相続分（明治31年7月16日～昭和22年5月2日）

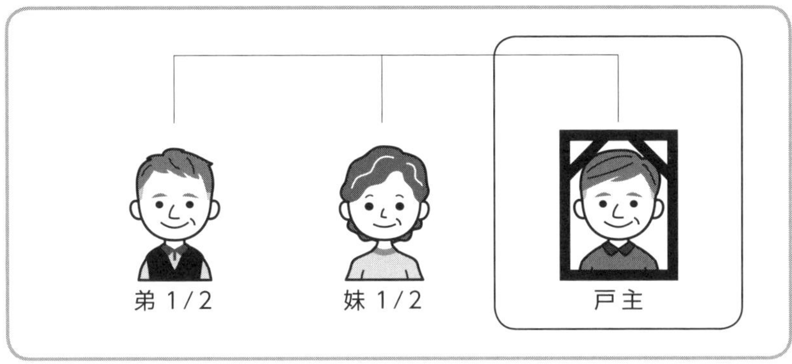

1　根拠

旧民法の施行中（明治31年7月16日から昭和22年5月2日までの間）に家督相続が開始すると旧民法が適用されることが原則である。

それが，昭和22年12月22日法律第222号民法の一部を改正する法律の附則（いわゆる新民法附則）によって，新民法附則25条2項が適用される場合には，旧民法の施行中に開始した家督相続であっても，新民法は適用されるという特例がある。これが，家督相続人の不選定の場合である。

2　新民法の適用

応急措置法の施行前（旧民法の施行中）に家督相続が開始し，新民法の施行後に，旧民法によれば家督相続人を選定しなければならない場合には，その相続に関しては新民法（昭和22年民法）の規定が適用された。これは，相続は，相続が開始した当時の法令が適用されることの例外であり，この場合には，その家督相続の開始に遡って新民法が適用された。

遡って新民法が適用される場合は，旧民法の施行中（明治31年７月16日から昭和22年５月２日までの間）に家督相続人が開始したものの，家督相続人の不存在の状態が新民法の施行まで継続したとき（新民法の施行までに家督相続人が選定されなかったとき）は，旧民法ではなく，新民法の規定に基づいて法定相続人が特定される。

３　相続人の順位・法定相続分

家督相続の開始に遡って新民法が適用されるため，第７節昭和22年民法に基づく相続の２の相続人の順位・法定相続分と同じとなる。

［図13］は，旧民法の施行中に戸主が死亡して家督相続が開始したが，他に同じ戸籍に家族がいなかったため家督相続人が不存在であるところ，新民法の施行前（昭和22年12月31日）までに家督相続人が選定されたかったものである。そのため，新民法を適用し，ここでは，第１順位，第２順位の相続人がいないものの，同じ戸籍にはいないが第３順位の兄弟姉妹がいる。そこで，図のような法定相続人及び法定相続分となる。

戸主が死亡し，戸籍において絶家となった後，新民法の施行後に当該戸主名義の不動産等の財産が発見された場合は，区裁判所の許可による絶家（職権絶家）であったときは，同様に，家督相続人の不選定として取り扱う。

４　重要なキーワード

家督相続人の不選定，新民法附則に基づく相続，家督相続届，絶家

５　法令判例先例文献等

条文：新民法附則25②

参考文献：新37，基299，過385

第２節　家附の継子の相続権（昭和23年１月１日〜）

[図14]　相続人・法定相続分（昭和23年１月１日〜）

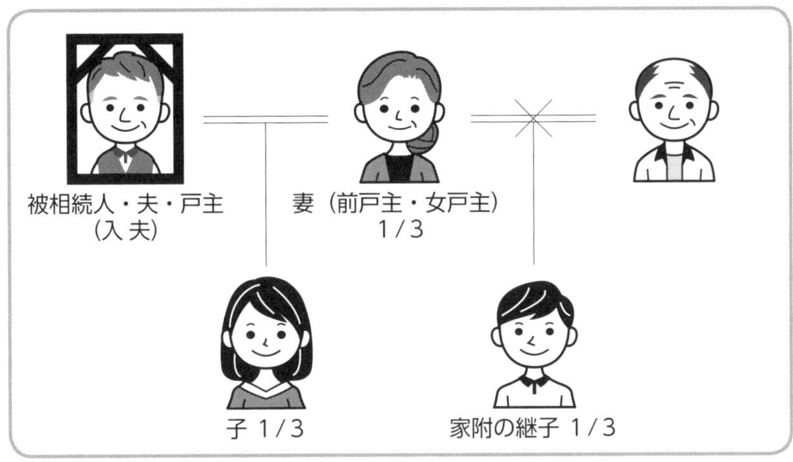

１　根拠

新民法の施行後（昭和23年１月１日以後）に相続が開始すると，相続の開始の時に施行されている新民法以後の民法が適用されることが原則である。

それが，昭和22年12月22日法律第222号民法の一部を改正する法律の附則（いわゆる新民法附則）によって，新民法附則26条１項が適用される場合には，新民法の施行後に開始した相続であっても，旧民法の規律が適用されるという特例がある。これが，家附の継子の相続権である。

２　旧民法の適用

新民法の施行後には，もはや継親子関係は消滅し，親子ではないため，被相続人の継子（であった者）が子として相続人となることはないが，一定の場合には，新民法後に開始した相続であっても，被相続人の継子にも相続権が認められる。これが，家附の継子の相続権であり，被相続人が，応急措置法の施行の際（昭和22年５月３日午前０時）における戸主であって，その戸主が婚姻又は養子縁組によって他家から入った者である場合には，その家の家附の継子は，相続に関しては，嫡出である子と同一の権利義務を有する。これは，新民法の施行後に開始した相続にあっては相続に関する規律は新民法以後の民法を適用するものの，子が相続人となるべきときは，一定の場合には，継親子関係という旧民法の規律に基づいて親子を判定し，法定相続人を特定することを意味する。

３　相続人の順位・法定相続分

新民法が適用されるため，前述の家附の継子に該当する者も子に含めて，本編第１章第７節２の相続人の順位・法定相続分と同じとなる。

［図 14］は，新民法の施行中に被相続人が死亡して相続が開始したが，実子のほか，妻の前婚の子がいて，新民法附則 26 条１項が適用されて，その妻の前婚の子は被相続人にとっての家附の継子として実子と同様に法定相続人となった（同項が適用されない場合は，妻の前婚の子は相続権を有しない。）。そこで，図のような法定相続人及び法定相続分となる（相続の開始が昭和 56 年１月１日以後であるときは，該当する昭和 55 年民法以後の民法の法定相続分の割合となる。）。

４　重要なキーワード

家附の継子の相続権，家附の継子，継親子関係，新民法附則に基づく相続，戸主，継子

５　法令判例先例文献等

条文：新民法附則 26 ①

参考文献：新 101，基 313，過 400

第3編

キーワード

い 家，家制度

旧民法の根幹をなすものが家制度であり，つまり家を中心に規律された親族，相続の制度である。

家とは，一般にいう，家庭や家屋などとは異なる概念であり，その団体員の一人を中心人物（当主，家長）とし，その中心人物と他の者との権利義務によって法律上連結された親族団体である。家の中心人物を戸主という。

家には，1名の戸主が存在し，家は，戸主と，戸主以外のものである家族で構成され（家族がいない場合はある。），家は，その戸主を筆頭とする戸籍で現された。そのため，ある人が，ある家に「いる（ある）」とは，その家の戸籍に在籍していることと同義である。

日本国籍を有する者は，必ず，特定の一つ（に限る。）の家に属し，戸主及び家族は，その家の氏を称した。

ある人にとって，自己の属する家を自家と，自己の属していない家を他家といい，ある人が婚姻又は養子縁組によって入った（入籍した）家を，その入った者にとって，それぞれ婚家又は養家といい，それらの場合に，その入る前に属した家を実家といった。そのほか，家を含む主な用語には，廃家，絶家，去家，分家，本家，同家がある。

家は，応急措置法の施行によって，消滅した。

根拠条文等 旧 746
参考文献 新 151，基 73，過 251，体 114，相 2

い 家附，家附の子，家附の継子

家附とは，旧民法（及び旧民法前），「その家（の戸籍で）で生まれた」という意味であり（旧民法には，その定義に関する直接の条文はない。），家附の子というときは，連れ子と対比して，もともとの，その家の子という意味で用いられる。

他家から親族入籍，引取入籍によって入籍した者は，実子であっても家附とはいえないが，養子は養家においては家附とされていた。

家附の子には，例えば戸主から見て，その家で生まれた実子（家附の実子）と，その家で生まれた継子（家附の継子）があり，子だけでなく，父母も，例えば家附の父という場合があった。

そこでその家で生まれた継子は，家附である継子という意味で家附の継子と呼ばれた。

例えば，入夫が女戸主と入夫婚姻し，戸主となった際，その家には，妻（元女戸主）の前婚（入夫が戸主とならない入夫婚姻）の子がいたときは，その子は，その戸主となった入夫の継子となり，それは家附の継子であった。

例えば，女戸主が，入夫が戸主とならない入夫婚姻をし，子が生まれ，入夫が死亡し，女戸主が，入夫が戸主となる入夫婚姻をもって再婚した場合には，後の入夫にとって当該子は家附の継子となった。他方，女戸主が，入夫が戸主となる入夫婚姻をし，妻（元の女戸主）が死亡し，その後，入夫が再婚して後婚の妻（妻も再婚で，その子がいるものとする。）が夫の家に入籍し，そして，妻の前婚の子を夫の家に引取入籍したときは，当該子は当該夫の継子となったが，家附の継子とはならなかった。

⇒継子の場合の第１種法定家督相続人の順序の特則
⇒家附の継子の相続権
⇒家女

参考文献 新 149，基 184，過 400，体 104，相 465，手 284

い 家附の継子の相続権

旧民法の施行中に継親子関係が成立していた場合であっても，その継親が，応急措置法の施行後に死亡したときは，既に，その継親と継子は親子ではなくなっているため（応急措置法施行後の継親子関係），継子（であった者）が，子として相続人となることはない。

しかし，被相続人の家附の継子（であった者）については，相続権が認められる場合があり，それが，家附の継子の相続権である。

これは，新民法の施行後に開始した相続であっても，一定の場合には旧民法の親族関係に関する規律が適用されることがあることを意味するが，家附の継子に相続権が認められるには，次の全ての要件を満たしていた必要がある。

(i) 被相続人の死亡が新民法の施行後であること。
(ii) 被相続人が，応急措置法の施行の際における戸主であった者であること。
(iii) 当該戸主であった者が，他家から入った（入籍した）者であったこと。
(iv) 当該戸主であった者が他家から入った事由が，婚姻又は養子縁組であったこと。
(v) 相続権を有すべき者は，応急措置法の施行時において，当該戸主であった者の継子であったこと。
(vi) 当該継子は，戸主であった者の家の家附であったこと。
(vii) 当該戸主であった者が，応急措置法の施行後に，婚姻の取消若しくは離婚又は縁組の取消若しくは離縁によって氏を改めていないこと。

新民法の施行後に開始した相続において，以上の要件の全てを満たす場合，その被相続人の家附の継子（であった者）は，もはや子ではないにもかかわらず，相続に関しては，嫡出子と同一の権利義務を有したことから，相続人となった。この場合，旧民法の相続編が適用されるわけではないが，家附の継子という一定の身分関係の存否については，旧民法（の解釈）に基づいて，相続人を特定することとなる。

新民法の施行後に開始した相続において相続人となる継子は，家附でなければならないため，被相続人（戸主であった者）の継子であっても家附ではなかった者や，配偶者の子ではあっても継子ではなかった者は，相続人とはならなかった。例えば，旧民法の施行中に，女戸主Ａ女が入夫Ｂ男と，入夫が戸主とならない入夫婚姻をし，Ａ女Ｂ男夫婦に子Ｃ男が誕生し，Ｂ男の死亡後，Ａ女が入夫Ｄ男と入夫婚姻をし，この再婚の際には，Ｄ男が戸主となった。ここでは，これにより，Ｃ男はＤ男の継子となり，さらに，Ｃ男は，その家（戸主がＡ女であった家）で生まれた者であるため，家附の継子となった。そして，新民法の施行後にＤ男が死亡したときは，もはや，Ｄ男とＣ男は親子ではないが，Ｃ男はＤ男の相続人になったのである。これは，被相続人（戸主であった者）Ｄ男が旧民法の施行中に死亡していたとすれば，その家附の継子であるＣ男が家督相続人として相続することができたにもかかわらず，しかも，Ｄ男の遺産には，その入夫婚姻の際にＡ女から家督相続（入夫婚姻と家督相続）によって取得したものも少なくないであろうことから，他家から入って戸主となった者の財産を，以前から，その家にある継子が相続できなくなる結果は，旧民法下では当然に相続することができたことと比較してあまりにも酷であることから，その保護を図るためであるとされている。

被相続人が戸主であり，又は，相続権を有すべき者が家附の継子であったのは，応急措置法の施行の時でなければならず，被相続人が戸主であったとしても応急措置法の施行の前までに戸主でなくなっていたり，又は，相続権を有すべき者が家附の継子であったとして応急措置法の施行の前までに家附の継子でなくなっていたときは，以上の要件は満たさない。

以上の要件に該当する家附の継子が複数人いるときは，その全てが相続権を有し，また，家附の継子に該当する者が被相続人の死亡前に死亡していたときは，代襲相続が適用される。

なお，被相続人となるべき戸主であった者が，新民法施行後に死亡するまで，応急措置法の施行の際の氏（例えば，入夫なら妻の氏）を改めてなかったことが要件（前記(vii)）とされているため，応急措置法施行後に婚姻の取消し若しくは離婚又は縁組の取消し若しくは離縁によって氏を改めた場合には，家附の継子に相続権は認められないが，財産の一部の分配請求権が認められた。

⇒家附の継子の相続財産の分配請求権

根拠条文等 附 26

参考文献 新 101，基 313，過 400，手 283

事例 1

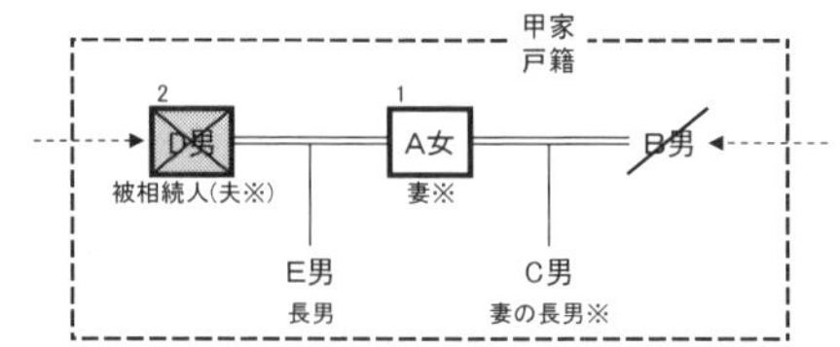

※ 応急措置法の施行の時は、D男は戸主である入夫、A女は前戸主、C男はD男の継子であった。

この事例では，法定相続人及び各法定相続分は，次のとおりとなる。

相続人	A女	E男	C男
法定相続分	3分の1	3分の1	3分の1

家附の継子の相続財産の分配請求権

新民法の施行後に開始した相続にあっては，家附の継子に相続権が認められる場合があるが，相続の開始が，応急措置法の施行中（昭和22年5月3日から昭和22年12月31日までの間）であったときは，家附の継子に相続権が認められることはなかった。ただ，一定の場合には，家附の継子に相続財産の分配請求権が認められる場合があった。

応急措置法の施行の際における戸主が婚姻又は養子縁組によつて他家から入った者について，応急措置法の施行後，新民法の施行前に相続が開始した場合には，家附の継子は，相続人に対して相続財産の一部の分配を請求することができた。

⇒家附の継子の相続権

根拠条文等 附26②・③
参考文献 新220・221

遺産相続・遺産相続人

戦前，すなわち，本書では応急措置法が施行された昭和22年5月3日前まで（昭和22年5月2日まで）に開始した相続において，戸主でない者（家族）を被相続人とする相続が遺産相続であり，その場合の相続人が遺産相続人である。遺産相続は，旧民法の施行中にも，旧民法の施行前にもあり，家督相続とは異なり，財産相続に関する性質のみを有するものであったことは，応急措置法以後の相続と同様の性質を有していたといえる。

遺産相続は，被相続人の死亡によってのみ開始し，死亡以外の事由で開始することはなかった。

遺産相続人が誰かということは戸籍に記載されないため（戸籍において，家督相続届に相当するものはない。），原則として，被相続人の出生から死亡までの戸籍，その他，相続人を特定するために必要とされる全ての戸籍の記載を基に，その親族関係を明らかにし，遺産相続人を特定しなければならないことも，現行民法の相続と同じである。

遺産相続が開始すると，遺産相続人は，被相続人の財産のみを承継した。

遺産相続によって，遺産相続人は，被相続人の一身に専属するものを除いて，相続開始の時から，被相続人が有した財産に関する一切の権利義務を承継した。

遺産相続人が数人である場合には，相続財産は，それらの共有に属し，各共同の遺産相続人は，その各相続分に応じて被相続人の権利義務を承継した。遺産相続によって共有に属した相続財産は，遺産分割によって，個々の財産が特定の遺産相続人に帰属し，遺産分割は相続の開始の時に遡って効力が生じた。

⇒旧民法施行前の遺産相続・遺産相続人
⇒旧民法施行中の遺産相続・遺産相続人

根拠条文等 旧 992・993・1001 ～ 1003・1010 ～ 1012
参考文献 基 247・248，過 321・337，手 221

一家創立（い）

旧民法において，一家創立とは，新たに家が起きる（設立される。）ことをいった。一家創立は，法定された原因によって当然に新たな家が設立されるもので，新たに家を設立しようとする者の意思によって新たな家が設立される分家，廃絶家再興とは異なった。

一家創立により，その者を戸主として，新たな戸籍が編製された。

一家創立の主な原因は，次のとおりである。

- 子が父又は母の家に入ることができないとき　⇒　子の入る家
- 実家に復籍することができないとき　⇒　復籍
- 復籍を拒否されたとき　⇒　復籍拒否
- 絶家に家族があるとき　⇒　絶家

旧々民法においては，一家新立と呼ばれた。

根拠条文等 旧 733・735・740・742・764
参考文献 基 80・94・126，体 649，相 5

遺留分（い）

相続が開始すると，相続人（兄弟姉妹を除く。）は，被相続人が行った贈与（生前の贈与，死因贈与），遺贈，被相続人の遺言があったとしても，民法で定められた最低限保証されるべき分数的割合を相続財産に乗じた額を受ける権利を有し，この割合を遺留分という。

遺留分の帰属及び各相続人の法定相続分に占める割合は，直系尊属だけが相続人である場合は３分の１，その他の場合は２分の１であり，次の表のとおりとなる。

<table>
<tr><td colspan="2">直系尊属だけが相続人である場合</td><td>3分の1</td></tr>
<tr><td rowspan="2">直系尊属だけが相続人である場合以外の場合</td><td>配偶者だけが相続人である場合
子だけが相続人である場合
配偶者及び子が相続人である場合
配偶者及び直系尊属が相続人である場合</td><td>2分の1</td></tr>
<tr><td>配偶者及び兄弟姉妹のみが相続人である場合</td><td>配偶者2分の1
兄弟姉妹0</td></tr>
<tr><td colspan="2">兄弟姉妹のみが相続人である場合</td><td>0</td></tr>
</table>

昭和55年民法の前までは，直系卑属だけが相続人であるとき，又は直系卑属及び配偶者が相続人であるときは2分の1，その他の場合は3分の1であり，応急措置法でも同様であるが，旧民法では，家督相続にあっては第1種法定家督相続人は2分の1，それ以外の家督相続人は3分の1，遺産相続にあっては直系卑属は2分の1，配偶者，直系尊属は3分の1とされていた。

遺留分を算定するための財産の価額は，被相続人が相続開始の時において有した財産の価額に，その贈与した財産の価額を加えた額から債務の全額を控除した額である。この場合，贈与は，相続開始前の1年間にしたものに限り当該価額を算入し，当事者双方が遺留分権利者に損害を加えることを知って贈与をしたときは1年前の日より前にしたものについても当該価額を算入する。なお，平成30年民法以後は，相続人に対する贈与については，相続開始前の10年間にしたものに限り当該価額（婚姻若しくは養子縁組のため又は生計の資本として受けた贈与の価額に限る。）を算入し，当事者双方が遺留分権利者に損害を加えることを知って贈与をしたときは10年前の日より前にしたものについても当該価額を算入する。

⇒遺留分侵害額請求権
⇒遺留分減殺請求権

根拠条文等 旧1030～1033，応9，民1042～1045（昭和30年民法の前まで1028～1030）

い 遺留分減殺請求権

平成25年民法まで，つまり，平成30年民法の施行の日の前（令和元年6月30日）までに開始した相続については，平成30年民法の遺留分侵害額請求権ではなく，遺留分減殺請求権が適用された。

遺留分を侵害された場合，遺留分権利者及びその承継人は，遺留分を保全するのに必要な限度で，遺贈及び贈与（相続開始前の1年間にしたものに限られるが，当事者双方が遺留分権利者に損害を加えることを知ってした贈与は，1年前の日より前にしたものについても含まれる。）の減殺を請求することができた。

遺留分減殺請求権は形成権であり，その行使によって現物として物権的に遺留分権利者に帰属（共有）し，遺留分権利者に帰属する権利は，遺産分割の対象となる相続財産としての性質を有しない。

令和元年6月30日までに開始した相続については，令和元年7月1日以後であっても，「遺留分減殺」を登記原因とする移転の登記をすることができる。

根拠条文等 民1029～1035（平成25年民法まで），最一小判昭41・7・14民集20巻6号1183頁，最二小判平8・1・26民集50巻1号132頁

参考文献 過143

遺留分侵害額請求権

遺留分を侵害された場合，遺留分権利者及びその承継人は，受遺者又は受贈者に対し，遺留分侵害額に相当する金銭の支払を請求することができる。受遺者には，特定財産承継遺言により財産を承継し又は相続分の指定を受けた相続人を含むが，この請求権は，物権的に現物（の共有持分）の返還請求権ではなく，遺留分侵害に相当する額について金銭の支払請求権として，遺留分侵害額請求権と呼ばれる。

平成25年民法までの遺留分減殺請求権に対応するが，平成30年民法によって遺留分侵害額請求権へと，要件，効果等が改められた。

根拠条文等 民1046～1048（平成30年民法より）
参考文献 過119

隠居

戸主が，生前に自らの意思で戸主の身分を退いて，その戸主権を新たな戸主に承継させる行為を隠居といった。

戸主が隠居をしたときは，その戸主を被相続人として，必ず家督相続が開始し，隠居した戸主が戸主権を失い，その家督相続人が，その家の新たな戸主となった。隠居によって，隠居した戸主（隠居者）は，新たな戸主の家族となった。

満60歳以上の戸主は隠居することができ，満60歳未満であっても裁判所の許可を得ると隠居することができ，また，女戸主は，満60歳未満であっても裁判所の許可を得ることなく隠居することができた。

隠居は，隠居者及び家督相続人を届出人とする隠居届が戸籍に受理されることによって効力が生じ，隠居した戸主を筆頭とする戸籍から，新たな戸主を筆頭とする戸籍に編製替えがなされた。

⇒財産留保

⇒法定隠居

⇒生前相続と死亡相続

⇒旧民法施行中の家督相続・家督相続人

根拠条文等 旧752～757

参考文献 新（5・6），基113・100・161，過285，相二版（72（事項番号386～388），74（事項番号399・400））

い 姻族，姻族関係の終了，姻族関係の終了の例外

自己の配偶者の血族と，自己の血族の配偶者が該当し，３親等内の姻族は親族に含まれる。夫婦の一方の血族と他方（例えば，夫の兄と，その夫の妻の妹）とは，姻族に当たらない。

姻族関係は，離婚によって終了する。

また，夫婦の一方が死亡した場合において，生存配偶者（生存している配偶者）が姻族関係を終了させる意思を表示したときも，姻族関係は終了するところ，旧民法では，生存配偶者が，その家を去った（去家）ときに，姻族関係が終了した。これが，生存配偶者の去家による姻族関係の終了であり，例えば，夫婦（妻が実家から夫の家に入籍）のうち夫が死亡した後，妻が実家に親族入籍したときは，妻と夫の血族との姻族関係は終了した。

旧民法の生存配偶者の去家による姻族関係の終了には例外があり，生存配偶者が，その家を去った（去家）ときであっても，それが，本家相続，分家，廃絶家再興の場合には，姻族関係は終了しなかった。

根拠条文等 旧 725 iii・729・731，民 725 iii・728，大判大４・５・24 刑録 21 輯 657 頁

参考文献 新 133，基 44・62・63，体 95・493

え 縁女，縁男

旧民法の施行前，戸籍に「縁女」，「縁男」の続柄をもって記載されている者がいた。戸主が，将来，自己の子と婚姻させる目的をもって幼年の者を入籍させた者であり，これが，縁女，縁男であった。

相続実務においては，いずれも，養子として取り扱うとの見解がある。

参考文献 体 654，手 59

お 応急措置法

本書では，昭和 22 年４月 19 日法律第 74 号日本国憲法の施行に伴う民法の応急的措置に関する法律を応急措置法といい，応急措置法は昭和 22 年５月３日から施行された。

応急措置法は，日本国憲法の施行に伴い，民法（旧民法）について，個人の尊厳と両性の本質的平等に立脚する応急的措置を講ずることを目的として制定されたものである。これは，旧民法は，応急措置法の施行後も継続するものの（その後，新民法によって廃止），旧民法について，応急的に，特定の規定を不適用としたり，一部の規定を改めたりして，個人の尊厳と両性の本質的平等に立脚することとなるようにしたということを意味する。

まず，戸主，家族そのほか家に関する規定が不適用とされた。これにより，旧民法の根本原理の一つである家制度が消滅し，そして，家督相続に関する規定も不適用となった。応急措置法の施行以後は，家督相続が開始することはなくなっ

たのである。

そこで，相続は，遺産相続だけとなったが，応急措置法では，その後の相続と同様（応急措置法以後の相続），遺産相続の規定に従うものの，単に相続とされ，さらに，相続人，その順位（相続人の順位），法定相続分，遺留分が改められた。

そのほか，次のとおりの措置が講じられた。

- 妻，母の能力を制限する規定が不適用とされた。
- 成年者の婚姻，離婚，養子縁組及び離縁については，父母の同意は不要とされた。
- 夫婦は，その協議で定める場所に同居するものとし，夫婦の財産関係に関する規定で両性の本質的平等に反するもの不適用とし，配偶者の一方に著しい不貞の行為があったときは，他の一方は，これを原因として離婚の訴を提起することができるものとされた。
- 親権は，父母が共同してこれを行い，父母が離婚するとき，又は父が子を認知するときは，親権を行う者は，父母の協議でこれを定めなければならず，協議が調わないとき，又は協議をすることができないときは，裁判所が，これを定め，裁判所は，子の利益のために，親権者を変更することができるとされた。

そのほか，応急措置法の規定に反する他の法律の規定も不適用とされ，応急措置法は，新民法が施行された昭和 23 年 1 月 1 日，つまり昭和 22 年 12 月 31 日の終了をもって失効した。

⇒応急措置法施行中の相続・相続人

根拠条文等 応 1 ～ 10
参考文献 基 275，過 225

お 応急措置法以後の家制度，親族関係

○家，戸主，家族

旧民法の施行中（施行以前）は，家制度を基礎に親族，相続の関係が規律され，その中心が家であり，また，各人は，家の構成員である戸主であるか，家族であるかによって，異なる親族，相続に関する規定が適用されることがあった。

それが，応急措置法の施行によって，家という概念は消滅し，戸主，家族という身分もなくなった。

戸籍が改製されるまでは，いまだ，戸籍において戸主の表示があるものの，応急措置法の施行後は，もはや戸主ではない。

そして，応急措置法の施行後は，新たに，家，戸主，家族が成立することはない。

○入夫婚姻，婿養子縁組

旧民法の施行中に成立した入夫婚姻は，応急措置法の施行後は，婚姻としての効力は継続するものの（この場合，妻の氏を称する婚姻），入夫という身分は消滅した。そこで，応急措置法の施行後は，入夫は妻の夫であることは変わらなかっ

た。

応急措置法の施行後は，入夫婚姻という形で婚姻をすることはできない。

旧民法の施行中に成立した婿養子縁組は，応急措置法の施行後は，婚姻及び養子縁組としての効力は継続するものの，婿養子という身分は消滅した。そこで，応急措置法の施行後は，婿養子は妻の夫であると同時に妻の親の養子であることは変わらなかった。

応急措置法の施行後は，婿養子縁組という形で婚姻又は養子縁組をすることはできない。

○継親子関係

旧民法の施行中に成立していた継親子関係は，応急措置法の施行によって消滅した（継親子関係に基づく親族関係も消滅した。）。そのため，応急措置法の施行後は，継親と継子は親子ではなくなった。例えば，旧民法の施行中にＡ男が継父で，その継子がＢ男であった場合に，仮にＡ男が旧民法の施行中に死亡したとするとＢ男が子として遺産相続人になったはずであったとしても，Ａ男の死亡が応急措置法の施行後であれば，Ｂ男は子として相続人となることはなかった(注)。

応急措置法の施行後は，もはや，継親子関係は成立しない。

○養子離縁における養親と養子の子等との親族関係の不消滅

旧民法の施行中は，養親子関係の終了には例外（養親子関係の終了の例外）があり，養子の配偶者，直系卑属又はその配偶者は，養子の離縁によっても，当該養子とともに養家を去らない（去家しない。）ときは，その者と養親及びその血族との親族関係は終了しなかった（養子離縁における養親と養子の子等との親族関係の不消滅）。しかし，この養子離縁における養親と養子の子等との親族関係の不消滅によって継続している親族関係は，応急措置法の施行によって終了した。

つまり，例えば，養親と養子が離縁して，その養子が実家に復籍しても，その養子の子（養子縁組後に出生）が引き続き，養親の家に在籍（残留）していたことで，養親と当該（養子の）子との祖父母と孫としての関係は継続していたときであっても，応急措置法の施行によって，その関係は消滅し，以後，祖父母と孫ではなくなった。

応急措置法の施行後は，養親と養子が離縁すると，在籍している戸籍にかかわらず，養親と当該（養子の）子との祖父母と孫としての関係は終了する。

○養親の去家による養親子関係の終了

旧民法の施行中に，養親が，養家を去った（去家）したときは，その者及びその実方の血族と養子との親族関係は終了した。

これによって，終了した親族関係は，応急措置法の施行後も復活せず，以後も，消滅したままである。

例えば，夫婦が婚姻し（妻が実家から夫の家に入籍），夫婦が養子と養子縁組をした後，離婚し，当該妻が実家に復籍すると，離縁はないものの，当該妻であり養母であった者と，その養子の養親子関係は終了し，これは，応急措置法の施行後も親子ではなくなったままであることを意味する。

応急措置法の施行後は，養親子関係の終了は離縁に限られるため，養親が，その戸籍から除籍しても，その者及びその実方の血族と養子との親族関係は終了しない。

(注) 家附の継子の相続権については，特例がある。

根拠条文等 応３，附４
参考文献 基 276・277，過 227・228

お 応急措置法以後の相続・相続人

応急措置法の施行（昭和 22 年５月３日）後に開始した相続（戦後の相続・相続人）であり，家督相続，遺産相続と対比して，狭義の「相続」，その「相続人」といえる，応急措置法，新民法以後，現行民法に至る相続，相続人である。

応急措置法の施行によって家制度は消滅し，戸主，家族という身分，家督相続がなくなり，以後，相続は，人の死亡，つまり被相続人の死亡によってのみ開始した。応急措置法の施行後に開始した相続は，旧民法でいうところの遺産相続に一本化されたことで，遺産相続ではなく，新民法以後，現行民法と同様の相続となった。同順位の者が複数人であるときは，それら全員が共同で相続人となり，その場合，各々，法定相続分を有する。

配偶者は常に相続人となり，直系卑属（子[(注)]），直系尊属，兄弟姉妹が，第１順位から第３順位で，相続人となった。直系卑属（子），直系尊属，兄弟姉妹であれば，被相続人との戸籍の異同，日本国籍の有無も問わず，実親子関係に基づくもの，養親子関係に基づくものは全て該当する。応急措置法の施行前に成立していた継親子関係は応急措置法の施行によって消滅したため，継子など，継親子関係に基づいていたものは，もはや相続人とはなり得ない。

応急措置法の施行後，相続が開始すると，相続人は，被相続人の財産のみを承継した。

相続によって，相続人は，被相続人の一身に専属するものを除いて，相続開始の時から，被相続人が有した財産に関する一切の権利義務を承継する。

相続人が数人である場合には，相続財産は，それらの共有に属し，各共同相続人は，その各相続分に応じて被相続人の権利義務を承継する。相続によって共有に属した相続財産は，遺産分割によって，個々の財産が特定の相続人に帰属し，遺産分割は相続の開始の時に遡って効力が生じる。

相続人は，相続が開始した時（被相続人が死亡した時）に存在（出生している（胎児であることを含む。），かつ，生存している。）していなければならない。

(注) 昭和 37 年民法以後の子
⇒応急措置法施行中の相続・相続人
⇒新民法以後の相続・相続人

根拠条文等 旧 1001 ～ 1003・1010 ～ 1012，応７②，民 896・898・899・906 ～ 909

第３編 キーワード

お 応急措置法施行後の改氏に対する財産の分配請求権

応急措置法の施行の際に戸主であった者が，応急措置法の施行（昭和22年5月3日）後に，婚姻の取消し若しくは離婚又は養子縁組の取消し若しくは離縁によって氏を改めた場合には，配偶者又は養親，もし配偶者又は養親がないときは，新民法によるその相続人は，その者に対して，財産の一部の分配を請求することができた。

⇒新民法施行中の相続・相続人

根拠条文等 附28
参考文献 新215

お 応急措置法施行中の相続・相続人

応急措置法の施行以後に開始した相続（応急措置法以後の相続・相続人）の最初期，つまり，応急措置法の施行中（昭和22年5月3日から昭和22年12月31日までの間）に開始した相続であり，その相続人である。

応急措置法の施行によって家制度，家督相続は消滅したが，応急措置法の施行中に開始した相続には，応急措置法とともに，旧民法の遺産相続の規定の一部が適用された。そこで，応急措置法の施行後に開始した相続は，旧民法でいうところの遺産相続に一本化されたことで，遺産相続ではなく，新民法以後，現行の民法と同様の相続となった。

応急措置法において，配偶者，及び第1順位から第3順位まで法定されていた。配偶者は常に相続人となり，直系卑属，直系尊属，兄弟姉妹が各々第1順位から第3順位の相続人として，先順位の者が優先して相続人となり，配偶者と第1順位から第3順位の相続人がいる場合，次のとおりの法定相続分となった。第1順位から第3順位の各複数の者の法定相続分は等しいが，非嫡出子の法定相続分は嫡出子の法定相続分の2分の1で共同相続人となった。

<table>
<tr><td colspan="2">常に相続人となる応急措置法施行中の相続人</td><td colspan="2" rowspan="2">相続人の順位</td></tr>
<tr><td></td><td colspan="2">法定相続分</td></tr>
<tr><td rowspan="3">配偶者</td><td>3分の1</td><td>3分の2</td><td>第1順位（第1順位の応急措置法施行中の相続人）
被相続人の直系卑属（被相続人と親等が近い者）：子
＊　代襲相続の適用</td></tr>
<tr><td>2分の1</td><td>2分の1</td><td>第2順位（第2順位の応急措置法施行中の相続人）
被相続人の直系尊属（被相続人と親等が近い者）</td></tr>
<tr><td>3分の2</td><td>3分の1</td><td>第3順位（第3順位の応急措置法施行中の相続人）
被相続人の兄弟姉妹</td></tr>
</table>

⇒常に相続人となる応急措置法施行中の相続人
⇒第1順位の応急措置法施行中の相続人

⇒第２順位の応急措置法施行中の相続人
⇒第３順位の応急措置法施行中の相続人
⇒代襲による応急措置法施行中の相続

根拠条文等 応３・７②・８，旧993・968・994・995・1004・1005
参考文献 基285，過228・234

お 親，親子

親と子を総称して親子という。そして，子は，親子の子，つまり，親に対する子の意味における子であり，親にとって，血族のうち，１親等の直系卑属が子である。また，親は，親子の親，つまり，子に対する親の意味における親であり，父，母（父母）の総称である。子にとって，血族のうち，１親等の直系尊属が親である。

現在は，原則として，出生した子は夫婦の戸籍に記載され，非嫡出子は母の戸籍に記載されるが，旧民法においては，人は，必ず，一つの家に属するものであることから，子が入る（入籍する）家（の戸籍）の原則が定められていた。それは，子は父の属する家（父の家）に入ることを第１順序として，次の順序のとおりとされていた。

(i) 子は，父の家に入る。
(ii) 父の知れない子は，母の家に入る。
(iii) 父母ともに知れない子は，一家を創立（一家創立）する。

子には，嫡出子，非嫡出子があり，また，実子，養子がある。旧民法（及び旧民法前）に特有のものとして継子があり，非嫡出子は私生子と庶子であった。

親には，実親（実父母），養親（養父母）があり，旧民法（及び旧民法前）に特有のものとして継親（継父母）があり，嫡母があった。

根拠条文等 旧733・734・820，民772
参考文献 基78，過262，体96

か 家女

旧民法（旧民法前），家附の女子，すなわち，その家（の戸籍）で生まれた娘を家女といった。

⇒第１種選定家督相続人

か 家族

旧民法（旧民法前），家族とは，家を構成する戸主以外の者をいったが，家族がいない家もあった。

戸主の親族であって，その家にいる者及びその配偶者は，その家の家族であり，戸主の変更があった場合においては，それまでの（元の）戸主及びその家族は，新しい（次代の）戸主の家族となった。そのため，戸主の親族であっても，戸主と同じ家の戸籍に在籍していない者は，その戸主にとって家族には当たらなかった。

家族は，その家の戸主の戸主権に服した。

根拠条文等 旧 732
参考文献 基 74，過 251，体 638

か 家督相続・家督相続人

戦前，すなわち，本書では応急措置法が施行された昭和 22 年 5 月 3 日前まで（昭和 22 年 5 月 2 日まで）に開始した相続において，戸主を被相続人とする相続が家督相続であり，家制度の根幹をなしていた。家督相続の場合の相続人が，家督相続人であり，旧民法の施行中にも，旧民法の施行前にもあった。

家督相続とは，家の相続でもあり，戸主の死亡だけでなく，戸主の隠居など，戸主の生前にも開始することがあった。

家督相続が開始すると，その家の戸主（被相続人）が戸主権を喪失して，家督相続人が新たな戸主として戸主権を承継した。

また，家督相続が開始すると，家督相続人は，前戸主（被相続人）が有していた財産上の権利義務の一切を包括して承継した。そして，系譜，祭具及び墳墓の所有権は家督相続の特権に属し，旧々民法では，系譜，世襲財産，祭具，墓地，商号及び商標は家督相続の特権を組成するとされていた。つまり，家督相続の特権を構成するものは，必ず家督相続人が承継しなければならず，遺贈の対象とすることはできなかった。

家督相続は，戸主権（戸主の地位）の相続（身分相続）と財産権の相続（財産相続）の二つの側面を有するものであった。

家督相続は単独相続であり，家督相続が開始すると，家督相続人が一人定まり，その家督相続人が，すなわち新しい（次代の）戸主となった。家督相続人がいないときは，その家は絶家となった。

⇒旧民法施行前の家督相続・家督相続人
⇒旧民法施行中の家督相続・家督相続人
⇒祭祀承継，祭祀財産

根拠条文等 旧 964・986
参考文献 新（7 ～ 9），基 157・158，過 283，相 5・275，相二版（73・74（事項番号 390 ～ 396））

か 家督相続届

戦後の相続人全てと，戦前の相続人のうち遺産相続人では，それらの相続人，遺産相続人が誰であるのかについては戸籍に明示されることはなく，関係する全ての戸籍から親族関係等を調査することで，相続人，遺産相続人を特定する。

それが，戦前の家督相続人にあっては，家督相続が開始すると，原則として，家督相続届を行い，戸籍には，家督相続があった旨が記載される。これにより，戸籍には，家督相続人が誰であるのかが明示され，その記載によって家督相続人を特定することができる。そのため，家督相続届の記載があるときは，被相続人の出生から死亡までの全ての戸籍謄本等を取得しなければ家督相続人を特定することができないわけではない。これにより相続登記を申請する場合は，家督相続届のあった日ではなく，被相続人が死亡，隠居などした家督相続の開始の日が登記原因の日付となる。

ただ，家督相続が開始した場合であっても家督相続届がされなかったものもあるが，旧民法の施行中では，第１種法定家督相続人又は第２種法定家督相続人がいたときには，戸籍に家督相続があった旨の記載がなくても，その第１種法定家督相続人又は第２種法定家督相続人を家督相続人として特定することができる。

⇒入夫婚姻

⇒家督相続人の不選定

⇒隠居

参考文献 基 159

か 家督相続人の指定

⇒指定家督相続人

か 家督相続人の選定

⇒選定家督相続人

か 家督相続人の不選定

応急措置法の施行前（旧民法の施行中）に家督相続が開始し，新民法の施行後に，旧民法によれば家督相続人を選定（家督相続人の選定）しなければならない場合には，その相続に関しては新民法の規定が適用された。相続は，本来，相続が開始した当時の法令が適用されるが，家督相続人の不選定の場合には，その家督相続が開始した時に遡って，新民法が適用された。

旧民法の施行中に家督相続人が開始したものの，家督相続人がいない状態が新民法の施行まで継続したときは，もはや，家督相続人を選定することができず，そのため，家督相続人が定められることがなくなった。そこで，新民法附則によって家督相続が開始した時に遡って新民法が適用されて，相続人が定まるのである。

家督相続人の不選定によって新民法が遡及的に適用されるには，次の全ての要件を満たす相続でなければならない。

(i) 旧民法の施行中に開始した家督相続であること（被相続人が相続開始の際，戸主であったこと）。

(ii) 旧民法によれば，家督相続人を選定しなければならない場合であること

第３編 キーワード

(家督相続人が選定されるべき場合において，新民法の施行までに，家督相続人が選定されなかったこと)。

(iii) 家督相続の開始が，入夫婚姻の取消し，入夫の離婚又は養子縁組の取消しによる場合でないこと。

前記(ii)とは，第2種選定家督相続人が選定されるべき場合に家督相続人が選定されていない状態のほか，戸主である被相続人の家に，その配偶者や兄弟，姉妹等の第1種選定家督相続人に選定されるべき者がいても，家督相続人として選定されていない状態が該当した。

家督相続人の不選定に該当する場合，その家督相続が開始した日に遡って，新民法の規定に従って相続人（新民法施行中の相続人）が定められるため，例えば，単身戸主C男が旧民法の施行中に死亡して家督相続が開始したものの，新民法の施行まで家督相続人の不選定の状態であったときに，同じ戸籍に妹E女及び弟F男，旧民法の施行中に分家した弟D男がいた場合は（直系卑属，直系尊属はいないものとする。），D男，E女，F男が，C男の死亡の時に遡って，新民法施行中の相続人である兄弟姉妹として相続人となったのである。

家督相続の開始が，入夫婚姻の取消し，入夫の離婚又は養子縁組の取消しによる場合に，家督相続人が選定されていない状態が新民法の施行まで継続したときは，新民法が遡及して適用されることはなく，この場合は，財産の相続に関しては，相続が開始しなかったものとみなされた。

なお，旧民法施行中に家督相続が開始し，家督相続届がなされずに戸籍に家督相続の旨の記載がなかったとしても，第1種法定家督相続人又は第2種法定家督相続人がいた場合には，家督相続人の不選定には当たらない。

⇒絶家の無効

附25②

新37，基299，過385

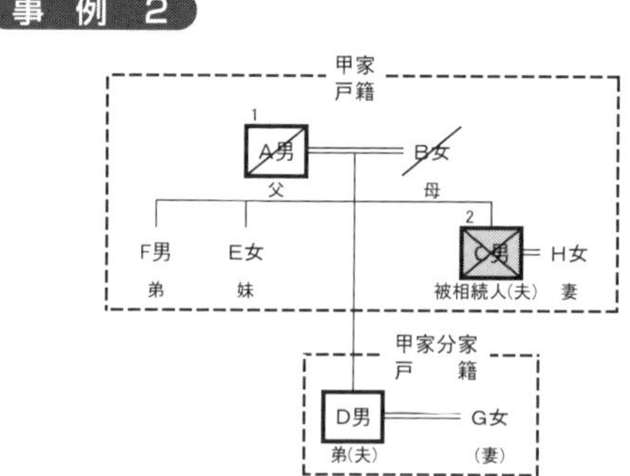

この事例では，法定相続人及び各法定相続分は，次のとおりとなる。

相続人	H女	D男	E女	F男
法定相続分	9分の6	9分の1	9分の1	9分の1

家督相続の抛棄（放棄）

相続の抛棄（放棄）について，旧民法では，家督相続の抛棄をすることができたが，第１順位の家督相続人である第１種法定家督相続人は，その家督相続を抛棄することができなかった（第２順位以下の家督相続人は抛棄することができた。）。

抛棄は相続開始の時に遡って効力が生じ，抛棄は，家督相続人が自己のために相続の開始あったことを知った時より３か月内（裁判所において伸長することができた。）に裁判所に申述してしなければならなかった。

旧々民法でも，第１順位の家督相続人である法定家督相続人は抛棄をすることができず，それ以外の家督相続人は，相続の日より３か月内（裁判所は情況によって更に３か月内の延期を許すことができた。）に裁判所に申述してしなければならなかった。

根拠条文等 旧 1017・1020・1038・1039，取 317

旧々民法

⇒第２編第１章第 11 節，第 12 節

旧々民法を参考とする遺産相続・遺産相続人

旧民法の施行（明治 31 年７月 16 日）前，つまり，明治 31 年７月 15 日までに開始した相続（旧民法施行前の相続・相続人）において，戸主でない者（家族）が死亡し，その家族を被相続人とする相続が遺産相続であり，その相続人が遺産相続人である。

旧民法の施行前には，施行されていた成文の民法典はなかったものの，相続については，当時の慣例に基づいて制定されたとされている旧々民法を参考にすることになる。

旧々民法では，遺産相続の開始の事由は家族の死亡である。

旧々民法では，遺産相続人の順位は次のとおりであり，

第１順位　被相続人と同じ戸籍に在籍する卑属親（直系卑属） 複数人の卑属親の間の順序 第１　親等の最も近い者 第２　同親等の男子と女子では男子 第３　数人の男子では年長者 ただし，嫡出子，庶子，私生子では嫡出子 第４　数人の女子では年長者 ただし，嫡出子，庶子，私生子では嫡出子
第２順位　配偶者

第３編 キーワード

第３順位　戸主

以上のとおり，旧民法施行前の遺産相続人は，旧民法施行中の遺産相続人と異なり，単独相続であり，直系卑属，配偶者，戸主の順で最優先順位の者が単独で遺産相続人となった。直系卑属が遺産相続人となるべき場合は，家督相続に関する規定が準用され，直系卑属であっても被相続人と同じ家に在籍していない者は遺産相続人とはなり得ず，被相続人と同じ戸籍に在籍する複数人の直系卑属の間では，直系卑属である家督相続人（法定家督相続人）の場合の順序（旧々民法を参考とする家督相続・家督相続人）が準用されて，孫より子，女子より男子，年少者より年長者が優先して遺産相続人になった。

根拠条文等 取 286・312 〜 314・295，大８・５・30 民事第 1409 号民事局長回答（辻朔郎ほか『司法省 親族・相續 戸籍・寄留 先例大系』（清水書店，1940 年））

参考文献 過 357，手 47

事 例 3

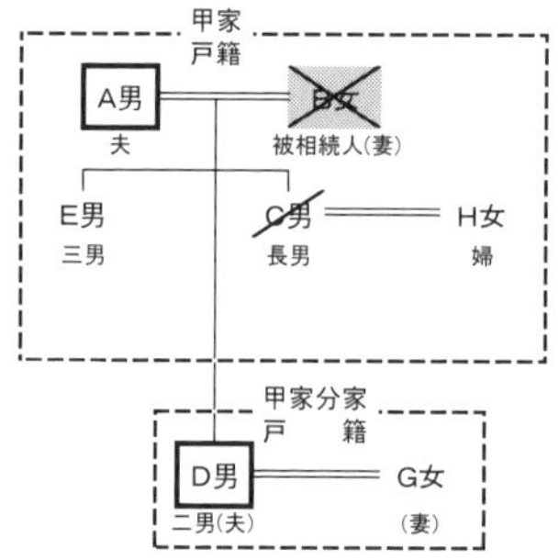

例えば，家族である被相続人Ｂ女に，夫Ａ男，長男Ｃ男，二男Ｄ男，三男Ｅ男がいたとき，Ａ男が死亡する前に，Ｃ男は死亡し（妻Ｈ女がいる。），Ｄ男は分家していた場合，Ｂ女が，旧民法施行前に死亡したとき，旧々民法を参考にすると，その遺産相続人は，次のとおりとなる。

遺産相続人	Ｅ男

き 旧々民法を参考とする家督相続・家督相続人

旧民法の施行（明治 31 年７月 16 日）前，つまり，明治 31 年７月 15 日までに開始した相続（旧民法施行前の相続・相続人）において，戸主を被相続人とする相続が家督相続であり，その場合の相続人が家督相続人である。ただ一人だけ家督相続人が定まり，その家の新しい（次代の）戸主となった。

旧民法の施行前には，施行されていた成文の民法典はなかったものの，相続については，当時の慣例に基づいて制定されたとされている旧々民法を参考にすることになる。

旧々民法では，家督相続の開始の事由は戸主の死亡又は隠居である。

旧々民法では，家督相続人の順位は次のとおりである。

第１順位　法定家督相続人（旧民法施行前） 被相続人の家族である（被相続人である戸主と同じ戸籍に在籍する）卑属親（直系卑属），次の順序で家督相続人となった。 複数人の卑属親の間の順序 第１　親等の最も近い者 第２　同親等の男子と女子では男子 第３　数人の男子では年長者 ただし，嫡出子，庶子，私生子では嫡出子 第４　数人の女子では年長者 ただし，嫡出子，庶子，私生子では嫡出子
第２順位　指定家督相続人（旧民法施行前） 第１順位の法定家督相続人になるべき者がいるときは，被相続人は家督相続人を指定することができない。つまり，第１順位の法定家督相続人になるべき者がいないときは，被相続人は家督相続人を指定することができ，この指定は，遺言書をもってした。 これによって，家督相続が開始すると，その指定された者が，指定家督相続人として家督相続人となった。
第３順位　血族選定家督相続人 原則として，被相続人の父が，家族である（被相続人である戸主と同じ戸籍に在籍する）次の者から，次の順序で家督相続人を選定した。 第１　兄弟 第２　姉妹 第３　兄弟姉妹の卑属親のうち親等の最も近い男子 なお，男子がいない（拋棄した）ときは女子
第４順位　尊属家督相続人 家族（被相続人である戸主と同じ戸籍に在籍する）である尊属親（直系尊属）のうち親等の最も近い者が家督相続をすることができた。
第５順位　配偶者たる家督相続人 配偶者が家督相続をすることができた。
第６順位　他人選定家督相続人 親族会が，他人を家督相続人に選定した。

⇒代襲による旧民法施行前の家督相続

根拠条文等 取 286 ～ 288・295 ～ 305
参考文献 過 346，手 15・16

事 例 4

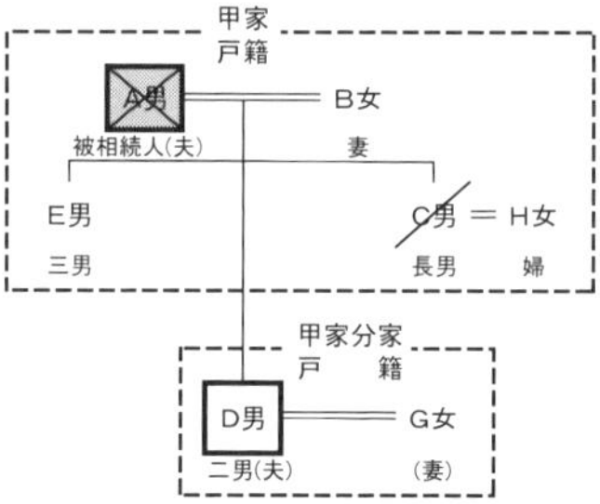

甲家戸籍
A男 被相続人(夫) ＝ B女 妻
E男 三男
C男 長男 ＝ H女 婦
甲家分家戸籍
D男 二男(夫) ＝ G女 (妻)

例えば，戸主A男に，妻B女，亡長男C男の妻H女と三男E男，分家した二男D男がいたとき，旧々民法を参考にすると，A男と戸籍を異にするD男は家督相続人とはなり得ず，その家督相続人は，次のとおりとなる。

家督相続人	E男

き 旧民法

⇒第2編第1章第9節，第10節

き 旧民法施行中の遺産相続・遺産相続人

旧民法の施行中（明治 31 年 7 月 16 日から昭和 22 年 5 月 2 日までの間）に開始した相続において，戸主でない者（家族）が死亡し，その家族を被相続人とする相続が遺産相続であり，その場合の相続人が遺産相続人である。同順位の者が複数人であるときは，それら全員が共同で遺産相続人となり，その場合，各々，法定相続分を有した。

直系卑属，配偶者，直系尊属，戸主が，第 1 順位から第 4 順位で，遺産相続人となった。

戦後の相続の場合（応急措置法以後の相続・相続人），相続人は第 1 順位以下の相続人と並立して配偶者が常に相続人になるが，遺産相続の場合には第 1 順位以下の相続人と並立する遺産相続人はいなかった。

遺産相続人が複数人である場合には，相続財産は，それらの共有に属し，各共同の遺産相続人は（共同相続），その各相続分に応じて被相続人の権利義務を承継したことは，応急措置法以後の相続と同じである。同順位の複数の者の法定相続分は等しいが，非嫡出子の法定相続分は嫡出子の法定相続分の 2 分の 1 で共同して遺産相続人となった。

遺産相続人は，遺産相続が開始した時（被相続人が死亡した時）に存在（出生している（胎児であることを含む。），かつ，生存している。）していなければならなかった。

⇒第１順位の旧民法施行中の遺産相続人

⇒第２順位の旧民法施行中の遺産相続人

⇒第３順位の旧民法施行中の遺産相続人

⇒第４順位の旧民法施行中の遺産相続人

⇒代襲による旧民法施行中の遺産相続

根拠条文等 旧 994 ～ 996

参考文献 基 251・269，過 321・337，体 577

き 旧民法施行中の家督相続・家督相続人

旧民法の施行中（明治 31 年７月 16 日から昭和 22 年５月２日までの間）に開始した相続（旧民法施行中の相続・相続人）において，戸主を被相続人とする相続が家督相続であり，その場合の相続人が家督相続人である。ただ一人だけ家督相続人が定まり，その家の新しい（次代の）戸主となった。ただ一人だけ家督相続人が定まり，その家の新しい（次代の）戸主となった。

家督相続は，次の場合に開始した。

- 戸主の死亡
- 戸主の隠居
- 戸主の国籍喪失
- 戸主が婚姻の取消しによって，その家を去った（去家した）とき
- 戸主が養子縁組の取消しによって，その家を去った（去家した）とき
- 女戸主の入夫婚姻
- 入夫の離婚

なお，家督相続人は，家督相続が開始した時に存在（出生している（胎児であることを含む。），かつ，生存している。）していなければならなかった。

家督相続人は，戸主と同じ家に在籍する直系卑属を第１順位として，以下，第５順位まで規定され，家督相続人が指定され，あるいは選定される場合もあり，また，入夫婚姻の場合には，別途，規定されていた。

家督相続が開始（入夫婚姻の場合を除く。）した場合の家督相続人の順位は，旧民法において，次のとおり，第１順位から第５順位まで法定され，先順位の者が優先して家督相続人となった。

第１順位　第１種法定家督相続人
第２順位　指定家督相続人
第３順位　第１種選定家督相続人
第４順位　第２種法定家督相続人
第５順位　第２種選定家督相続人

⇒第１順位の旧民法施行中の家督相続人

⇒第２順位の旧民法施行中の家督相続人

⇒第３順位の旧民法施行中の家督相続人
⇒第４順位の旧民法施行中の家督相続人
⇒第５順位の旧民法施行中の家督相続人
⇒代襲による旧民法施行中の家督相続

根拠条文等 旧 964・968・986
参考文献 基 157・167，過 285，体 577，手 79

き 旧民法施行中の選定家督相続人

⇒第１種選定家督相続人
⇒第２種選定家督相続人

き 旧民法施行中の相続・相続人

旧民法が施行された明治 31 年７月 16 日から，応急措置法が施行された昭和 22 年５月３日前まで（昭和 22 年５月２日まで）に開始した相続には，家督相続と遺産相続があった。その相続人は，家督相続人と遺産相続人であった。

⇒旧民法施行中の家督相続・家督相続人
⇒旧民法施行中の遺産相続・遺産相続人

き 旧民法施行前の遺産相続・遺産相続人

⇒旧々民法を参考とする遺産相続・遺産相続人
⇒太政官布告・達等 大審院判例等 司法省先例等と家督相続・遺産相続

き 旧民法施行前の家督相続・家督相続人

⇒旧々民法を参考とする家督相続・家督相続人
⇒太政官布告・達等 大審院判例等 司法省先例等と家督相続・遺産相続

き 旧民法施行前の相続・相続人

旧民法が施行された明治 31 年７月 16 日前まで（明治 31 年７月 15 日まで）に開始した相続には，旧民法は適用されなかった。

旧民法の施行前には，施行されていた成文の民法典はなかったため，当時の慣例，そして法令としての効力を有した太政官布告・達等を適用して相続人を特定することになる。この場合，最も重要とされるものが，旧々民法である。旧々民法は，親族，相続に関しては，概ね，当時の慣例に基づいて制定されたとされていることから，明治 31 年７月 15 日以前（明治 23 年 10 月７日公布）に開始した相続については，旧々民法の規定を大いに参考にすべきであると考える。

旧民法施行前の相続には，旧民法施行中と同様，家督相続(注)と遺産相続があり，その相続人として家督相続人と遺産相続人があった。

(注) おおむね，明治20年代までの戸籍に「相続」,「相続人」と記載されているものは，各々「家督相続」,「家督相続人」を表していると考えられる。
⇒旧民法施行前の家督相続・家督相続人
⇒旧民法施行前の遺産相続・遺産相続人

きけ 兄弟姉妹の代襲相続

戦後の相続（応急措置法以後の相続・相続人）から兄弟姉妹が相続人の順位（第3順位）を有したが，兄弟姉妹が相続人となるべきときにおいて代襲相続が成立するのは，新民法以後の相続・相続人の場合であり，応急措置法施行中の相続・相続人の場合には代襲相続は成立しなかった。

代襲者には，新民法施行中の相続・相続人，昭和37年民法の相続・相続人にあっては被相続人の甥姪だけでなく，甥姪の子以下もなり得たが，昭和55年民法の相続・相続人以後にあっては，被相続人の甥姪までに限定された。
⇒代襲による応急措置法施行中の相続
⇒代襲による新民法以後の相続

き 共同養子縁組

⇒夫婦共同縁組の原則

き 共有者の死亡による共有持分の帰属

共有者の一人が死亡して相続人がないときは，その持分は，他の共有者に帰属する。

ただし，その共有持分も特別縁故者への分与の対象とされるため，相続財産である共有持分は処分（清算，分与）されなかったものが他の共有者に帰属する。

根拠条文等 民255，最二小判平元・11・24民集43巻10号1220頁，平元・11・30民三第4913号民事局長通達

参考文献 過100，手234

き 去家

旧民法の施行中（及び旧民法の施行前），ある人が，自己の属する家を去って，他の家に入ることをいい，つまり，その人が，その戸籍を除籍して，他の戸籍に入籍するこという。

入籍の態様によって，親族関係，相続にも影響を受ける場合があった。
⇒継親子関係の終了
⇒養親の去家による養親子関係の終了

⇒親族入籍
⇒引取入籍
⇒法定推定家督相続人の去家の制限
⇒養子離縁における養親と養子の子等との親族関係の不消滅
⇒養親子関係の終了の例外

き 寄与分

共同相続人中に，被相続人の事業に関する労務の提供又は財産上の給付，被相続人の療養看護その他の方法により被相続人の財産の維持又は増加について特別の寄与をした者があるときは，被相続人が相続開始の時において有した財産の価額から共同相続人の協議で定めたその者の寄与分を控除したものを相続財産とみなして，法定相続分の計算に関する規定により算定した相続分に寄与分を加えた額が，特別の寄与をした相続人の相続分となる。

その協議が調わないとき，又は協議をすることができないときは，特別の寄与をした相続人の請求（遺産分割の請求の場合）によって，家庭裁判所が，寄与の時期，方法及び程度，相続財産の額その他一切の事情を考慮して，寄与分を定める。

寄与分は，昭和 55 年民法（昭和 56 年１月１日施行）から設けられた。

根拠条文等 民 904 の 2
参考文献 過 93

け 継子の子と代襲相続

旧民法の施行中，被相続人の亡子の子が代襲相続するには，家督相続，遺産相続を問わず，亡子の子が被相続人の孫（直系卑属）でなければならなかった。

継親子関係が成立した後，継子に子ができたときは，その子は継子を通じて，継親の孫，つまり，継親は継子の子の祖父母となった（継子を通した親族関係）。つまり，被相続人の継子の子は，被相続人の孫であり，直系卑属であった。

そのため，被相続人に継子がいて，その継子に，継親子関係の成立後に出生した子がいる場合に，その継子（家督相続人となるべき者，遺産相続人となるべき者）が相続の開始前に死亡するなどしたときは，その継子の当該子が代襲して家督相続人，遺産相続人となった。

なお，継子の子ではあっても，継親子関係の成立前に出生した子は，継親の孫とはならなかったため（継親子関係の成立前から孫である場合は除く。），被相続人について開始した相続について代襲相続人となることはなかった。

根拠条文等 旧 974・995・1004・1005
参考文献 基 211・265

け 継子の場合の第１種法定家督相続人の順序の特則

旧民法の施行中（明治 31 年７月 16 日から昭和 22 年５月２日までの間），継子も，戸主の嫡出子（嫡母にとっての庶子は非嫡出子）として第１種法定家督相続人となり得たため，戸主と同じ家の直系卑属が継子一人だけであれば，その継子が家督相続人となった。

継子を含む同親等の直系卑属が複数人である場合には，第１種法定家督相続人の順序が適用されるわけではなかった。

継子の家督相続権は一概に決すべきではなく，その家で生まれた者であるか，つまり，家附であるか，あるいは他家から入った者か等，被相続人の家における関係その他の事情を参酌し，個々の事案に応じて決すべきであるとされ，原則として，その家の血統の子を優先させる趣旨から家附の子が優先した。

例えば，戸主の子に，家附の実子と家附ではない継子がいた場合は，当該実子が優先した。戸主の前婚の子と，戸主の後婚の妻の子で，引取入籍によって戸主の継子となった者とでは，前者が年少の女子で後者が年長の男子であっても前者が家督相続人となった。

また，戸主の子に，家附の継子と家附ではない実子がいた場合は，当該継子が優先した。戸主の妻（元女戸主）の前婚（入夫が戸主とならない入夫婚姻）の子で，戸主の入夫婚姻（妻にとっては再婚の入夫婚姻で，入夫が戸主となった。）によって戸主の継子となった者と，他家から当該家に引取入籍した戸主の子とでは，前者が年少の女子で後者が年長の男子であっても前者が家督相続人となった。

⇒家附の継子の相続権

根拠条文等 旧970，大11・7・14民事第2397号民事局長通牒
参考文献 基184

けい し　とお　しん ぞく かん けい
継子を通した親族関係

旧民法の施行中，継親子関係が成立によって継親と継子は親子となり，その後，継子に子ができたときは，その子は継子を通じて，継親及びその血族との間に血族と同一の親族関係が生じた。

つまり，継子の子は継子の孫（直系卑属）になり（継親は継子の子の祖父母（直系尊属）），継子の子は継親の子（当該継子以外）の甥姪となった。

なお，既に子がいる者が継子となった場合，その子が，継親の直系卑属でない限り，その子と継親及びその血族との間に血族と同一の親族関係は生じなかった。すなわち，継親子関係が成立しても，その成立前に出生した継子の子は，継親の孫とはならなかったことを意味する。

⇒継子の子と代襲相続

参考文献 基214，体104

継親子関係，継子，継親，継父，継母

継父母（継親）と継子と，また，嫡母と庶子との間においては，親子間におけるのと同一の親族関係を生じた。これによる親族関係が継親子関係に基づく親族関係であり，応急措置法，新民法以後，現行民法にはなく，旧民法に特有の法定血族である。

継親子関係は，狭義には前者の継父母と継子との関係をいうが，広義(注)には後者の嫡母と庶子との関係（嫡母庶子関係）を含む。

継親子関係が成立すると，継父，継母と継子は親子となったが，継親と継子の血族との間には血族関係は生じなかったため，例えば，継親の親と継子とは祖父母と孫にはならなかった。狭義の継親子関係では継子は継親の嫡出子となり，嫡母庶子関係では庶子は嫡母の非嫡出子となった。

継親子関係は，当該子の親ではない方の配偶者にとって，次のいずれかの場合に，当該子との間に成立した。

> ア　配偶者の子であって，その婚姻の当時，配偶者の家（の戸籍）にある子は，他方の配偶者の継子となった。
> イ　配偶者の子であって，その婚姻中に，配偶者の家（の戸籍）に入った（入籍）子は，他方の配偶者の継子となった。

例えば，㋐夫婦が婚姻した際，夫の家に夫の前婚の子が在籍していたときは，その婚姻と同時に，夫の家に入籍した妻と当該夫の子は継母と継子になり，㋑夫婦の婚姻後に，他家にある妻の前婚の子が，その夫婦の家に入籍したときは，その入籍と同時に，当該夫と入籍した子は継父と継子になった。いずれも，養子縁組のような行為，届出を要さずに，前記の要件を満たすことで，当然に，継親子関係が生じた。

以上の要件を満たさない場合，例えば，夫婦が婚姻した際，夫に前婚の子がいたが，同じ戸籍には在籍していなかったときは，夫の家に入籍した妻と当該夫の当該子には継親子関係は成立しなかった。

旧民法の施行前にも，継親子関係はあった。

継親子関係のうちの子が継子であり，男である継子の続柄は継子男，女は継子女とされた。継親子関係のうちの親が継親であり，その父の場合を継父，その母の場合を継母といった。

継子は，継親子関係の成立の日から，継親の子となった。

（注）本書では，特に断りのない限り，広義の意味で使用する。

⇒応急措置法以後の家制度，親族関係

根拠条文等 人 23，旧 728，大判大９・４・８民録 26 輯 466 頁

参考文献 新 103・(19)，基 51，過 244・342，体 103，相 1012，手 91

継親子関係の終了

旧民法の施行中継親子関係は，離婚によって終了した。

また，夫婦の一方が死亡した場合において，生存配偶者（生存している配偶者）が，その家を去った（去家）ときにも，継親子関係が終了した。これが，生存配偶者の去家による継親子関係の終了である。

例えば，夫婦の婚姻によって，その妻と夫の子との間に継親子関係が成立した後，その夫婦が離婚すると，その継親子関係は終了し，あるいは，夫婦の婚姻に

よって（妻が実家から夫の家に入籍），その妻と夫の子との間に継親子関係が成立したところ，その夫が死亡した後，妻が実家に親族入籍したときは，その継親子関係は終了し，以後，その妻（継母）と夫の子（継子）は親子ではなくなった。

生存配偶者の去家による継親子関係の終了には例外があり，生存配偶者が，その家を去った（去家）ときであっても，それが，本家相続，分家，廃絶家再興の場合には，継親子関係は終了しなかった。

継子が，その家を除籍したときは，継親子関係は終了しなかった。

⇒応急措置法以後の家制度，親族関係

根拠条文等 旧 729・731
参考文献 新 129・133，基 62・63，過 245・246，体 107，手 101

け 携帯入籍

旧民法の施行中，分家をする者に，分家前の家に直系卑属がいるときは，分家をする者は，分家の際に（分家と同時に），その直系卑属を分家の家族とすることができる。このことは，その直系卑属は，分家をする者（分家の戸主）に携帯されて，本家から分家に入籍することと同義であり，これによる入籍を携帯入籍といった。

⇒携帯入籍と家督相続

根拠条文等 旧 743
参考文献 基 108・100，過 256

け 携帯入籍と家督相続

旧民法の施行中に家督相続が開始したとき，携帯入籍によって入籍した直系卑属には，入籍者の場合の第１種法定家督相続人の順序の特則の適用はなかった。

そのため，例えば，分家の戸主が死亡した場合に，分家に，携帯入籍した長男と，その後に出生した二男がいる場合は，第１種法定家督相続人の順序の第５順序のとおり，年長である長男が家督相続人となった。

根拠条文等 旧 972
参考文献 基 188，過 256

け 欠格事由

⇒相続人の欠格事由

け 血族

血族とは，血のつながりがある者の間柄をいう。

血族には，自然血族と法定血族がある。

根拠条文等 旧 725 ⅰ，民 725 ⅰ
参考文献 基 43，体 92

血族選定家督相続人

⇒旧々民法を参考とする家督相続・家督相続人

子

⇒親子

国籍喪失と相続

戦後の相続・相続人にあっては，人が日本の国籍を喪失しても，相続が開始することはなく，戦前の相続・相続人のうち遺産相続・遺産相続人にあっても同じであった。

また，相続人，遺産相続人は，日本の国籍を有することが要件とはされていない。例えば，被相続人の子が相続人となるべきとき，子が日本の国籍を有しない場合であっても，日本の民法が適用される限り，その子は相続人となる。

他方，戦前の相続・相続人のうち家督相続・家督相続人の場合は，戸主（当然に日本の国籍を有している。）が日本の国籍を喪失すると，家督相続が開始し，その家督相続人が新たな戸主（当然に日本の国籍を有していなければならない。）となった。家制度において，日本国籍を有しない者が戸主となることは許されなかったからである。

なお，家督相続人は，前戸主の有した権利義務を承継することが原則であるが，国籍喪失者の家督相続人は，戸主権及び家督相続の特権に属する権利（系譜，祭具及び墳墓の所有権）のみを承継した。つまり，戸主の国籍喪失によって開始した家督相続にあっては，新たな戸主を筆頭とする新戸籍が編製されたものの，前戸主の有する財産は新たな戸主に承継されなかった。

根拠条文等 旧 964・990
参考文献 基 244

戸主，戸主権

戸主とは，旧民法の家制度における家の中心人物であり，その家の当主，家長である。

家には，必ず，１名の戸主が存在し（戸主を失った場合は，絶家の確定までは戸主が存在しない。），その家の戸籍の筆頭は，その戸主である。

女である戸主は，特に女戸主と呼ばれた。

家は，戸主と家族で構成されたが，家族がいない家もあり，その場合（戸主だけで構成される家）の戸主は単身戸主と呼ばれた。

戸主は家族に対して，家族の入籍，去家，婚姻，養子縁組に対する同意権など，戸主権を有した。

根拠条文等 旧732
参考文献 新38，基73，過251，体640

戸籍（こ）

法定相続人を特定するための最も重要な資料が戸籍であり，相続実務においては，その謄本等を取得することからはじまる。

第1編「相続人特定のための重要事項チェックリスト」のとおり，法定相続人を正確に特定するためには，原則として，被相続人の出生から死亡までに記載された全ての戸籍，改製原戸籍，除籍の謄本・全部事項証明書（戸籍謄本等）の取得する必要がある。つまり，被相続人の出生から死亡までに記載された全ての戸籍謄本等を間断なく取得しなければ，当該被相続人に関して生じた全ての親族関係を把握することができないのである（家督相続に関しては，当該家督相続を確認することができる戸籍謄本等のみで足りる。）。そのほか，直系尊属が法定相続人となるべきときは，被相続人の父及び母の双方の戸籍謄本等（父，母の死亡，生存がわかるもの）を取得する必要があり（父及び母の双方とも既に死亡している場合には，父母の年齢によっては，最直近の直系尊属の生死を確認するため，さらに，祖父母以上の戸籍謄本等をも），そして，兄弟姉妹が相続人となるべき場合は，全血の兄弟姉妹，半血の兄弟姉妹を把握するため，被相続人の父及び母の双方の出生から死亡までの戸籍謄本等を取得する必要がある。

戸籍謄本等を間断なく取得するとは，被相続人の出生から死亡までの間の期間を連続して証明することができる戸籍謄本等を取得することをいい，被相続人の出生から死亡までの間に当該被相続人が在籍した戸籍謄本等の全てを取得することを意味する。人は，出生から死亡まで，生涯同一の戸籍に在籍しているとは限らず，婚姻，養子縁組，認知，戸籍の改製等によって，在籍する戸籍に異動が生じるため，それら在籍した全ての戸籍謄本等を取得しなければならないのである[注]。

現在，交付を受けることができる戸籍謄本の種類は，歴史の順に，次のものがある。

■ 明治19年式戸籍

明治19年10月16日以後に作成された戸籍であり，明治31年7月15日まで作成され，「明治31年式戸籍」に改製された（明治31年式戸籍を経ずに，「大正4年式戸籍」に改製されたものもある。）。

■ 明治31年式戸籍

明治31年7月16日以後に作成された戸籍であり，大正3年12月31日まで作成され，「大正4年式戸籍」に改製された（大正4年式戸籍を経ずに，「昭和23年式戸籍」に改製されたものもある。）。

第3編 キーワード

■ 大正４年式戸籍

大正４年１月１日以後に作成された戸籍であり，昭和22年12月31日（新民法施行の前日）まで作成された。

■ 昭和23年式戸籍

昭和23年１月１日（新民法施行日）以後に作成された戸籍であり，各市町村において現在戸籍となるまで作成され，現在戸籍へ改製された。改製された昭和23式戸籍の謄本は，平成改製原戸籍とも呼ばれる。

昭和23年式戸籍は，それまでの戸籍と異なり，家を表すものではなく，現在に至るまで，夫婦と氏を同じくする子，つまり核家族を基準として編成された。

なお，大正４年式戸籍以前の戸籍の昭和23年戸籍への改製を全国一斉に行うことは困難であったため，従来の戸籍は，そのままの新戸籍法による戸籍であるとみなされるなど，あるいは，婚姻，子の出生等による新戸籍の編製のほか，昭和33年４月１日以降，順次，昭和23年式戸籍に改製された。改製された大正４年式戸籍以前の戸籍の謄本は，昭和改製原戸籍とも呼ばれる。

■ 現在戸籍

平成６年12月１日以降に，順次，作成された戸籍が現在戸籍であり，コンピュータ戸籍（横書き）とも呼ばれる。

(注) 除籍又は改製原戸籍（除籍等）の一部が滅失等していることにより，その謄本を提供することができないときは，戸籍及び残存する除籍等の謄本に加え，除籍等の滅失等により「除籍等の謄本を交付することができない」旨の市町村長の証明書が提供されていれば，相続登記をして差し支えない（平28・3・11民二第219号民事局長通達）。

参考文献 基25，過18，体110，相二版（70・71（事項番号373～385））

子の継子と代襲相続

旧民法の施行中，被相続人の亡子の子が代襲相続するには，家督相続，遺産相続を問わず，亡子の子が被相続人の孫（直系卑属）でなければならなかった。

継親子関係の成立によって継親と継子は親子となったが，継親の血族と継子との間に血族関係は生じなかった。

つまり，継親の親と継子は祖父母と孫の関係にはなかったのである。

したがって，被相続人に子がいて，その子に継子がいる場合に，その子（被代襲者）が相続の開始前に死亡するなどしたとき，当該継子は代襲相続人とはならなかった。

根拠条文等 旧974・995・1004・1005・728

参考文献 基210・214・264

子の入る家

旧民法では，子は，出生すると，父の属する家（父の家の戸籍）に入った（入籍した）。したがって，嫡出子は，父の家に入った。

ただ，非嫡出子のうち庶子については，その父が戸主ではなく，家族である場合は，父の家の戸主の同意がなければ，父の家に入ることができなかった。この場合は，その子は，母の家に入ったが，ここでも，その母が戸主ではなく，家族である場合は，母の家の戸主の同意がなければ，母の家に入ることができなかった。そして，母の家にも入れなかった子は，一家を創立（一家創立）した。

非嫡出子のうち私生子については，その母が戸主ではなく，家族である場合は，母の家の戸主の同意がなければ，母の家に入ることができなかった。そして，母の家にも入れなかった子は，一家を創立した。

父母ともに知れない子（棄児）は，一家を創立した。

根拠条文等 旧 733・734
参考文献 基 78，過 264

子の養子と代襲相続

被相続人の亡子の子が代襲相続するには，家督相続，遺産相続，相続を問わず，亡子の子が被相続人の孫（直系卑属）でなければならなかった。

養子縁組によって養親子関係が成立したときは，養子と養親及びその血族との間には血族と同一の親族関係が生じ，養子は養親の親の孫（直系卑属）になり（養親の親は養子の祖父母（直系尊属）），養子は養親の子の兄弟姉妹となり，養子は養親の兄弟姉妹の甥姪となった。つまり，被相続人の子の養子は，被相続人の孫であり，直系卑属であった。

そのため，被相続人に子がいて，その子に養子がいる場合に，その子（被代襲者）が相続の開始前に死亡するなどしたときは，当該養子が代襲して家督相続人，遺産相続人，相続人となった。

根拠条文等 旧 974・727・995・1004・1005
参考文献 基 207・261・213・47

婚姻

婚姻の成立によって，その当事者である男は夫，女は妻として，夫婦となり，配偶関係を有する者として，互いに配偶者となった。

婚姻には，婚姻適齢(注)，重婚の禁止，再婚禁止期間，近親者間の婚姻の禁止，直系姻族間の婚姻の禁止，養親子等の間の婚姻の禁止などの婚姻の要件が定められているほか，旧民法には，子（男満 30 歳，女満 25 歳以上であるときを除く。）が婚姻するには同じ家の父母の同意を要する，家族が婚姻するには戸主の同意を要するなど，旧民法に特有の要件もあった。婚姻の要件を欠いていても，婚姻届が受理されたときは，その婚姻は，取り消されるまでは（取り消されない限り）有効に成立し，その婚姻が取り消されたときは，将来に向かってのみ効力を生じる。

婚姻が成立し，夫婦になると，夫婦は，婚姻の際に定めるところに従い，夫又は妻の氏を称したが，旧民法では妻は夫の家（の戸籍）に入り（入籍し），夫の家の氏を称した。

婚姻は，旧民法の施行後，現代に至るまで，戸籍の届出（婚姻届）が受理されることで成立するが，旧民法の施行前は，戸籍の届出がなくても，事実上の夫婦関係にあれば婚姻が成立したと考えられている（相続実務では，当時の戸籍の記載をもって判断することになる。）。

なお，普通の婚姻のほか，旧民法（及び旧民法の施行前）には，特有の婚姻の形態として，入夫婚姻，婿養子縁組があった。

（注）男 18 歳，女 16 歳（旧民法では男 17 歳，女 15 歳）。平成 30 年 6 月 20 日法律第 59 号民法の一部を改正する法律によって，令和 4 年 4 月 1 日から，男女ともに 18 歳に統一される。

⇒入夫婚姻
⇒婿養子縁組

根拠条文等 民 731 ～ 754，旧 765 ～ 789，大判明 45・3・7 大民録 18 輯 172 頁，人 47

参考文献 基 129，過 341，相二版（32 ～ 41（事項番号 154 ～ 200））

こ 婚姻準正

⇒準正

こ 婚家

⇒家

さ 再興

消滅した家を復活させる（実質的に，新たに家を設立する。）ことを再興といい，廃家又は絶家（によって消滅した家）を再興（廃家再興又は絶家再興）することを廃絶家再興と総称した。

再興した者は，廃家又は絶家の氏（家名）は継承するものの，家督相続をすることはなかった。

再興には，離婚又は離縁に伴う復籍の際に，廃絶した（廃家又は絶家となった。）実家を，一家創立することに代えて再興することもできた（実家再興）。

根拠条文等 旧 743

参考文献 新（16），基 103，相 5，相二版（84・85（事項番号 455 ～ 463））

ざ 財産の分配請求権

⇒応急措置法施行後の改氏に対する財産の分配請求権
⇒相続の開始後に認知された者の価額の支払請求権
⇒相続財産の分配請求権

ざ 財産留保

旧民法の施行中，家督相続が開始すると，家督相続人は家督相続開始の時から，前戸主が有していた権利義務の一切を包括して承継したが，隠居又は入夫婚姻によって家督相続が開始した場合にあっては，財産を留保（財産留保を）することができた。

財産留保によって，隠居又は入夫婚姻に当たって，家督相続によって新しい（次代の）戸主に承継されるべき財産から特定の財産が除外され，当該特定の財産（留保財産）については，隠居又は入夫婚姻後も，なお，前戸主である隠居者又は女戸主（であった者）が引き続き有することとなった。

財産留保は，被相続人となるべき戸主が，家督相続開始の時までに，確定日付のある証書によってしなければならなかった。

ただ，財産留保であることは戸籍や登記簿には記載されてはいないため，現代において，隠居者又は女戸主が隠居又は入夫婚姻の時に所有していた不動産の相続登記にあっては，それが財産留保されたものであるか否か判明しない。この場合は，隠居者又は女戸主名義の不動産（隠居又は入夫婚姻の時に所有していたもの）については，原則として，当該不動産は留保財産ではないと判断して，家督相続による相続登記を申請することとで足りる。もちろん，留保財産であることが明らかであれば（確定日付のある証書や，留保財産であることについての判決書の正本，相続人全員の合意書等），当該家督相続以外の相続登記（例えば，その後，隠居した者が死亡したことで申請する遺産相続による相続登記）を申請することとなる。

⇒生前相続と死亡相続

根拠条文等 旧 988
参考文献 基 238

さ 祭祀承継，祭祀財産

新民法の施行後は，相続とは別に，祭祀承継があった。

これは，祭祀財産，すなわち，系譜，祭具及び墳墓の所有権は，相続人ではなく，被相続人の指定に従って祖先の祭祀を主宰すべき者（相続人ではない者の場合もあり得る。）が承継し，その指定された者がいないときは慣習に従って祖先の祭祀を主宰すべき者が承継し，その慣習が明らかでないときは，その承継すべき者は，家庭裁判所が定める。

根拠条文等 民 897
参考文献 過 22

さ 再代襲相続，再々代襲相続

代襲相続において，代襲相続人となるべき者も被相続人より先に死亡するなどした場合に，さらに，その子が代襲して相続人となる場合をいう。例えば，被相続人の子が被相続人より先に死亡し，その子（被相続人の孫）も被相続人より先に死亡した場合に，その子（被相続人の曽孫）が，代襲して相続人となる場合である。これが再代襲相続である。

再代襲相続において，再代襲相続人となるべき者も被相続人より先に死亡するなどした場合に，さらに，その子の子（以下）が代襲して相続人となる場合をいう。例えば，被相続人の子が被相続人より先に死亡し，その子（被相続人の孫）も被相続人より先に死亡し，その子（被相続人の曽孫）も被相続人より先に死亡した場合に，その子（被相続人の玄孫）が，代襲して相続人となる場合である。これが，再々代襲相続である。

兄弟姉妹が相続人となるべき場合，昭和55年民法の施行後は再代襲相続，再々代襲相続は認められない。

じ 自家

⇒家，家制度

し 死後認知

⇒認知の訴え

し 嗣子

旧民法の施行前に，戸籍に，嗣子と記載されている者は，旧民法の施行以後の指定家督相続人として指定された者に，概ね相当する。戸籍上に，単に相続人（トナル），あるいは願済相続人との記載がある場合も，家督相続人に指定されたことを意味する。

参考文献 過343，体32

し 私生子

⇒庶子・私生子

し 自然血族

実親子関係（実親と実子の関係）など，実の血族の間柄をいう。例えば，実方の血族などともいう。

根拠条文等 旧725 i，民725 i
参考文献 基43，体98

じ 実家

⇒家

じ 実家再興

⇒再興

し 失踪宣告

不在者の生死が7年間明らかでないときは，家庭裁判所は，利害関係人(注)の請求により，失踪の宣告をすることができ，戦地に臨んだ者，沈没した船舶の中に在った者その他死亡の原因となるべき危難に遭遇した者の生死が，それぞれ，戦争が止んだ後，船舶が沈没した後又はその他の危難が去った後，1年間明らかでないときも失踪の宣告をすることができる。

失踪の宣告を受けた者は，その7年間の期間が満了した時（危難による場合は危難が去った時）に，死亡したものとみなされる。

危難による失踪宣告の場合の期間は，昭和37年民法によって「1年」と改められ，その前までは「3年」であった。

(注) 未帰還者（もとの陸海軍に属していた者であって，まだ復員していないもの（未復員者）等（未帰還者留守家族等援護法2条））に係る失踪宣告の請求は，厚生労働大臣も行うことができる（未帰還者に関する特別措置法2条）。

根拠条文等 民30・31
参考文献 相271，相二版（53・54（事項番号271～274））

し 指定家督相続人

⇒指定家督相続人（旧民法施行前）
⇒指定家督相続人（旧民法施行中）

し 指定家督相続人（旧民法施行中）

旧民法の施行中（明治31年7月16日から昭和22年5月2日までの間），被相続人

第3編 キーワード

となるべき戸主に，同じ家の直系卑属（法定推定家督相続人）がいない場合には，その戸主は，次代の家督相続人を指定（家督相続人の指定）することができ，その後，戸主が死亡又は隠居して家督相続が開始したときは，その指定された者（被指定者）が家督相続人となった。これが，指定家督相続人（第２順位の家督相続人）である。例えば，同じ家に直系卑属が全くいない戸主は，生前に，家督相続人一人を指定しておけば，その死後は，その指定家督相続人に新しい（次代の）戸主として家を継承させることができた。

被指定者は戸主と同じ戸籍に在籍している必要はなく，家督相続人の指定は戸籍に届け出ることによって行い，戸主の死亡又は隠居によって家督相続が開始したときに限って，被指定者が指定家督相続人として家督相続人となった。なお，被指定者は家督相続の拋棄（放棄）をすることができた。

被指定者が家督相続の開始前に死亡すると指定の効力は失われ，被指定者の直系卑属がいたとしても，代襲相続が成立することはなかった。

また，家督相続人の指定後，戸主に，法定推定家督相続人（女子を含む。）ができたとき（実子が誕生したり，養子を迎えたりしたときなど）には，指定の効力は失われた。

根拠条文等 旧 979 ～ 981

参考文献 基 215，過 298・318，相二版（75・76（事項番号 405 ～ 408））

し 指定家督相続人（旧民法施行前）

⇒旧々民法を参考とする家督・家督相続人

⇒嗣子

し 指定相続分

⇒相続分の指定

し 死亡相続

被相続人の死亡によって開始する相続であり，戦後の相続・相続人の全てと，戦前の相続・相続人のうち遺産相続・遺産相続人，そして戦前の相続・相続人のうち戸主の死亡によって開始した家督相続・家督相続人が該当する。

⇒生前相続と死亡相続

し 修正された相続分

民法の規定によって自動的に算定される法定相続分は，他の民法の規定に該当するときは修正される。

⇒相続の放棄

⇒相続分の指定

⇒特別受益，特別受益者の相続分
⇒寄与分
⇒相続分の譲渡

じ 準血族

⇒法定血族

じ 準正，準正子

非嫡出子が，養子縁組以外の事由で，嫡出子となることを準正といい，婚姻準正と認知準正があった。準正によって嫡出子となった子を，準正子といった。

父が認知した子は，その父母の婚姻によって嫡出子の身分を取得し，これを婚姻準正という。婚姻中に父が認知した子（その妻の子）は，その認知の時から嫡出子の身分を取得し，これを認知準正という。

旧民法においては，庶子の父母が婚姻することによって，婚姻の時から，その庶子は父母の嫡出子となり（婚姻準正），また，夫が，妻の私生子を認知することによって，認知の時から，その私生子は父母の嫡出子となった（認知準正）。

⇒準正子の場合の第 1 種法定家督相続人の順序の特則

根拠条文等 旧 836，民 789
参考文献 基 144，体 273，相二版（10（事項番号 27 ～ 41））

じ 準正子の場合の第 1 種法定家督相続人の順序の特則

旧民法の施行中（明治 31 年 7 月 16 日から昭和 22 年 5 月 2 日までの間）に開始した家督相続において，準正によって嫡出子となった子（準正子）に戸主の嫡出子として第 1 種法定家督相続人の順序が適用される場合，第 1 順序から第 4 順序までは原則どおり適用されたが，第 5 順序の適用には特例があった。

それは，家督相続に関しては，準正子は，本来の生年月日ではなく，嫡出子の身分を取得した時に生まれたものとみなして年長年少を定めるというものであった。例えば，同じ家（の戸籍）に，つまり，二人の嫡出子である男子（先に生まれた者と後に生まれた者）がいた場合に，先に生まれた者が準正によって嫡出子になった者（元非嫡出子）であり，後で生まれた者は生来の嫡出子（前者の準正の前に出生）であったときは，生来は前者が年長でも，後者が第 1 種法定家督相続人となった。

根拠条文等 旧 975
参考文献 基 180

し 昭和 55 年民法

⇒第 2 編第 1 章第 5 節

し 昭和 55 年民法の相続・相続人

新民法以後の相続・相続人のうち，昭和 55 年民法が施行された後，昭和 62 年民法が施行される前まで（昭和 56 年 1 月 1 日から昭和 62 年 12 月 31 日までの間）に開始した相続であり，その相続人である。

配偶者は常に相続人となり，子，直系尊属，兄弟姉妹が各々第 1 順位から第 3 順位の相続人として，先順位の者が優先して相続人となり，配偶者と第 1 順位から第 3 順位の相続人がいる場合，同順位として，次のとおりの法定相続分となった。第 1 順位から第 3 順位の各複数の者の法定相続分は等しいが，非嫡出子の法定相続分は嫡出子の法定相続分の 2 分の 1，半血の兄弟姉妹の法定相続分は全血の兄弟姉妹の法定相続分の 2 分の 1 で共同相続人となった。

常に相続人となる昭和 55 年民法の相続人	法定相続分		相続人の順位
配偶者	2分の1	2分の1	第 1 順位（第 1 順位の昭和 55 年民法の相続人） 被相続人の子 ＊　代襲相続の適用
	3分の2	3分の1	第 2 順位（第 2 順位の昭和 55 年民法の相続人） 被相続人の直系尊属（被相続人と親等が近い者）
	4分の3	4分の1	第 3 順位（第 3 順位の昭和 55 年民法の相続人） 被相続人の兄弟姉妹 ＊　代襲相続の適用（被相続人の甥姪まで）

⇒常に相続人となる昭和 55 年民法の相続人
⇒第 1 順位の昭和 55 年民法の相続人
⇒第 2 順位の昭和 55 年民法の相続人
⇒第 3 順位の昭和 55 年民法の相続人
⇒代襲による昭和 55 年民法の相続
⇒入籍者の場合の第 1 種法定家督相続人の順序の特則

根拠条文等 民 887 ～ 890
参考文献 過 170・174

し 昭和 37 年民法

⇒第 2 編第 1 章第 6 節

し 昭和 37 年民法の相続・相続人

新民法以後の相続・相続人のうち，昭和 37 年民法が施行された後，昭和 55 年民法が施行される前まで（昭和 37 年 7 月 1 日から昭和 55 年 12 月 31 日までの間）に開始した相続であり，その相続人である。

配偶者は常に相続人となり，子，直系尊属，兄弟姉妹が各々第１順位から第３順位の相続人として，先順位の者が優先して相続人となり，配偶者と第１順位から第３順位の相続人がいる場合，同順位として，次のとおりの法定相続分となった。第１順位から第３順位の各複数の者の法定相続分は等しいが，非嫡出子の法定相続分は嫡出子の法定相続分の２分の１，半血の兄弟姉妹の法定相続分は全血の兄弟姉妹の法定相続分の２分の１で共同相続人となった。

常に相続人となる昭和 37 年民法の相続人	法定相続分		相続人の順位
配偶者	３分の１	３分の２	第１順位（第１順位の昭和 37 年民法の相続人） 被相続人の子 ＊　代襲相続の適用
	２分の１	２分の１	第２順位（第２順位の昭和 37 年民法の相続人） 被相続人の直系尊属（被相続人と親等が近い者）
	３分の２	３分の１	第３順位（第３順位の昭和 37 年民法の相続人） 被相続人の兄弟姉妹 ＊　代襲相続の適用

⇒常に相続人となる昭和 37 年民法の相続人
⇒第１順位の昭和 37 年民法の相続人
⇒第２順位の昭和 37 年民法の相続人
⇒第３順位の昭和 37 年民法の相続人
⇒代襲による昭和 37 年民法の相続

根拠条文等　民 887 ～ 890
参考文献　過 184・192

し
昭和 17 年民法

⇒第２編第１章第９節，第 10 節

し
昭和 22 年民法

⇒第２編第１章第７節

し
昭和 22 年民法の相続・相続人

⇒新民法施行中の相続・相続人

し
昭和 62 年民法

⇒第２編第１章第３節，第４節

し 昭和 62 年民法の相続・相続人

新民法以後の相続・相続人のうち，昭和 62 年民法が施行された後，平成 25 年民法が施行される前まで（昭和 63 年 1 月 1 日から平成 25 年 9 月 4 日までの間）に開始した相続であり，その相続人である。

配偶者は常に相続人となり，子，直系尊属，兄弟姉妹が，第 1 順位から第 3 順位で，配偶者と同順位で相続人となった。

昭和 62 年民法以後，子には，実子，普通養子のほか，特別養子が加わった。

配偶者は常に相続人となり，子，直系尊属，兄弟姉妹が各々第 1 順位から第 3 順位の相続人として，先順位の者が優先して相続人となり，配偶者と第 1 順位から第 3 順位の相続人がいる場合，同順位として，次のとおりの法定相続分となった。第 1 順位から第 3 順位の各複数の者の法定相続分は等しいが，非嫡出子の法定相続分は嫡出子の法定相続分の 2 分の 1，半血の兄弟姉妹の法定相続分は全血の兄弟姉妹の法定相続分の 2 分の 1 で共同相続人となった。

なお，非嫡出子の法定相続分が嫡出子の法定相続分の 2 分の 1 であるとする民法の規定は，最高裁判所の決定（平成 25 年最高裁判所決定）によって憲法違反であるとされている。

常に相続人となる昭和 62 年民法の相続人	法定相続分		相続人の順位
配偶者	2分の1	2分の1	第 1 順位（第 1 順位の昭和 62 年民法の相続人） 被相続人の子 ＊　代襲相続の適用
配偶者	3分の2	3分の1	第 2 順位（第 2 順位の昭和 62 年民法の相続人） 被相続人の直系尊属（被相続人と親等が近い者）
配偶者	4分の3	4分の1	第 3 順位（第 3 順位の昭和 62 年民法の相続人） 被相続人の兄弟姉妹 ＊　代襲相続の適用（被相続人の甥姪まで）

⇒常に相続人となる昭和 62 年民法の相続人
⇒第 1 順位の昭和 62 年民法の相続人
⇒第 2 順位の昭和 62 年民法の相続人
⇒第 3 順位の昭和 62 年民法の相続人
⇒代襲による昭和 62 年民法の相続

根拠条文等 民 887 ～ 890
参考文献 過 147・148・154・162

し 庶子・私生子

非嫡出子を示す旧民法に特有の名称として，庶子と私生子があった。

庶子とは，非嫡出子のうち，父に認知された子をいったが，あくまでも父との関係においての身分であった。そのため，婚姻していない女子が分娩した子は私生子として出生し，父に認知されると庶子となったが，母との関係においては私生子であることに変わりはなかった。

私生子とは，非嫡出子のうち，父に認知されていない子をいった。つまり，法律上，父がいない子である。

旧民法において，非嫡出子の出生届には，父がする庶子出生届と，母がする私生子出生届があった。非嫡出子は，私生子として生まれた後に，父の認知によって庶子になったが，庶子出生届は認知の効力を有したため，庶子出生届があった場合には，その非嫡出子は，生まれながらに，直ちに庶子となった。

庶子の続柄は「庶子男（女）」とされ，また，私生子の続柄は「私生子男（女）」とされ，「長男（女），二男（女）……」とはされていなかった。昭和17年民法改正によって，昭和17年3月1日以後は，私生子の名称は使用されず，「嫡出ニ非サル子」と改められた（庶子の名称に変更はなかった。）。なお，現代において交付される除籍簿，改製原戸籍簿の謄本には，「庶子」の部分が塗抹され，「男（女）」とのみある。

⇒庶子・私生子の入る家

⇒嫡母庶子関係

根拠条文等 旧827

参考文献 基140，体287・285，過262，相二版（7（事項番号11～13））

し 庶子・私生子の入る家

旧民法の非嫡出子も，嫡出子と同様に，父の家に入ることが原則であった。

まず，庶子は父の家に入るが，庶子の父が家族であるときは父の家の戸主の同意がなければ，父の家に入ることができず，母の家に入ることとなり，母が家族であるときは母の家の戸主の同意がなければ母の家に入ることができなかった。この場合，その子は，一家を創立（一家創立）した。

私生子については，父はいないため，母の家に入るが，母が家族であるときは母の家の戸主の同意がなければ母の家に入ることができなかった。この場合，その子は，一家を創立（一家創立）した。

母の家に在籍している私生子，一家を創立した私生子が父に認知された場合は，庶子となり，父の家に入ったが（従前の戸籍から父の家の戸籍に移った。），その父が家族であるときは父の家の戸主の同意がなければ，父の家には入らなかった（従前のままで戸籍は移らなかった。）。

現行の戸籍では，子の戸籍には，その子の父母（父の認知がない子は母のみ）が記載され，また，父，母の戸籍には，嫡出子であると非嫡出子であるとを問わず，子がいる場合には，どの戸籍に，その子が在籍しているのか（していたのか）が判明する仕組みになっている。子の戸籍から当該子の父母が判明すること，父又は母の戸籍の戸籍から当該父又は母の嫡出子の全てが判明することは，旧民法の戸籍でも変わりはないが，旧民法の戸籍では，父又は母の戸籍の記載を見ても，次のように，その非嫡出子が判明しないことがあった。

〈出生の際に入った戸籍と非嫡出子〉

父の家に入った庶子	子の戸籍（父の家の戸籍）には母は（当然，父も）記載されたが，母の戸籍には当該庶子は（分娩があったことも）記載されなかった。
母の家に入った庶子	子の戸籍（母の家の戸籍）には父は（当然，母も）記載されたが，父の戸籍には当該庶子は（認知したことも）記載されなかった。
一家創立した庶子	子の戸籍には父母は記載されたが，父の戸籍にも母の戸籍にも当該庶子は（分娩があったことも，認知したことも）記載されなかった。
一家創立した私生子	子の戸籍には母の記載がされたが，母の戸籍には当該私生子は（分娩があったことも）記載されなかった。

このため，旧民法の時代に出生した非嫡出子がいたとしても，その父又は母の戸籍からは当該子の存在が分からないことがあることになる。その後の入籍その他の戸籍の記載から当該子の存在が判明するなどの場合を除いて，その父又は母を被相続人とする相続登記の実務においては，戸籍上で判明した限りの子の他は子はいないものとして処理するしかない。

⇒子の入る家

根拠条文等 旧 733・735
参考文献 基 140・143，過 265

し 職権絶家

絶家は，家督相続人について相続人曠欠（相続人不存在）の手続を経なければならなかったが，これは，被相続人である戸主に相続財産があった場合の手続であり，その相続財産がない場合には相続人曠欠の手続はとられなかった。

財産を有していない戸主が死亡するなどして家督相続が開始したが，家督相続人がいない場合には，相続人曠欠の手続がとることなく，戸主の家族（単身戸主の場合には市町村長）が，戸主が無財産であることを証明して，市町村長が区裁判所の許可を得て，職権で絶家とすることができた。

戸籍には，職権絶家は，「区裁判所ノ許可ヲ得テ絶家」のように記載され，相続人曠欠の手続をとった絶家（裁判絶家）は，「家督相続人ナキニ因リ絶家」のように記載されている。

職権絶家となった後に，戸主名義の不動産等の財産があったことが判明した場合は，その絶家は無効（絶家の無効）であったことになる。

根拠条文等 大 2・10・30 民第 1007 号法務局長通牒
参考文献 基 125，過 261，体 645，相二版（81（事項番号 439），82（事項番号 446））

し 親族

ある人にとって，６親等内の血族，配偶者，３親等以内の姻族が親族に当たる。

根拠条文等 旧 725，民 725
参考文献 基 43，体 92

し 親族会，親族会員

親族会は，戸主権の代行，各種同意，後見人の選任，家督相続人の選定等など，旧民法において定められた一定の事項を決定するための機関である。

親族会は，その決定の必要が生じる都度，本人，戸主，親族等の請求によって裁判所が招集し，裁判所が選任した３人以上の親族会員によって構成され，その過半数の賛成で決した。

親族会員は，親族その他本人又はその家に縁故ある者の中から裁判所が選定し，また，後見人を指定することができる者は遺言をもって親族会員を選定することができた。

根拠条文等 旧 944 ～ 947
参考文献 基 222

し 親族入籍

旧民法において，入籍そのものを目的とする法律行為（身分行為）としての入籍の一つが親族入籍であった。

戸主の親族であって，他家に在籍している者は，その戸主の同意を得て，その（その戸主の家の）家族となることができ，これを親族入籍といったが，その入籍するべき者が他家の家族であるときは，当該他家の戸主の同意も得なければならなかった。

つまり，ある人（戸主であっても，家族であっても）が，自己の意思で，入籍先の戸主の同意（家族の場合は入籍前の家の戸主の同意も）を得て，自己の属する家の戸籍を去家し（除籍し），入籍先の家の戸籍に入っ（入籍し）て，入籍先の家の家族となることを親族入籍といった。

⇒入籍者の場合の第１種法定家督相続人の順序の特則

根拠条文等 旧 737
参考文献 新（10），基 87，体 503，相二版（76・77（事項番号 412 ～ 415））

第３編　キーワード

し 親等

直系の間では相互間の世数で定められる。例えば，親子間は1親等，祖父母と孫の間は2親等となる。

傍系の間では，その一方と同一の祖先間の世数に，その祖先と他方の世数を合算して定められる。例えば，伯父叔父伯母叔母と甥姪との間は3親等，従兄弟姉妹間は4親等となる。

根拠条文等 旧726，民726
参考文献 基44，体94

し 新民法

⇒第2編第1章第7節

し 新民法以後の相続・相続人

新民法の施行によって，旧民法が廃止（全部改正）され，同時に，応急措置法が失効したことで，以後，親族，相続に関する規律は，新民法の規定だけが適用された。

応急措置法以後の相続・相続人のうち，新民法の施行（昭和23年1月1日）以後に開始した相続であり，その相続人である。

相続は，人の死亡によってのみ開始し，同順位の者が複数人であるときは，それら全員が共同で相続人となる。

配偶者は常に相続人となり，直系卑属（子[注]），直系尊属，兄弟姉妹が，第1順位から第3順位で，相続人となった。直系卑属（子），直系尊属，兄弟姉妹であれば，被相続人との戸籍の異同，日本国籍の有無も問わず，実親子関係に基づくもの，養親子関係に基づくものは全て該当する。

相続人が複数人である場合には，相続財産は，それらの共有に属し，各共同の相続人は，その各決定相続分に応じて被相続人の権利義務を承継する。

（注）昭和37年民法以後，子
⇒新民法施行中の相続・相続人
⇒昭和37年民法の相続・相続人
⇒昭和55年民法の相続・相続人
⇒昭和62年民法の相続・相続人
⇒平成25年民法の相続・相続人
⇒平成30年民法の相続・相続人

し 新民法施行中の相続・相続人

新民法以後の相続・相続人のうち，新民法が施行された後，昭和37年民法が施行される前まで（昭和23年1月1日から昭和37年6月30日までの間）に開始した相続であり，その相続人である。

配偶者は常に相続人となり，直系卑属，直系尊属，兄弟姉妹が各々第1順位から第3順位の相続人として，先順位の者が優先して相続人となり，配偶者と第1順位から第3順位の相続人がいる場合，同順位として，次のとおりの法定相続分となった。第1順位から第3順位の各複数の者の法定相続分は等しいが，非嫡出子の法定相続分は嫡出子の法定相続分の2分の1，半血の兄弟姉妹の法定相続分の2分の1で共同相続人となった。

常に相続人となる新民法施行中の相続人	法定相続分		相続人の順位
配偶者	3分の1	3分の2	第1順位（第1順位の新民法施行中の相続人） 被相続人の直系卑属（被相続人と親等が近い者）：子 ＊　代襲相続の適用
	2分の1	2分の1	第2順位（第2順位の新民法施行中の相続人） 被相続人の直系尊属（被相続人と親等が近い者）
	3分の2	3分の1	第3順位（第3順位の新民法施行中の相続人） 被相続人の兄弟姉妹 ＊　代襲相続の適用

⇒常に相続人となる新民法施行中の相続人
⇒第1順位の新民法施行中の相続人
⇒第2順位の新民法施行中の相続人
⇒第3順位の新民法施行中の相続人
⇒代襲による新民法施行中の相続

根拠条文等 民887～890
参考文献 過208

し 新民法附則に基づく相続

新民法が施行された昭和23年1月1日以後に開始した相続には，新民法が適用され，これは，新民法の親族編，相続編の規定を適用して，法定相続人を特定しなければならないことを意味する。また，新民法の施行前に開始した相続については，新民法を適用することができないことも意味する。

それが，新民法の附則（新民法附則）において，その特例が規定されている。一つには，新民法の施行前に開始した相続について新民法の規定を適用することがある場合であり，もう一つは，新民法の施行以後に開始した相続について旧民法の施行の当時の規律を適用することがある場合である。前者は，旧民法の施行中に家督相続が開始し，家督相続人を選定（家督相続人の選定）しなければならなかったところ，新民法の施行までに家督相続人が選定されなかったときには，一定の場合，家督相続の開始に遡って新民法の規定が適用されるという特例である。後者は，新民法の施行後に開始した相続において，一定の場合，旧民法の施行中に家附の継子であった者にも相続権が認められるという特例である。

⇒家督相続人の不選定
⇒家附の継子の相続権

参考文献 新 37・101，基 299・313，過 10

ずい 随従入籍

夫が，分家，婚姻，養子縁組，親族入籍，引取入籍などで，在籍している家から，他家に入り，又は一家創立をしたときは，その妻は，当然に，夫に従って，その家（夫が入った家）に入籍したが，これを，随従入籍（随伴入籍）といった。

根拠条文等 旧 745
参考文献 基 111，過 256・259

す 推定遺産相続人の廃除

旧民法において，遺留分を有する推定遺産相続人が，被相続人に対して虐待をし，又は重大な侮辱を加えたときは，被相続人は，その推定遺産相続人の廃除を裁判所に請求することができた。廃除が確定すると，廃除された者は，当該被相続人について開始した遺産相続において，その遺産相続人とはならなかった。

推定遺産相続人の廃除は，被相続人が遺言で意思を表示をすることができ，この場合，遺言執行者が，その遺言が効力を生じた後，遅滞なく，裁判所に請求した。

根拠条文等 旧 998・976

す 推定相続人の廃除

遺留分を有する推定相続人が，被相続人に対して虐待をし，若しくはこれに重大な侮辱を加えたとき，又は推定相続人にその他の著しい非行があったときは，被相続人は，その推定相続人の廃除を家庭裁判所に請求することができる。廃除の審判が確定すると，廃除された者は，当該被相続人について開始した相続においては，その相続人とはならない。

推定相続人の廃除は，被相続人が遺言で意思を表示をすることができ，この場合，遺言執行者が，その遺言が効力を生じた後，遅滞なく，家庭裁判所に請求する。

⇒推定遺産相続人の廃除
⇒法定推定家督相続人の廃除

根拠条文等 民 892・893
参考文献 体 495，相 354

ず 随伴入籍

⇒随従入籍

す 数次相続

Ａを被相続人として相続が開始してＢが相続人となった後，次に，Ｂを被相続人として相続が開始してＣが相続人となったが，当該不動産の登記名義はＡのままであるなど，連続する複数の相続を同時に取り扱う場合，これらの相続が，一般に，数次相続と呼ばれている。

数次相続の場合は，連続する複数人の被相続人ごとに，それぞれ法定相続人を特定する。

これと異なり，代襲相続は一つの相続であり，一人の被相続人について法定相続人を特定することになる。

⇒代襲相続

参考文献 過 409，相 1068・1252・1278

せ 生前相続

被相続人の死亡以外の事由によって，つまり，被相続人の生存中に開始する相続であり，戦前の相続・相続人のうち，隠居，入夫婚姻など，戸主の死亡以外の事由によって開始した家督相続・家督相続人が該当する。

⇒生前相続と死亡相続

せ 生前相続と死亡相続

戦前の相続・相続人のうち家督相続・家督相続人については，隠居，入夫婚姻など，戸主の死亡以外の事由によって開始することがあった。

これは，旧民法の施行中，施行前には，被相続人の生存中に相続が開始することがあったことを意味し，このため，生存中に被相続人として相続が開始した者が，後に死亡した際に，再び相続が開始するという，同一人が２回以上，被相続人となる場合があったのである。

一例として，戸主が不動産を取得してから隠居して，後に死亡したとする。まず，隠居したことで家督相続が開始し，当該不動産は家督相続人が承継した。そのため，後に死亡によって開始した遺産相続又は相続の際には，その遺産相続人又は相続人は当該不動産を承継しなかった。他方，戸主が隠居した後に不動産を取得してから死亡したとする。まず，隠居したことで家督相続が開始したが，家督相続の開始の時には当該不動産は被相続人の財産ではなかったため，隠居によって家督相続が開始しても，家督相続人は当該不動産を承継しなかった。そして，後に死亡によって開始した遺産相続又は相続の際には，当該不動産は遺産となり，その遺産相続人又は相続人は当該不動産を承継した。

これらの例は，隠居のほか，女戸主の入夫婚姻の場合などにも起こり得たのである。

このように，不動産の所有権の登記名義人が死亡した場合であっても，当該被相続人が過去に戸主であったときは，過去に隠居や入夫婚姻などの生前相続がなかったか，あった場合には当該不動産の取得の時期との関係を比較しなければ正確に相続人を特定することはできないのである。

⇒数次相続

参考文献 過 417

せ 生存配偶者の復氏

新民法の施行後は，夫婦の一方が死亡したときは，生存配偶者は，婚姻前の氏に復することができる。

⇒姻族関係の終了

根拠条文等 民 751

ぜ 絶家

戸主が死亡するなどしたときに，新たな戸主がいない場合には，やむを得ず，その家は消滅せざるを得ない。このように，ある家が戸主を失った場合に，その家に家督相続人がいないときは，その家は絶家した。また，その消滅した家も絶家といった。

戸主が死亡するなどして家督相続が開始し，同じ家に直系卑属や指定家督相続人や直系尊属がいないことをもって直ちに絶家するものではなく，家督相続人がいない状態が確定した時に絶家となった。家督相続人がいない状態とは，第２種選定家督相続人も選定されないことが確定したことをいい，これは，相続人曠欠（相続人不存在）の手続が開始され，裁判所が定めた公告期間内に家督相続人であることを申出る者がいないことで確定した（裁判絶家）。

絶家となった家の戸籍は抹消され，絶家の家族は，各々，一家を創立（一家創立）した。ただし，子は父の創立した家に入籍し，父が不明である場合，父が他家にいる場合，父が死亡している場合には母の創立した家に入籍し，妻は夫が創立した家に入籍した。これらの入籍は，随従入籍であった。

相続人曠欠の手続を経て，絶家となった戸主名義の財産は，国庫に帰属することとなった。

⇒職権絶家

根拠条文等 旧 764，明 31・10・15 民刑第 959 号民刑局長回答
参考文献 新86・(15)，基121，体645，相二版（81・82（事項番号439～446））

ぜ 絶家再興

⇒再興

ぜ 絶家の無効

旧民法の施行中に開始した家督相続において，死亡した戸主が財産を有していなかったことで，区裁判所の許可を得て，市町村長が職権絶家とし，その旨が戸籍に記載され，この戸籍が抹消されているとして，その後，新民法の施行後に，その戸主名義の不動産が発見された場合は，以下のとおりに考えられる。

この場合は，死亡した戸主に財産があったことで本来は職権絶家ではなく，相続人曠欠によって絶家とするべきであったため，この絶家は無効であったことになる。つまり，絶家がなかったものとなり，このような場合，家督相続人を選定すべきであったことになるが，結局，新民法の施行までに家督相続人が選定されなかったことになる。したがって，その戸主の死亡の時に遡って，新民法を適用して相続人が特定される。

⇒家督相続人の不選定

せ 戦後の相続・相続人

戦後，すなわち，本書では応急措置法が施行された昭和22年5月3日以後に開始した相続，その相続人をいう。

⇒応急措置法以後の相続・相続人

せ 戦前の相続・相続人

戦前，すなわち，本書では応急措置法が施行された昭和22年5月3日前まで（昭和22年5月2日まで）に開始した相続には，家督相続と遺産相続があった。その相続人は，家督相続人と遺産相続人であった。

⇒旧民法施行前の相続・相続人
⇒旧民法施行中の相続・相続人

せ 選定家督相続人

民法の規定によって相続人が自動的に定まる相続と異なり選定されて相続人となるものであった。戦後の相続にはなく，戦前の相続で，家督相続人の場合の選定家督相続人である。

⇒血族選定家督相続人
⇒他人選定家督相続人
⇒第1種選定家督相続人
⇒第2種選定家督相続人

そ 相続・相続人

相続の意義については種々の説明ができるが，一つには，自然人が死亡するなど，その人生において，親族的身分関係に一定の重大な事由が生じた際に，その人に帰属していた権利義務を，主として親族関係のある他の者に承継させる法制度であると説明することができる。この場合，その承継前の権利義務が帰属していた自然人は被相続人，承継した者は相続人と呼ばれる。

現代の相続（応急措置法以後の相続），つまり戦後の相続にあっては，相続は人の死亡のみによって開始するが，戦前の相続では，人の死亡以外の事由で開始する（つまり，被相続人の生前に開始する。）場合もあった。

以上の説明を広義の相続とすると，狭義には，特定の性質を有する相続を「相続」といい，家督相続，遺産相続に対比する意味における相続であり，応急措置法以後の相続が，これに該当する。

相続の性質に対応した各々の相続人という意味で，家督相続人，遺産相続人があり，特に，戦後の相続，つまり応急措置法以後の相続に対応した相続人を単に「相続人」という。これは，狭義の相続人であり，応急措置法以後の相続人である。

また，広義の相続は，その相続人が，民法の規定により自動的に定まるか，あるいは，指定されるか，選定されるかによって分類される。それらは，時代によって変遷し，特に，戦前戦後で大きく性格が異なっていた。

⇒戦前の相続・相続人
⇒戦後の相続・相続人

そ 相続財産の分配請求権

⇒家附の継子の相続財産の分配請求権
⇒日本国憲法公布後（応急措置法施行前）の家督相続人に対する相続財産の分配請求権
⇒財産の分配請求権

そ 相続登記

相続登記とは，一般に，相続による所有権等の移転の登記をいい，つまり，相続（家督相続，遺産相続を含む。）を登記原因とする権利の移転の登記をいう。

相続登記は相続人が単独で申請することができ，これは，隠居による家督相続の場合のように生前相続の登記申請でも同様である(注)。

相続登記は，相続があったことを証する市町村長，登記官その他の公務員が職務上作成した情報（公務員が職務上作成した情報がない場合にあっては，これに代わるべき情報）を登記所に提供して申請しなければならない。いわゆる相続を証する情報（相続証明書）を添付するというもので，被相続人の出生から死亡までの間に当該被相続人が在籍した全て戸籍謄本等（法定相続情報一覧図の写しをもって代えることができる。）を基礎に，法定相続人のうち，登記権利者が最終的に当該不動産の所有者となった相続人であることを証する遺産分割協議書（印鑑証明書付き），相続分譲渡証書（印鑑証明書付き），相続放棄受理証明書等が，通常は該当する。

■ 相続登記を申請する義務

令和3年4月28日法律第24号民法等の一部を改正する法律によって，不動産登記法が改正された。

これにより，相続登記については，その申請について，一定の義務が課せられることになった。

まず，所有権の登記名義人について相続の開始があったときは，当該相続により所有権を取得した者は，自己のために相続の開始があったことを知り，かつ，当該所有権を取得したことを知った日から3年以内に，所有権の移転の登記（相続登記）を申請しなければならないとされ，相続人に対する遺贈により所有権を取得した者も同様とされた。また，法定相続分に応じた共同相続による相続登記その所有権の移転の登記がされた後に遺産の分割があったときは，当該遺産の分割によって当該法定相続分を超えて所有権を取得した者は，当該遺産の分割の日から3年以内に，所有権の移転の登記を申請しなければならないとされた。

他方，所有権の登記名義人について相続の開始があったときにおいて，当該相続により所有権を取得した者（自己のために相続の開始があったことを知り，かつ，当該所有権を取得したことを知った者）は，登記官に対し，所有権の登記名義人について相続が開始した旨及び自らが当該所有権の登記名義人の相続人である旨を申し出ることができ，当該相続登記を申請しなければならない3年の期間内に，この申出（相続人である旨の申出）をした者は，相続登記を申請する義務を履行したものとみなされることになった。

相続人である旨の申出があったときは，登記官は，職権で，その旨並びに当該申出をした者の氏名及び住所その他の事項を所有権の登記に付記し，相続人である旨の申出をした者は，その後の遺産の分割によって所有権を取得したときは，当該遺産の分割の日から3年以内に，所有権の移転の登記を申請しなければならないとされた。

これらの改正は，公布の日から起算して3年を超えない範囲内において政令で定める日（施行日）に施行される見込みである。

なお，相続登記を申請する義務は，その施行日前に所有権の登記名義人について相続の開始があった場合についても適用されるため，施行日以後に開始した相続だけでなく，既に開始している相続についても適用があることに留意する必要がある。この場合は，施行日前に所有権の登記名義人について相続の開始があったときは，当該相続により所有権を取得した者は，自己のために相続の開始があったことを知り，かつ，当該所有権を取得したことを知った日又は施行日のいずれか遅い日から3年以内に所有権の移転の登記（相続登記）を申請しなければならず，また，法定相続分に応じた共同相続による相続登記その所有権の移転の登記がされた後に遺産の分割があったときに，当該遺産の分割によって当該法定相続分を超えて所有権を取得した者は，当該遺産の分割の日又は施行日のいずれか遅い日から3年以内に所有権の移転の登記を申請しなければならないこととなる。

(注) 明治19年8月13日法律第1号登記法（旧登記法）では，次のとおり，規定されていた（明治20年2月21日施行）。

「第15條　家督相續ニ因リ地所建物船舶ノ登記ヲ請フトキハ雙方出頭シ其證書ヲ示ス可シ

死亡者失踪者若クハ離縁戸主ノ遺留シタル地所建物船舶ヲ相續スル者登記ヲ請フトキハ親屬又親屬ナキトキハ近隣ノ戸主二名以上連署ノ書面ヲ差出シ且證明書類アルモノハ之ヲ示ス可シ」

明治23年9月2日法律第78号登記法中改正追加ノ件による第15条第2項の改正

「死亡者失踪者若クハ離縁戸主ノ遺留シタル地所建物船舶ヲ相續スル者登記ヲ請フトキハ親屬二名以上又親屬ナキトキハ近隣ノ戸主二名以上連署ノ書面ヲ差出シ且證明書類アルモノハ之ヲ示ス可シ」

根拠条文等 不動産登記法63・76の2・76の3

参考文献 荒井達也『Q＆A　令和3年民法・不動産登記法改正の要点と実務への影響』（日本加除出版，2021年），安達敏男ほか『改正民法・不動産登記法実務ガイドブック　登記・相続・財産管理・相隣関係規定・共有制度のチェックポイント』（日本加除出版，2021年）

そ 相続人以外の者の特別の寄与

被相続人に対して，無償で療養看護その他の労務の提供をしたことにより，被相続人の財産の維持又は増加について特別の寄与をした被相続人の相続人以外の親族（特別寄与者）は，相続の開始後，相続人に対し，特別寄与者の寄与に応じた額の金銭（特別寄与料）の支払を請求することができる。

特別寄与料の支払について，当事者間に協議が調わないとき，又は協議をすることができないときは，特別寄与者は，家庭裁判所に対して協議に代わる処分を請求することができ（特別寄与者が相続の開始及び相続人を知った時から6か月を経過したとき，又は相続開始の時から1年を経過したときは，この限りでない。），この場合には，家庭裁判所が，寄与の時期，方法及び程度，相続財産の額その他一切の事情を考慮して，特別寄与料の額を定める。なお，特別寄与料の額は，被相続人が相続開始の時において有した財産の価額から遺贈の価額を控除した残額を超えることができず，また，相続人が数人ある場合には，各相続人は，特別寄与料の額に法定相続分に関する規定により算定した当該相続人の相続分を乗じた額を負担する。

例えば，被相続人に亡長男の妻（子はなく，被相続人とは養子縁組をしていないものとする。）と二男がいるとき，当該妻は，被相続人の相続人ではないものの，その親族であり，被相続人に対して，無償で療養看護その他の労務の提供をしたことにより，被相続人の財産の維持又は増加について特別の寄与をした特別寄与者に当たる場合は，相続の開始後，相続人である被相続人の配偶者，二男に対して，特別寄与者の寄与に応じた額の金銭（特別寄与料）の支払を請求することができる。

相続人以外の者の特別の寄与に関する規定は平成30年民法によって新設され，令和元年7月1日以後に開始した相続について適用されている。

根拠条文等 民1050
参考文献 過125

^そ 相続人曠欠，相続人不存在

相続が開始しても，相続人がいることが明らかでないときは（相続人の不存在），相続財産は法人（相続財産法人）となり，家庭裁判所による相続財産管理人の選任，選任公告，相続財産管理人による債権申出の公告（期間は2か月以上），家庭裁判所による相続捜索の公告（期間は6か月以上）を経て，相続人であるとして権利を主張する者がなかったときは，相続財産は国庫に帰属する。

相続人の不存在は，旧民法の施行中は，相続人曠欠と呼ばれ，おおむね相続人不存在と同様の手続によって（相続財産管理人は裁判所が選任し，相続捜索の公告の期間は1年以上），相続財産は国庫に帰属した。

相続人曠欠の手続を経て，絶家となった戸主名義の財産は，国庫に帰属することとなったため，相続の対象となることはなかった（誰かが，相続することはない。）。

なお，令和3年4月28日法律第24号民法等の一部を改正する法律が施行[(注)]されると，相続財産管理人は相続財産清算人へと改称され，相続財産の清算手続が合理化される。

(注) 公布の日から起算して2年を超えない範囲内において政令で定める日から施行される。

⇒特別縁故者に対する相続財産の分与
⇒共有者の死亡による共有持分の帰属

根拠条文等 民951～959，旧1051～1059
参考文献 基124，過98，体645，手234

^そ 相続人の欠格事由

相続人（相続人となるべき者）であっても，欠格事由に該当する者は，相続人となることができない（相続人となる権利を喪失する。）。

欠格事由は，次のとおりである。

1　故意に被相続人又は相続について先順位若しくは同順位にある者を死亡するに至らせ，又は至らせようとしたために，刑に処せられた者
2　被相続人の殺害されたことを知って，これを告発せず，又は告訴しなかった者。ただし，その者に是非の弁別がないとき，又は殺害者が自己の配偶者若しくは直系血族であったときは，この限りでない。
3　詐欺又は強迫によって，被相続人が相続に関する遺言をし，撤回し，取り消し，又は変更することを妨げた者

4　詐欺又は強迫によって，被相続人に相続に関する遺言をさせ，撤回させ，取り消させ，又は変更させた者
5　相続に関する被相続人の遺言書を偽造し，変造し，破棄し，又は隠匿した者

旧民法では，前記１は，家督相続にあっては「故意に被相続人又は家督相続について先順位にある者を死亡するに至らせ，又は至らせようとしたために，刑に処せられた者」，遺産相続にあっては「故意に被相続人又は遺産相続について先順位若しくは同順位にある者を死亡するに至らせ，又は至らせようとしたために，刑に処せられた者」であった。

欠格事由があると，その事実によって当然に，その事実の前に開始した相続であっても，また，その以後に開始した相続であっても，該当者は相続人とはならないが，欠格事由に該当したことは戸籍に記載されることはない。

相続人の欠格事由は，受遺者にも適用される。

根拠条文等 旧969・997，民891

そ 相続の開始後に認知された者の価額の支払請求権

相続の開始後，認知（死後認知）によって相続人となった者が，被相続人の遺産の分割を請求しようとする場合において，他の共同相続人が，既に，その分割その他の処分をしていたときは，価額のみによる支払の請求権を有することとなる。

昭和17年民法によって死後認知が認められた以後の，当該認知された者が遺産分割をしようとするとき，既に遺産分割が終わっていたような場合の不利益を解消するため，新民法によって創設されたものである。

根拠条文等 民910

そ 相続の放棄

相続が開始し，相続人となった者は，一定の場合，その相続を放棄して，相続人とならないことができる。

相続の放棄は，原則として，３か月以内に，裁判所に申述して行う。

なお，昭和37年民法の施行の前まで（昭和37年6月30日まで）は，相続の放棄は，相続開始の時に遡ってその効力を生じ，数人の相続人がある場合において，その一人が放棄をしたときは，その相続分は，他の相続人の相続分に応じて帰属した。

旧民法では，「放棄」を「抛棄」といい，遺産相続の放棄は，以上の説明のとおりであるものの，家督相続については，第１順位の家督相続人である第１種法定家督相続人は抛棄することができなかったが，第２順位以下の家督相続人は抛棄することができた。この場合，抛棄は相続開始の時に遡って効力が生じ，抛棄

は，家督相続人が自己のために相続の開始があったことを知った時より，原則として３か月内に裁判所に申述してしなければならなかった。

旧々民法でも遺産相続の放棄は同様で，家督相続についても第１順位の家督相続人である法定家督相続人は抛棄をすることができず，それ以外の家督相続人は，相続の日より，原則として３か月内に裁判所(注)に申述するものとされていた。

(注) 昭和 23 年１月１日からは家事審判所，昭和 24 年１月１日からは家庭裁判所

根拠条文等 旧 1017・1020・1038・1039，取 317，応７②，民 915・938・939

参考文献 過 85・221，体 590，相 1252

そ 相続分

共同相続人（共同遺産相続人）の各相続人が，被相続人の権利義務を承継する分数的な割合を相続分という。

相続分というとき，それは法定相続分の計算に関する規定に基づいて算定された法定相続分をいう場合と，指定相続分のように修正された相続分をいう場合とがあり，また，それらを総称していうことがある。

相続人が一人であるときは，その相続分は１分の１であるともいえる。

そ 相続分の指定

被相続人は，遺言で，共同相続人の相続分を定める（定めることを第三者に委託することもができる。）ことができ，被相続人が，共同相続人中の一人若しくは数人の相続分のみを定め（第三者に定めさせ）たときは，他の共同相続人の相続分は，法定相続分の計算に関する規定により定める。

つまり，遺言で相続分が指定されたときは，法定相続分が修正（指定相続分）される。

旧民法では，遺産相続において同様に規定されていた。

根拠条文等 旧 1006，民 902

そ 相続分の譲渡

共同相続人の一人が遺産の分割前に，その相続分を第三者に譲り渡したときは，他の共同相続人は，その価額及び費用を償還して，その相続分を譲り受けることができ，その取戻権は，１か月以内に行使しなければならないとされている。つまり，これは当然に，自己の相続分を第三者に譲渡することができることを意味し，第三者には他の相続人も含まれるため，相続分は遺産分割の前であれば，他の相続人にも，他の相続人以外の者に対しても譲渡することができる。相続分を他の相続人に譲渡した場合，譲渡した相続人の相続分は，その譲渡した分だけ減少し，譲渡を受けた相続人は自己の相続分に譲り受けた分，増加する。

根拠条文等 民 905
参考文献 過 96

そ 尊属

ある人（又は，その人の配偶者）から見て，より古い世代（親を含み，親より古い世代）の者をいう。例えば，例えば，子から見て親は直系尊属１親等の血族，孫から見て祖父母は直系尊属２親等の血族，甥から見て伯父は傍系尊属３親等の血族となる。

根拠条文等 旧 726，民 726
参考文献 基 44，体 94

そ 尊属家督相続人

⇒旧々民法を参考とする家督相続・家督相続人

根拠条文等 取 301
参考文献 過 351

そ 尊属親

旧民法の施行前，直系尊属を卑属親ともいった。

だ 第１順位の応急措置法施行中の相続人

応急措置法の施行中（昭和 22 年５月３日から昭和 22 年 12 月 31 日までの間），相続が開始した場合（応急措置法施行中の相続・相続人）において，その開始の時に，被相続人に直系卑属がいれば，直系卑属が第１順位として相続人となった。この場合，被相続人に配偶者がいたときは，配偶者は常に相続人として，直系卑属とともに相続人となり，配偶者の法定相続分は３分の１，直系卑属の法定相続分は３分の２であった（配偶者がいなければ，直系卑属が１分の１）。

相続人	配偶者	直系卑属
法定相続分	３分の１	３分の２

親等の異なる直系卑属の間では親等の近い者が相続人となると旧民法において規定（応急措置法の施行中にも適用）されているが，孫以下の直系卑属には全て代襲相続が適用されることから，第１順位の相続人は子と考えて差し支えない。

子であれば，被相続人との戸籍の異同，日本国籍の有無も問わず，実子のほか，養子も全て含まれた。なお，応急措置法の施行前に成立していた継親子関係は応急措置法の施行によって消滅したため，継子は，もはや相続人とはなり得なかった。

子が複数人いたときは，全ての子が相等しい法定相続分を有し，嫡出子と非嫡出子がいた場合には非嫡出子の法定相続分は嫡出子の法定相続分の２分の１とされていた。

⇒代襲による応急措置法施行中の相続

⇒家附の継子の相続財産の分配請求権

根拠条文等 応７②，８，旧993・994・1004

参考文献 基286，過234

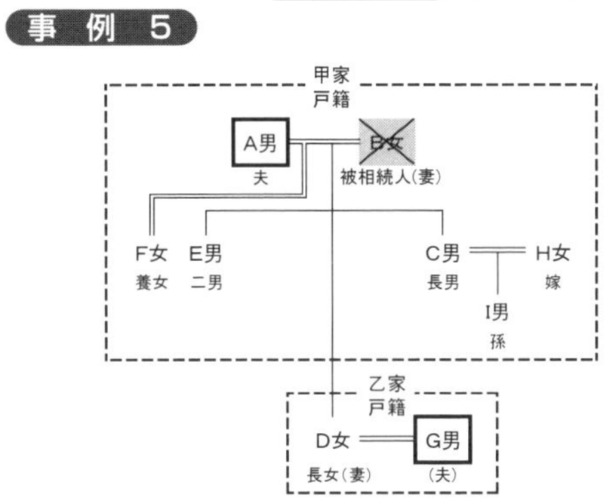

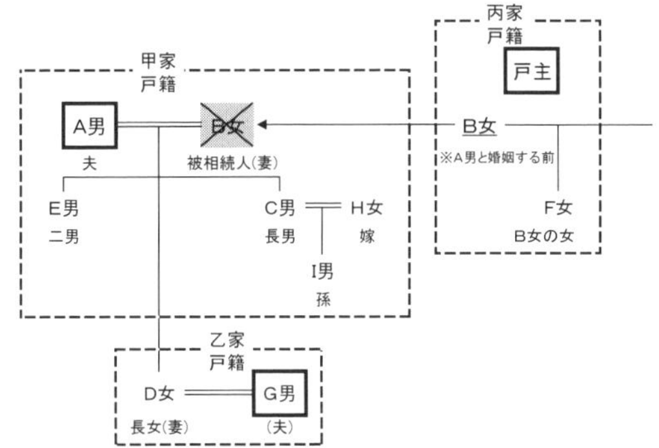

事 例 7

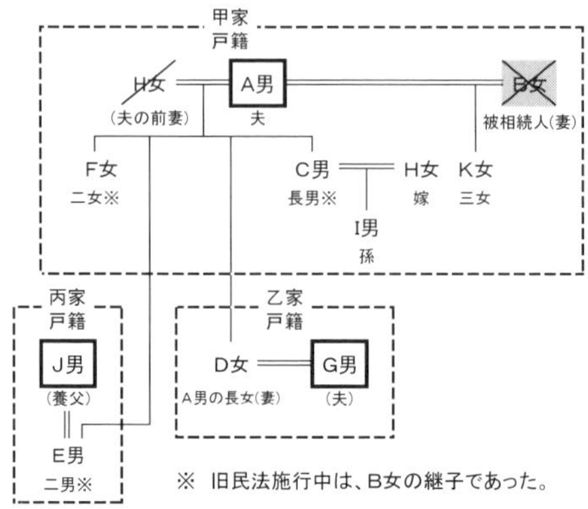

事例5は，被相続人B女が死亡し，夫A男，長男C男，長女D女，二男E男，養女F女がいた場合であり，その相続人及び各法定相続分は，次のとおりとなる。

相続人	A男	C男	D女	E男	F女
法定相続分	6分の2	6分の1	6分の1	6分の1	6分の1

なお，この事例では，いまだ戸籍が改製されていないため，例えば，甲家戸籍の場合，戸籍上は，甲家の戸籍として，A男が戸主として表示されているが，もはや家はなく，戸主の身分もない。そのため，この事例でA男が被相続人であったとすると（B女は生存しているとする。），もはや家督相続ではないことから，A男をB女と置き換えても，この表の結果と変わらない。

事例6は，被相続人B女が死亡し，夫A男，長男C男，長女D女，二男E男，非嫡出子F女がいた場合であり，その相続人及び各法定相続分は，次のとおりとなる。

相続人	A男	C男	D女	E男	F女
法定相続分	21分の7	21分の4	21分の4	21分の4	21分の2

事例7は，被相続人B女が死亡し，夫A男，実子K女がいた場合であり，その相続人及び各法定相続分は，次のとおりである。

相続人	A男	K女
法定相続分	3分の1	3分の2

ここでは，旧民法の施行中は，B女の子には，K女のほか，継子C男，継子E男，継子F女がいた場合であるが，応急措置法の施行によって，継親子関係が消滅し，C男，E男，F女はB女の子ではなくなったため，応急措置法の施行後は，もはや相続人とはならなかった。

だ 第１順位の旧民法施行中の遺産相続人

旧民法の施行中（明治 31 年 7 月 16 日から昭和 22 年 5 月 2 日までの間），遺産相続が開始した場合において，その開始の時に，被相続人に直系卑属がいれば，直系卑属が第１順位として遺産相続人となった。旧民法には直系卑属として定められ，親等の異なる者の間では親等の近い者が遺産相続人となると規定されているが，孫以下の直系卑属には全て代襲相続が適用されることから，第１順位の遺産相続人は子と考えて差し支えない。

直系卑属であれば，実子のほか，養子，継子も全て含まれ，被相続人と同じ家の戸籍に在籍している者には限られず，日本国籍の有無も問われず，嫡出子・非嫡出子，年長年少，男女の別には関係なく，全ての子が遺産相続人となった。

子が複数人いたときは，全ての子が相等しい法定相続分を有し，嫡出子と非嫡出子がいた場合には非嫡出子の法定相続分は嫡出子の法定相続分の２分の１とされていた。

被相続人に配偶者（第２順位の旧民法施行中の遺産相続人）がいても，直系卑属がいる限り，配偶者が相続人とならなかったことは，応急措置法，新民法以来，現行民法の場合の相続と異なった。

⇒代襲による旧民法施行中の遺産相続

根拠条文等 旧 994・1004
参考文献 基 251，過 322・337，手 125

事　例　8

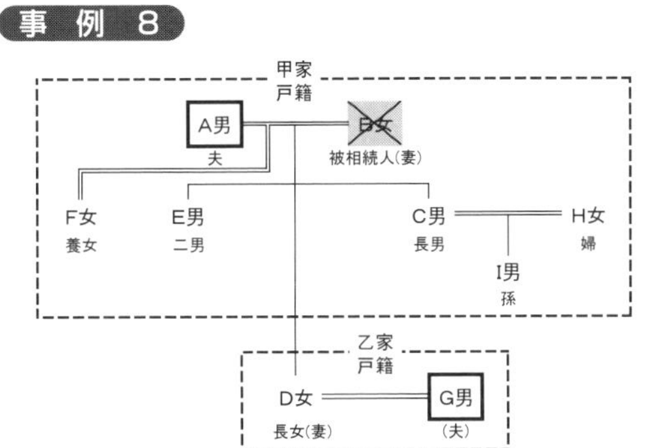

事例 9

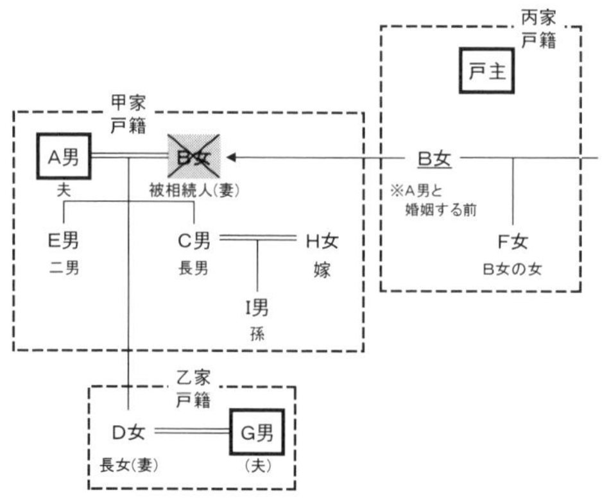

事例 10

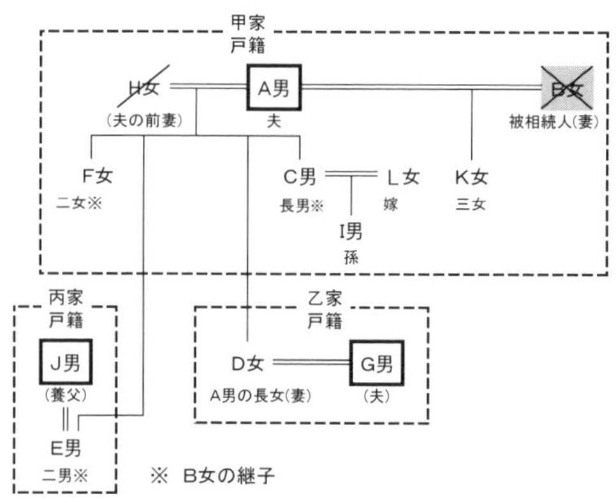

事例８は，戸主ではない（家族である）被相続人Ｂ女に，夫Ａ男，長男Ｃ男，長女Ｄ女，二男Ｅ男，養女Ｆ女がいた場合であり，Ｂ女が，旧民法施行中に死亡したとき，その遺産相続人及び各法定相続分は，次のとおりとなる。

遺産相続人	C男	D女	E男	F女
法定相続分	４分の１	４分の１	４分の１	４分の１

事例９は，戸主ではない（家族である）被相続人Ｂ女に，夫Ａ男，長男Ｃ男，長女Ｄ女，二男Ｅ男，私生子Ｆ女がいた場合であり，Ｂ女が，旧民法施行中に死亡したとき，その遺産相続人及び各法定相続分は，次のとおりとなる。

遺産相続人	C男	D女	E男	F女
法定相続分	７分の２	７分の２	７分の２	７分の１

事例10は，戸主ではない（家族である）被相続人Ｂ女に，夫Ａ男，実子Ｋ女，

継子Ｃ男，継子Ｅ男，継子Ｆ女がいた場合であり，Ｂ女が，旧民法施行中に死亡したとき，その遺産相続人及び各法定相続分は，次のとおりとなる。

遺産相続人	Ｋ女	Ｃ男	Ｅ男	Ｆ女
法定相続分	４分の１	４分の１	４分の１	４分の１

戸籍における続柄は，原則として，戸主Ａ男から見た続柄が記載され，Ｂ女から見た続柄は記載されていないので，Ｃ男らがＢ女の継子であることは，戸籍における親族関係の経過をもとに判断しなければならない。

だ 第１順位の旧民法施行中の家督相続人

⇒第１種法定家督相続人

だ 第１順位の昭和 55 年民法の相続人

昭和 55 年民法が施行された後，昭和 62 年民法が施行される前まで（昭和 56 年１月１日から昭和 62 年 12 月 31 日までの間）に相続が開始した場合（昭和 55 年民法の相続・相続人）において，その開始の時に，被相続人に子がいれば，子が第１順位として相続人となった。この場合，被相続人に配偶者がいたときは，配偶者は常に相続人として，子とともに相続人となり，配偶者の法定相続分は２分の１，子の法定相続分は２分の１であった（配偶者がいなければ，子が１分の１）。

相続人	配偶者	子
法定相続分	２分の１	２分の１

子であれば，実子のほか，養子も含まれ，子が複数人いたときは，全ての子が相等しい法定相続分を有し，嫡出子と非嫡出子がいた場合には非嫡出子の法定相続分は嫡出子の法定相続分の２分の１とされていた。

⇒代襲による昭和 55 年民法の相続

根拠条文等 民 887・890・900（昭和 55 年民法より）

参考文献 過 174

事 例 11

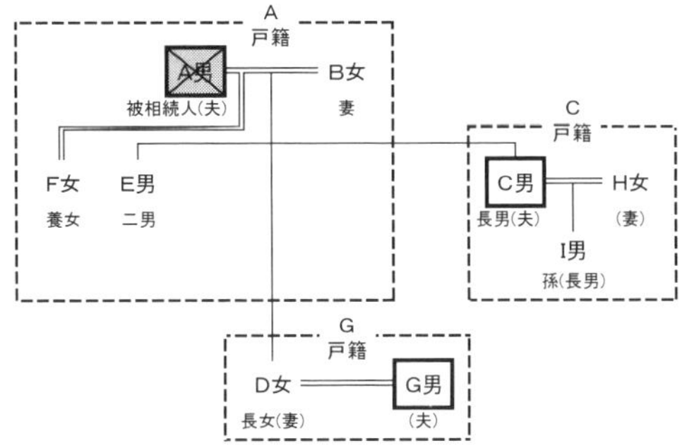

事 例 12

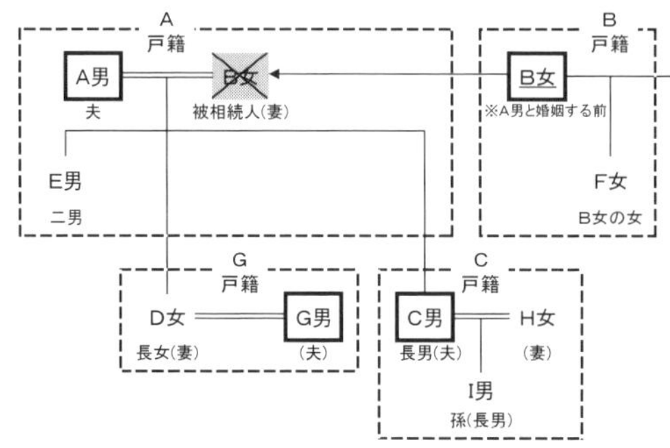

事例 11 は，被相続人Ａ男が死亡し，妻Ｂ女，長男Ｃ男，長女Ｄ女，二男Ｅ男，養女Ｆ女がいた場合であり，その相続人及び各法定相続分は，次のとおりとなる。

相続人	B女	C男	D女	E男	F女
法定相続分	8分の4	8分の1	8分の1	8分の1	8分の1

事例 12 は，被相続人Ｂ女が死亡し，夫Ａ男，長男Ｃ男，長女Ｄ女，二男Ｅ男，非嫡出子Ｆ女がいた場合であり，その相続人及び各法定相続分は，次のとおりとなる。

相続人	A男	C男	D女	E男	F女
法定相続分	14分の7	14分の2	14分の2	14分の2	14分の1

第１順位の昭和 37 年民法の相続人

昭和 37 年民法が施行された後，昭和 55 年民法が施行される前まで（昭和 37 年７月１日から昭和 55 年 12 月 31 日までの間）に相続が開始した場合（昭和 37 年民法の相続・相続人）において，その開始の時に，被相続人に子がいれば，子が第１順位として相続人となった。この場合，被相続人に配偶者がいたときは，配偶者は常に相続人として，子とともに相続人となり，配偶者の法定相続分は３分の１，子の法定相続分は３分の２であった（配偶者がいなければ，子が１分の１）。

相続人	配偶者	子
法定相続分	3分の1	3分の2

子であれば，実子のほか，養子も含まれ，子が複数人いたときは，全ての子が相等しい法定相続分を有し，嫡出子と非嫡出子がいた場合には非嫡出子の法定相続分は嫡出子の法定相続分の２分の１とされていた。

⇒代襲による昭和 37 年民法の相続
⇒家附の継子の相続権

事例13

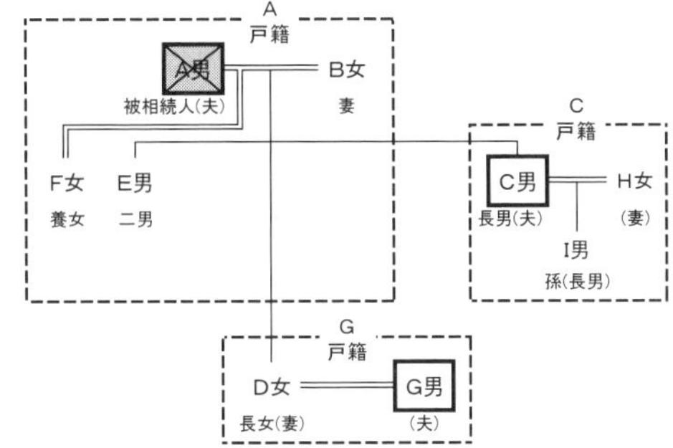

事例14

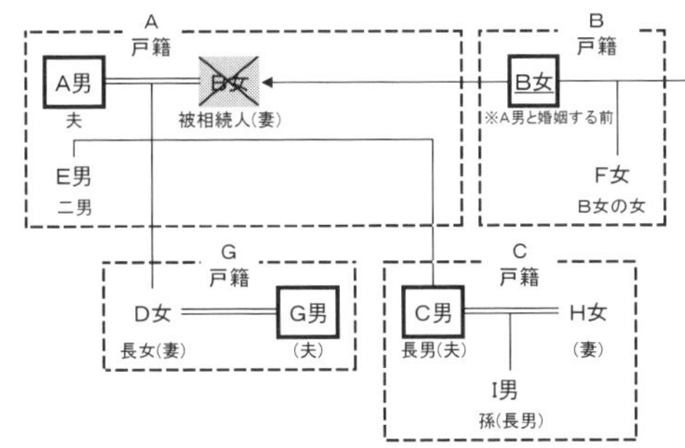

事例13は，被相続人A男が死亡し，妻B女，長男C男，長女D女，二男E男，養女F女がいた場合であり，その相続人及び各法定相続分は，次のとおりとなる。

相続人	B女	C男	D女	E男	F女
法定相続分	6分の2	6分の1	6分の1	6分の1	6分の1

事例14は，被相続人B女が死亡し，夫A男，長男C男，長女D女，二男E男，非嫡出子F女がいた場合であり，その相続人及び各法定相続分は，次のとおりとなる。

相続人	A男	C男	D女	E男	F女
法定相続分	21分の7	21分の4	21分の4	21分の4	21分の2

だ 第1順位の昭和22年民法の相続人

⇒第1順位の新民法施行中の相続人

だ 第１順位の昭和 62 年民法の相続人

昭和 62 年民法が施行された後，平成 25 年民法が適用される前まで（昭和 63 年１月１日から平成 25 年９月４日までの間）に相続が開始した場合（昭和 62 年民法の相続・相続人）において，その開始の時に，被相続人に子がいれば，子が第１順位として相続人となった。この場合，被相続人に配偶者がいたときは，配偶者は常に相続人として，子とともに相続人となり，配偶者の法定相続分は２分の１，子の法定相続分は２分の１であった（配偶者がいなければ，子が１分の１）。

相続人	配偶者	子
法定相続分	２分の１	２分の１

子であれば，実子のほか，養子（普通養子，特別養子）も含まれ，子が複数人いたときは，全ての子が相等しい法定相続分を有し，嫡出子と非嫡出子がいた場合には非嫡出子の法定相続分は嫡出子の法定相続分の２分の１とされていた。

ただし，平成 25 年最高裁決定の適用を受ける平成 13 年７月１日以後，平成 25 年民法が適用される前（平成 25 年９月４日）までに開始した相続については，昭和 62 年民法の規定に関わらず，非嫡出子と嫡出子の法定相続分を同等とされた。なお，すでに昭和 62 年民法の規定を前提に遺産分割が成立するなど，確定的なものとなった法律関係には影響は及ばない。

⇒代襲による昭和 62 年民法の相続

根拠条文等 民 887・890・900（昭和 62 年民法より），最大決平 25・9・4 民集 67 巻 6 号 1320 頁，平 25・12・11 民二第 781 号民事局長通達

参考文献 過 147・162

事 例 15

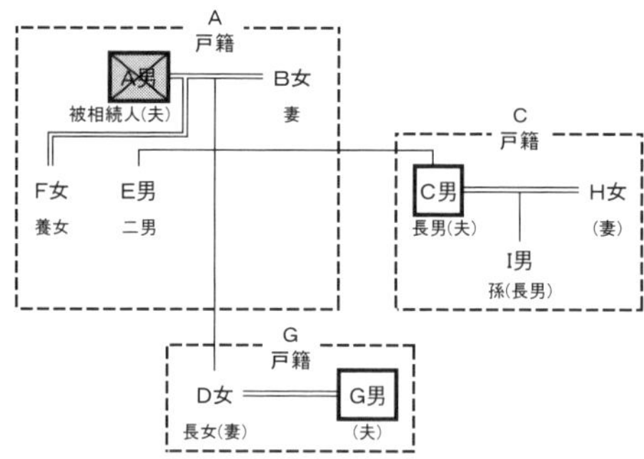

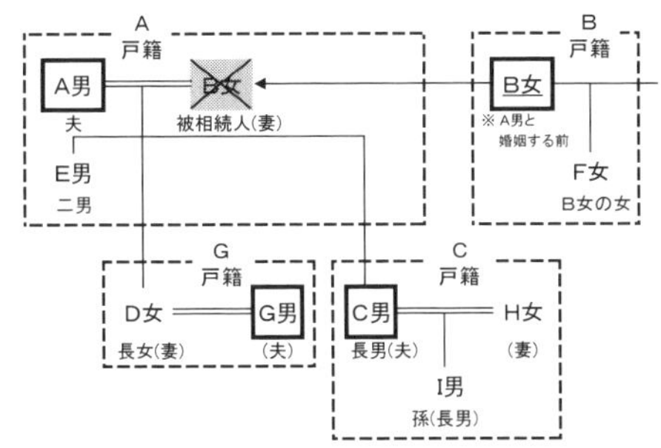

事例15は，被相続人Ａ男が死亡し，妻Ｂ女，長男Ｃ男，長女Ｄ女，二男Ｅ男，養女Ｆ女がいた場合であり，その相続人及び各法定相続分は，次のとおりとなる。

相続人	B女	C男	D女	E男	F女
法定相続分	8分の4	8分の1	8分の1	8分の1	8分の1

事例16は，被相続人Ｂ女が死亡し，夫Ａ男，長男Ｃ男，長女Ｄ女，二男Ｅ男，非嫡出子Ｆ女がいた場合であり，その相続人及び各法定相続分は，その時期によって次のとおりとなる。

《相続開始の時期：昭和63年1月1日から平成13年6月30日までの間》

相続人	A男	C男	D女	E男	F女
法定相続分	14分の7	14分の2	14分の2	14分の2	14分の1

《相続開始の時期：平成13年7月1日から平成25年9月4日までの間》

相続人	A男	C男	D女	E男	F女
法定相続分	8分の4	8分の1	8分の1	8分の1	8分の1

だ 第１順位の新民法施行中の相続人

新民法が施行された後，昭和37年民法が施行される前まで（昭和23年1月1日から昭和37年6月30日までの間）に相続が開始した場合（新民法施行中の相続・相続人）において，その開始の時に，被相続人に直系卑属がいれば，直系卑属が第１順位として相続人となった。この場合，被相続人に配偶者がいたときは，配偶者は常に相続人として，直系卑属とともに相続人となり，配偶者の法定相続分は３分の１，直系卑属の法定相続分は３分の２であった（配偶者がいなければ，直系卑属が１分の１）。

第１順位の新民法施行中の相続人

相続人	配偶者	直系卑属
法定相続分	３分の１	３分の２

親等の異なる直系卑属の間では親等の近い者が相続人となることで，孫以下の直系卑属には全て代襲相続が適用されることから，第１順位の相続人は子と考えて差し支えない。

子であれば，実子のほか，養子も含まれ，子が複数人いたときは，全ての子が相等しい法定相続分を有し，嫡出子と非嫡出子がいた場合には非嫡出子の法定相続分は嫡出子の法定相続分の２分の１とされていた。

⇒代襲による新民法施行中の相続

根拠条文等 民 887・890・900
参考文献 過 208

事例 17

事例 18

事例 17 は，被相続人Ａ男が死亡し，妻Ｂ女，長男Ｃ男，長女Ｄ女，二男Ｅ男，養女Ｆ女がいた場合であり，その相続人及び各法定相続分は，次のとおりとなる。

相続人	Ｂ女	Ｃ男	Ｄ女	Ｅ男	Ｆ女
法定相続分	６分の２	６分の１	６分の１	６分の１	６分の１

事例 18 は，新民法の施行中に，被相続人Ｂ女が死亡し，夫Ａ男，長男Ｃ男，

長女Ｄ女，二男Ｅ男，非嫡出子Ｆ女がいた場合であり，その相続人及び各法定相続分は，次のとおりとなる。

相続人	A男	C男	D女	E男	F女
法定相続分	21 分の7	21 分の4	21 分の4	21 分の4	21 分の2

第１順位の平成 30 年民法の相続人

平成 30 年民法が施行された，令和元年７月１日以後に相続が開始した場合（平成 30 年民法の相続・相続人）において，その開始の時に，被相続人に子がいれば，子が第１順位として相続人となる。この場合，被相続人に配偶者がいたときは，配偶者は常に相続人として，子とともに相続人となり，配偶者の法定相続分は２分の１，子の法定相続分は２分の１である（配偶者がいなければ，子が１分の１）。

相続人	配偶者	子
法定相続分	2分の1	2分の1

子であれば，実子のほか，養子（普通養子，特別養子）も含まれ，子が複数人いたときは，全ての子が相等しい（嫡出子と非嫡出子に関わらず，相等しい。）法定相続分を有する。

⇒代襲による平成 30 年民法の相続
⇒家附の継子の相続権

根拠条文等 民 887（平成 16 年民法より）・890・900（平成 25 年民法より）

参考文献 過 49

事 例 19

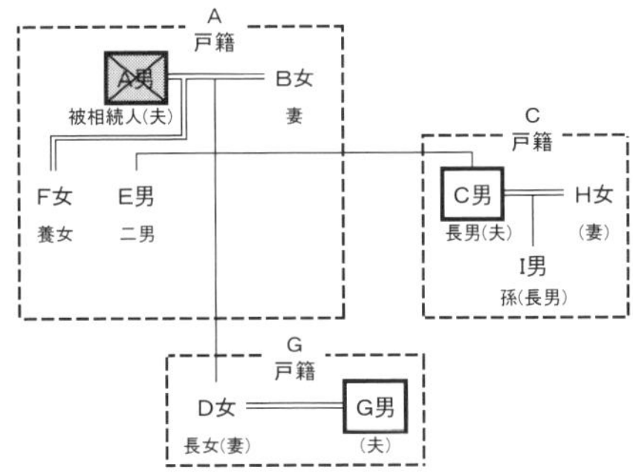

事 例 20

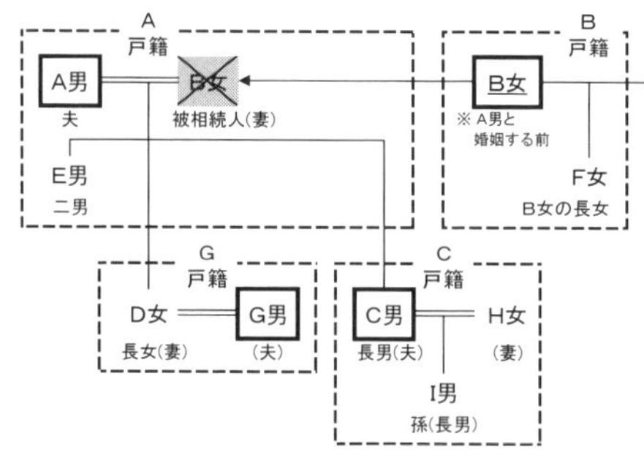

事例 19 は，被相続人Ａ男が死亡し，妻Ｂ女，長男Ｃ男，長女Ｄ女，二男Ｅ男，養女Ｆ女がいた場合であり，その相続人及び各法定相続分は，次のとおりとなる。

相続人	Ｂ女	Ｃ男	Ｄ女	Ｅ男	Ｆ女
法定相続分	８分の４	８分の１	８分の１	８分の１	８分の１

事例 20 は，被相続人Ｂ女が死亡し，夫Ａ男，長男Ｃ男，長女Ｄ女，二男Ｅ男，非嫡出子Ｆ女がいた場合であり，その相続人及び各法定相続分は，次のとおりである。

相続人	Ａ男	Ｃ男	Ｄ女	Ｅ男	Ｆ女
法定相続分	８分の４	８分の１	８分の１	８分の１	８分の１

第１順位の平成 25 年民法の相続人

平成 25 年民法が適用された後，平成 30 年民法が施行される前まで（平成 25 年９月５日から令和元年６月 30 日までの間）に相続が開始した場合（平成 25 年民法の相続・相続人）において，その開始の時に，被相続人に子がいれば，子が第１順位として相続人となった。この場合，被相続人に配偶者がいたときは，配偶者は常に相続人として，子とともに相続人となり，配偶者の法定相続分は２分の１，子の法定相続分は２分の１であった（配偶者がいなければ，子が１分の１）。

相続人	配偶者	子
法定相続分	２分の１	２分の１

子であれば，実子のほか，養子（普通養子，特別養子）も含まれ，子が複数人いたときは，全ての子が相等しい（嫡出子と非嫡出子に関わらず，相等しい。）法定相続分を有した。

⇒代襲による平成 25 年民法の相続

根拠条文等 民 887・890・900（平成 25 年民法より）

参考文献 過 136

事 例 21

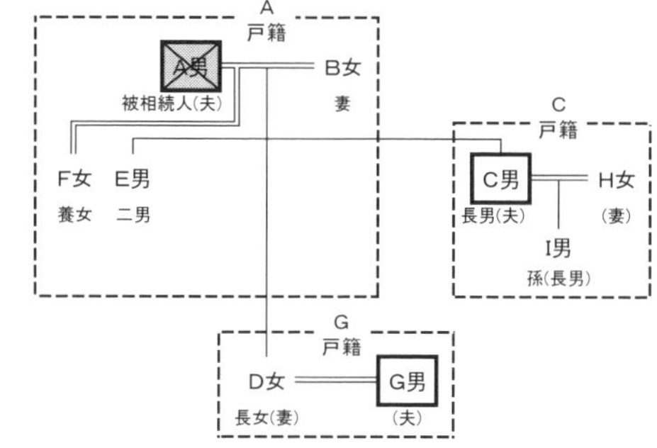

事 例 22

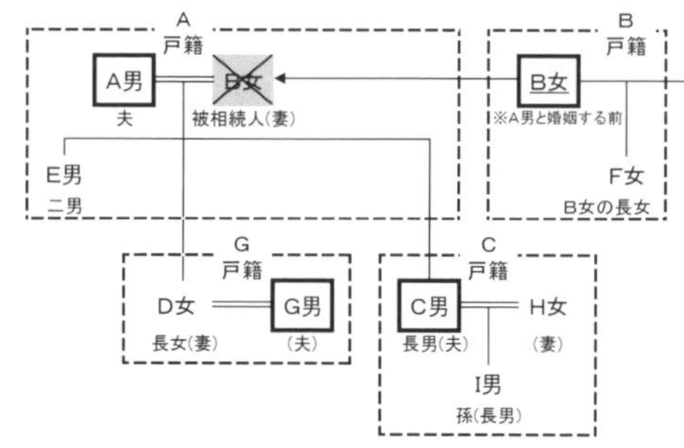

事例 21 は，被相続人Ａ男が死亡し，妻Ｂ女，長男Ｃ男，長女Ｄ女，二男Ｅ男，養女Ｆ女がいた場合であり，その相続人及び各法定相続分は，次のとおりとなる。

相続人	Ｂ女	Ｃ男	Ｄ女	Ｅ男	Ｆ女
法定相続分	8分の4	8分の1	8分の1	8分の1	8分の1

事例 22 は，被相続人Ｂ女が死亡し，夫Ａ男，長男Ｃ男，長女Ｄ女，二男Ｅ男，非嫡出子Ｆ女がいた場合であり，その相続人及び各法定相続分は，次のとおりとなる。

相続人	Ａ男	Ｃ男	Ｄ女	Ｅ男	Ｆ女
法定相続分	8分の4	8分の1	8分の1	8分の1	8分の1

第１種選定家督相続人

旧民法の施行中（明治 31 年７月 16 日から昭和 22 年５月２日までの間），家督相続が開始したものの，第１順位の家督相続人（第１種法定家督相続人），第２順位の家督相続人（指定家督相続人（旧民法施行中））がいなかった場合，第３順位の家督相続人は第１種選定家督相続人であった。

ただ，第１種選定家督相続人は，家督相続開始の時において，自動的に定まるものではなく，事後に，一人が選定（家督相続人の選定）され，その選定された者が家督相続の承認をすることで，家督相続の開始の時に遡って家督相続人となった。

第１種選定家督相続人に選定されるべき者（被選定対象者）は，まず，被相続人である戸主の家族（家督相続の開始の時においても，選定の時においても，戸主と同じ家（の戸籍）に在籍していること）であって，第１に家女である配偶者，第２に兄弟，第３に姉妹，第４に家女でない配偶者，第５に兄弟姉妹の直系卑属が，その順序で選定された。そこで，戸主に，前記の被選定対象者がいたとき，上位の順序の者がいる限り，下位の順序の者が選定されることはなく，被選定対象者が一人しかいなかった場合であっても，その被選定対象者が自動的に家督相続人になるわけではなく，あくまでも選定されて，はじめて家督相続人となった。ここで，家女である配偶者とは，例えば，婿養子である戸主が死亡したときの妻，入夫である戸主が死亡したときの妻が該当する。

家督相続人に選定された者は，家督相続の承認又は抛棄をすることができた。

第１種選定家督相続人の選定は，被相続人と同じ家の父が行い，その父がいないとき，又は父がその意思を表示することができないときは家を同じくする母が，家を同じくする父母が共にいないとき又はその意思を表示することができないときは，親族会が行った。

第１種選定家督相続人が選定され，家督相続を承認すると，戸籍に家督相続の届出（家督相続届）をした。

⇒家督相続人の不選定

根拠条文等 旧 982・983

参考文献 基 219，過 299，相二版（74（事項番号 396））

事例 23

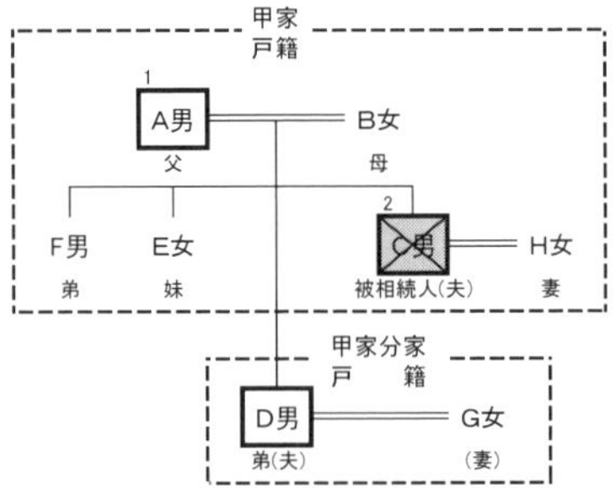

事例 23 は，戸主である被相続人Ｃ男は，先代の戸主Ａ男が隠居したことで戸主となったもので，妻Ｈ女，弟Ｄ男，妹Ｅ女，弟Ｆ男がいた場合であり，Ｃ男には子はなく，Ｄ男は分家していて，Ｃ男が，旧民法施行中に死亡したとき，被相続人と同じ家の父Ａ男によって選定された者が，第１種選定家督相続人として家督相続人となった。

ここでは，H女は家女でない配偶者であることから，まず，弟F男が選定の対象となり，F男が選定されたとすると，F男が家督相続人となった（抛棄しなかった場合）。

相続人の特定に当たっては，実務上，選定があったこと，選定によって家督相続人が定まったことは，戸籍の記載によって判断することで差し支えない。

ここで，F男は（他の者も），選定されない限り，家督相続人とはならず，家督相続開始の後，選定されるまでの間にF男が死亡することがなければ，原則として，他の者を選定することはできなかった。

したがって，同じ家の直系卑属も，指定家督相続人もいない戸主が死亡し，現在，戸籍上に選定の記載がない場合は，被選定対象者がいたとしても，家督相続人が定まっていない（家督相続人の不選定の）状態であると判断することができる。

だ 第１種法定家督相続人

旧民法の施行中（明治31年7月16日から昭和22年5月2日までの間）に開始した家督相続において，第1順位の家督相続人であり，家族である直系卑属が該当する（入夫婚姻の場合を除く。）。

そのため，被相続人である戸主の直系卑属のうち，戸主と同じ家（の戸籍）に在籍している者だけが，第1種法定家督相続人となり得た。例えば，戸主に長男，二男，三男がいたが，二男が分家した後，長男（未婚であり，子はいなかったとする。）が死亡して，戸主が死亡したときは，三男が第1種法定家督相続人として家督相続人となった。分家に在籍していた（戸主の家に在籍していなかった）二男は，年長であっても，第1種法定家督相続人とはなり得なかった。

また，戸主と同じ家（の戸籍）に在籍している者であっても，直系卑属でない者は第1種法定家督相続人とはなり得なかった。

家族である直系卑属が一人である場合は，その直系卑属が家督相続人となったが，それが複数人いる場合には，第1種法定家督相続人の順序に従って，最優先の者1名が家督相続人となった。例えば，戸主と同じ家（の戸籍）に在籍している直系卑属が，長女，長男，二男であったとすると，長男が家督相続人となった。

○第１種法定家督相続人の順序

入夫婚姻の場合を除いて，第1順位の家督相続人である，第1種法定家督相続人になり得る者，つまり，家族である直系卑属が複数人いる場合には，次の順序に従って，最優先の者1名が家督相続人となった。

第1順序を適用してもなお一人の家督相続人が定まらない場合，つまり，親等の最も近い複数人の同親等の直系卑属がいる場合は，第2順序を適用し，以下も，先順序を適用してもなお一人の家督相続人が定まらない場合，次順序を適用することで，最終的に，一人の家督相続人が定まった。

第１順序	家族である直系卑属に親等の異なる者がいた場合には，戸主との親等が最も近い者が優先した。

第２順序	同じ親等の男子と女子では，男子が優先した。
第３順序	同じ親等の嫡出子と非嫡出子とでは，嫡出子が優先した。
第４順序	同じ親等の嫡出子又は庶子である女子と，私生子である男子の間にあっては，第２順序の特例として，女子であっても嫡出子又は庶子が優先した（同じ親等の者の間では女子であっても嫡出子又は庶子が優先した。）。
第５順序	最も年長の者が優先した。

以上の順序により，戸主に，同じ家に，例えば，子と孫がいた場合は，その男女の別，年長年少に関わらず，子が優先し（第１順序，ただし，代襲相続の場合もあった。），長女（姉）と長男（弟）がいたときは，長男である弟が優先し（第２順序），嫡出子である長女（姉）と庶子である男子（弟）がいたときは，庶子である弟が優先した（第２順序）。また，庶子である男子（兄）と嫡出子である長男（弟）がいたときは，長男である弟が優先した（第３順序）。

なお，男子は女子に優先するものの（第２順序），女戸主を被相続人とする家督相続において，私生子である男子（兄）と嫡出子である長女（妹）がいたときは，長女である妹が優先した（第４順序）。

そして，長男（兄）と二男（弟）がいたときは長男である兄が優先し（第５順序），長女（姉）と二女（妹）がいたときは長女である姉が優先し，家督相続人となった。

○第１種法定家督相続人の順序の特則

準正子，養子，継子，入籍者，婿養子については，第１種法定家督相続人の順序に特則が設けられていた。

⇒準正子の場合の第１種法定家督相続人の順序の特則
⇒養子の場合の第１種法定家督相続人の順序の特則
⇒継子の場合の第１種法定家督相続人の順序の特則
⇒入籍者の場合の第１種法定家督相続人の順序の特則
⇒婿養子の場合の第１種法定家督相続人の順序の特則
⇒入夫婚姻
⇒家督相続届
⇒法定推定家督相続人
⇒代襲による旧民法施行中の家督相続

根拠条文等 旧970
参考文献 基157・168・180，過285・288

事 例 24

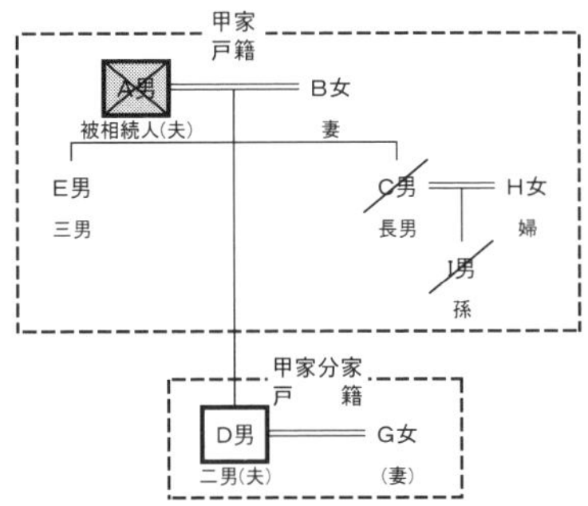

事例 24 は，戸主である被相続人Ａ男に，妻Ｂ女，長男Ｃ男，二男Ｄ男，三男Ｅ男がいた場合であり，Ａ男が死亡する前に，Ｃ男は死亡し（妻Ｈ女がいるが，Ｃ男の子もＡ男が死亡する前に死亡した。)，Ｄ男は分家していたもので，Ａ男が，旧民法施行中に死亡したときは，その家督相続人は，次のとおりとなる。

家督相続人	Ｅ男

ここでは，長男は先に死亡（その子も同様に死亡）し，二男は分家していたため，当然に長男及び長男の子が家督相続人になることはなく，また，戸主の死亡時において戸主と同じ家に在籍していない二男も家督相続人となることはなかった。そのため，戸主と同じ家に在籍している唯一の直系卑属（子）である三男が家督相続人となった。三男が長女であったとしても，戸主と同じ家に在籍している唯一の直系卑属（子）である長女が家督相続人となった。

仮に，三男が長女であったとして，長女の次に三男が出生し，いずれも戸主と同じ家に在籍しているとすると，家督相続の順序は男と女では男が優先することから，三男が家督相続人となった。

た 退隠

旧民法の施行前の退隠とは，旧民法の施行以後における隠居に相当するものである。

参考文献 過 344

だ 第５順位の旧民法施行中の家督相続人

⇒第２種選定家督相続人

だ 第３順位の応急措置法施行中の相続人

応急措置法の施行中（昭和 22 年５月３日から昭和 22 年 12 月 31 日までの間），相続が開始した場合（応急措置法施行中の相続・相続人）において，その開始の時に，被相続人に直系卑属，直系尊属がなく，兄弟姉妹がいれば，兄弟姉妹が第３順位の相続人となった。この場合，被相続人に配偶者がいたときは，配偶者は常に相続人として，兄弟姉妹とともに相続人となり，配偶者の法定相続分は３分の２，兄弟姉妹の法定相続分は３分の１であった（配偶者がいなければ，兄弟姉妹が１分の１）。

相続人	配偶者	兄弟姉妹
法定相続分	３分の２	３分の１

兄弟姉妹であれば，被相続人との戸籍の異同，日本国籍の有無も問わず，実の兄弟姉妹のほか，親の養子である兄弟姉妹，全血，半血全ての兄弟姉妹が含まれた。なお，応急措置法の施行前に成立していた継親子関係は応急措置法の施行によって消滅したため，継親子関係に基づく兄弟姉妹（親の継子）は，もはや相続人とはなり得なかった。

兄弟姉妹が複数人いたときは，それら全ての者が相等しい法定相続分を有した。応急措置法には，全血の兄弟姉妹と半血の兄弟姉妹がいた場合には半血の兄弟姉妹の法定相続分は全血の兄弟姉妹の法定相続分の２分の１とする旨の規定はなかったことから，半血の兄弟姉妹の法定相続分は全血の兄弟姉妹の法定相続分と同等であったと考えられる。

根拠条文等 応７②・８，旧996・1004
参考文献 基286，過234

事 例 25

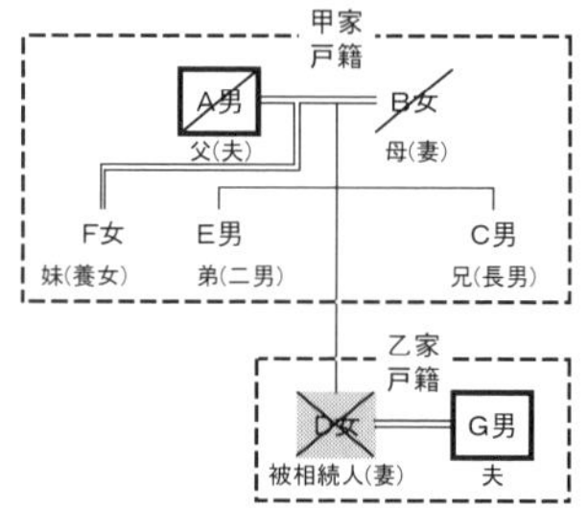

事例25は，被相続人Ｄ女が死亡し，夫Ｇ男，実の兄Ｃ男，弟Ｅ男，実父母の養子である妹Ｆ女がいた場合であり，その相続人及び各法定相続分は，次のとおりとなる。

相続人	G男	C男	E男	F女
法定相続分	９分の６	９分の１	９分の１	９分の１

戸籍の改製前の戸籍上の表示については，戸主の記載があっても，応急措置法の施行後は，もはや戸主の身分はない。なお，旧民法の施行中の継父母の子である兄弟姉妹がいたとしても，応急措置法の施行後に開始した相続においては，継父母の子である兄弟姉妹であった者は相続人とならない。

だ

第３順位の旧民法施行中の遺産相続人

旧民法の施行中（明治31年7月16日から昭和22年5月2日までの間），遺産相続が開始した場合において，その開始の時に，被相続人に直系卑属も配偶者もいないときに，直系尊属がいれば，その直系尊属が第３順位として遺産相続人となった。親等の異なる者の間では親等の近い者が遺産相続人となったため，被相続人に直系卑属，配偶者がいないときに，父母と祖父母がいた場合には，親等が近い父母が遺産相続人となった。

直系尊属であれば，実親のほか，養親，継親も全て含まれ（実の祖父母，養親子関係に基づく祖父母，継親子関係に基づく祖父母以上の直系尊属の場合も同様），被相続人と同じ家の戸籍に在籍している者には限られず，日本国籍の有無も問われず，男女の別には関係なく，全ての親等の近い直系尊属が遺産相続人となった。

遺産相続人となる同親等の直系尊属が複数人いたときは，その全ての直系尊属が相等しい法定相続分を有した。

被相続人に配偶者と直系尊属がいるときは，配偶者が遺産相続人となり，直系尊属が相続人とならなかったことは，応急措置法，新民法以来，現行民法の場合の相続と異なった。

根拠条文等 旧996①ⅱ，②
参考文献 基269，過322・337

事例26

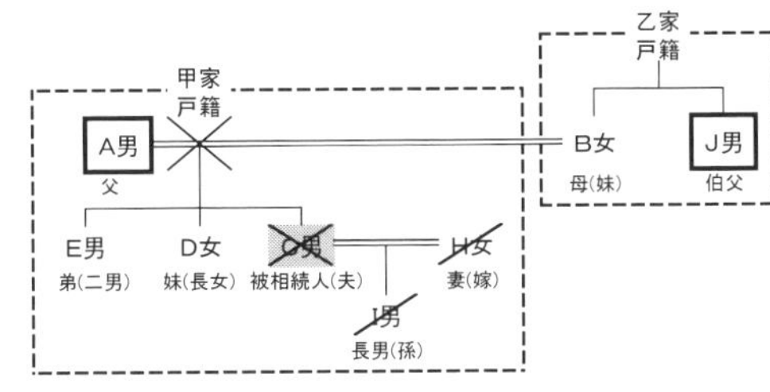

事例27

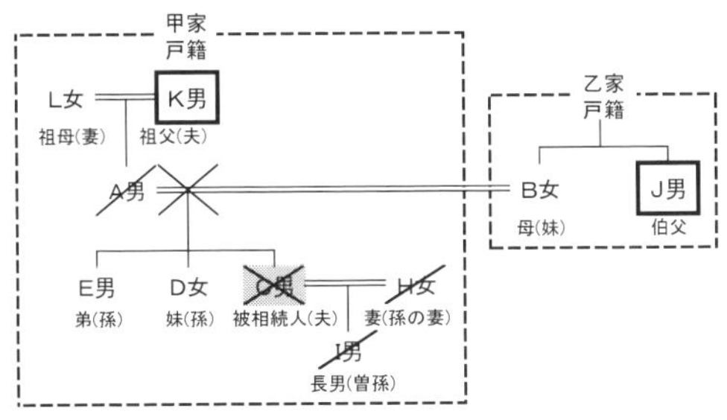

事 例 28

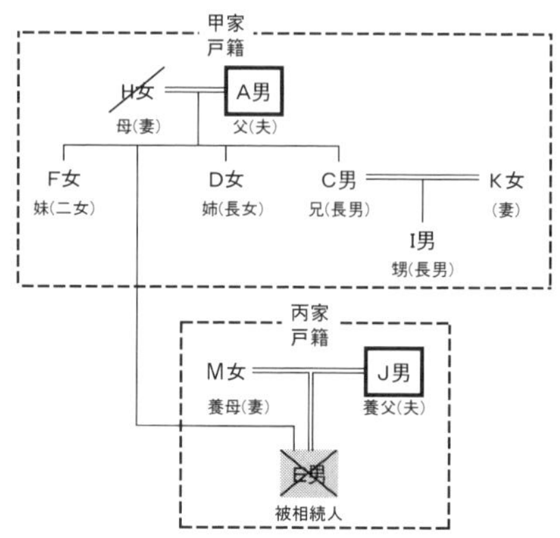

事例26は，戸主ではない（家族である）被相続人Ｃ男に，父Ａ男，母Ｂ女がいた事例であり，長男Ｉ男，妻Ｈ女は既に死亡していたものである。この場合，その遺産相続人及び各法定相続分は，次のとおりとなる。

遺産相続人	Ａ男	Ｂ女
法定相続分	２分の１	２分の１

事例27は，戸主ではない（家族である）被相続人Ｃ男に，母Ｂ女がいた事例であり，長男Ｉ男，妻Ｈ女，父Ａ男は既に死亡していたものである。この場合，その遺産相続人及び法定相続分は，次のとおりとなる。

遺産相続人	Ｂ女
法定相続分	１分の１

もし，Ｂ女（Ｂ女の直系尊属も）も既に死亡していたとすると，祖父母のＫ男，Ｌ女が各２分の１の法定相続分で遺産相続人となった。この場合，Ｂ女の直系尊属として，その母（ここではＭ女とする。）だけが生存していたとすると，Ｋ男，Ｌ男，Ｍ女が各３分の１の法定相続分で遺産相続人となった。

事例28は，戸主ではない（家族である）被相続人Ｅ男に，養父Ｊ男，養母Ｍ女，実父Ａ男がいた場合であり，実母Ｈ女は既に死亡していたものである。この場合，その遺産相続人及び各法定相続分は，次のとおりとなる。

遺産相続人	Ｊ男	Ｍ女	Ａ男
法定相続分	３分の１	３分の１	３分の１

第３順位の旧民法施行中の家督相続人

⇒第１種選定家督相続人

第３順位の昭和 55 年民法の相続人

昭和 55 年民法が施行された後，昭和 62 年民法が施行される前まで（昭和 56 年１月１日から昭和 62 年 12 月 31 日までの間）に相続が開始した場合（昭和 55 年民法の相続・相続人）において，その開始の時に，被相続人に子，直系尊属がなく，兄弟姉妹がいれば，その兄弟姉妹が第３順位の相続人となった。この場合，被相続人に配偶者がいたときは，配偶者は常に相続人として，兄弟姉妹とともに相続人となり，配偶者の法定相続分は４分の３，兄弟姉妹の法定相続分は４分の１であった（配偶者がいなければ，兄弟姉妹が１分の１）。

相続人	配偶者	兄弟姉妹
法定相続分	４分の３	４分の１

兄弟姉妹であれば，実の兄弟姉妹のほか，親の養子である兄弟姉妹，全血，半血全ての兄弟姉妹が含まれた。兄弟姉妹が複数人いたときは，それら全ての者が相等しい法定相続分を有し，ただ，全血の兄弟姉妹と半血の兄弟姉妹がいた場合には半血の兄弟姉妹の法定相続分は全血の兄弟姉妹の法定相続分の２分の１とされていた。

⇒代襲による昭和 55 年民法の相続

根拠条文等 民 887・889・900（昭和 55 年民法より）
参考文献 過 174

事 例 29

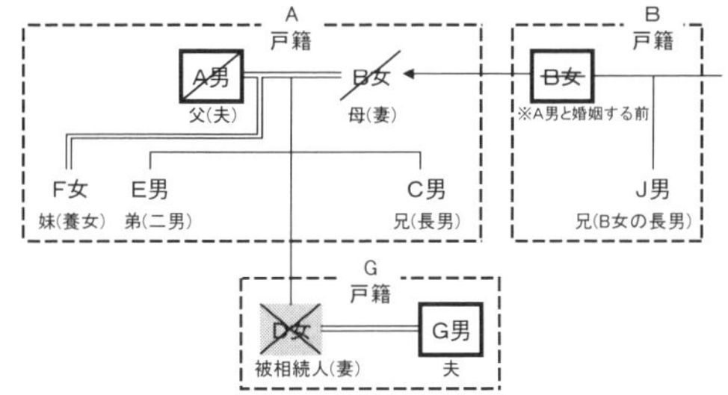

事例 29 は，被相続人Ｄ女が死亡し，夫Ｇ男，実の兄Ｃ男，弟Ｅ男，実父母の養子である妹Ｆ女，母のみ同じである兄Ｊ男がいた場合であり，その相続人及び各法定相続分は，次のとおりである。

相続人	Ｇ男	Ｃ男	Ｅ男	Ｆ女	Ｊ男
法定相続分	28 分の 21	28 分の２	28 分の２	28 分の２	28 分の１

第３順位の昭和 37 年民法の相続人

昭和 37 年民法が施行された後，昭和 55 年民法が施行される前まで（昭和 37 年７月１日から昭和 55 年 12 月 31 日までの間）に相続が開始した場合（昭和 37 年民法の相続・相続人）において，その開始の時に，被相続人に子，直系尊属がなく，兄弟姉妹がいれば，その兄弟姉妹が第３順位の相続人となった。この場合，被相続人に配偶者がいたときは，配偶者は常に相続人として，兄弟姉妹とともに相続人となり，配偶者の法定相続分は３分の２，兄弟姉妹の法定相続分は３分の１であった（配偶者がいなければ，兄弟姉妹が１分の１）。

相続人	配偶者	兄弟姉妹
法定相続分	３分の２	３分の１

兄弟姉妹であれば，実の兄弟姉妹のほか，親の養子である兄弟姉妹，全血，半血全ての兄弟姉妹が含まれた。兄弟姉妹が複数人いたときは，それら全ての者が相等しい法定相続分を有し，ただ，全血の兄弟姉妹と半血の兄弟姉妹がいた場合には半血の兄弟姉妹の法定相続分は全血の兄弟姉妹の法定相続分の２分の１とされていた。

⇒代襲による昭和 37 年民法の相続

根拠条文等 民 887・889・900（昭和 37 年民法より）
参考文献 過 192

事 例 30

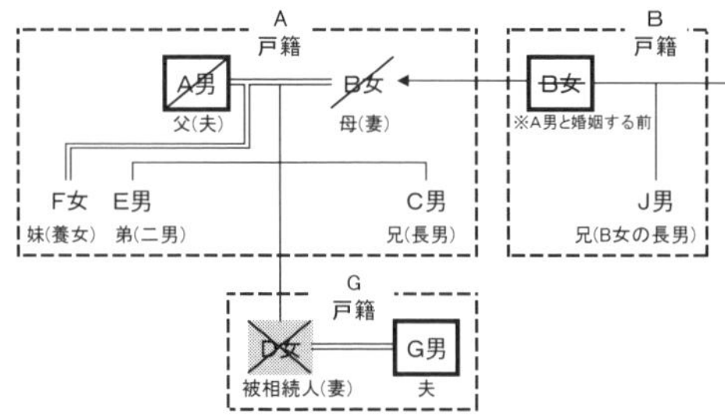

事例 30 は，被相続人Ｄ女が死亡し，夫Ｇ男，実の兄Ｃ男，弟Ｅ男，実父母の養子である妹Ｆ女，母のみ同じである兄Ｊ男がいた場合であり，その相続人及び各法定相続分は，次のとおりである。

相続人	G男	C男	E男	F女	J男
法定相続分	21 分の 14	21 分の２	21 分の２	21 分の２	21 分の１

第３順位の昭和 22 年民法の相続人

⇒第３順位の新民法施行中の相続人

第３順位の昭和 62 年民法の相続人

昭和 62 年民法が施行された以後，平成 25 年民法が適用される前まで（昭和 63 年１月１日から平成 25 年９月４日までの間）に相続が開始した場合（昭和 62 年民法の相続・相続人）において，その開始の時に，被相続人に子，直系尊属がなく，兄弟姉妹がいれば，兄弟姉妹が第３順位の相続人となった。この場合，被相続人に配偶者がいたときは，配偶者は常に相続人として，兄弟姉妹とともに相続人となり，配偶者の法定相続分は４分の３，兄弟姉妹の法定相続分は４分の１であった（配偶者がいなければ，兄弟姉妹が１分の１）。

相続人	配偶者	兄弟姉妹
法定相続分	４分の３	４分の１

兄弟姉妹であれば，実の兄弟姉妹のほか，親の養子（特別養子を含む。）である兄弟姉妹，全血，半血全ての兄弟姉妹が含まれた。兄弟姉妹が複数人いたときは，それら全ての者が相等しい法定相続分を有し，ただ，全血の兄弟姉妹と半血の兄弟姉妹がいた場合には半血の兄弟姉妹の法定相続分は全血の兄弟姉妹の法定相続分の２分の１とされていた。

⇒代襲による昭和 62 年民法の相続

根拠条文等 民 887・889・900（昭和 62 年民法より）
参考文献 過 148・162

事 例 31

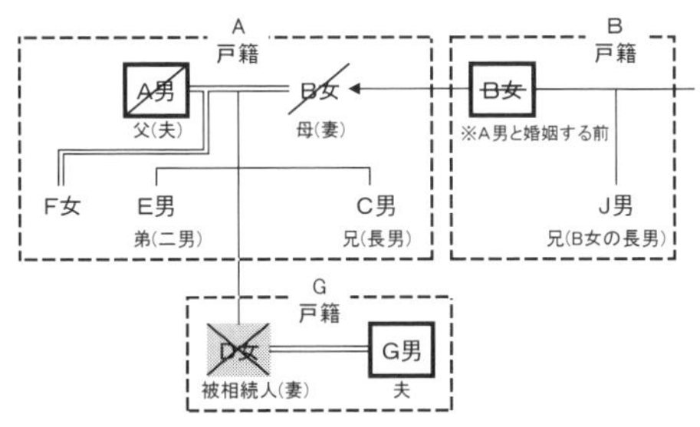

事例 31 は，被相続人Ｄ女が死亡し，夫Ｇ男，実の兄Ｃ男，弟Ｅ男，実父母の養子である妹Ｆ女，母のみ同じである兄Ｊ男がいた場合であり，その相続人及び各法定相続分は，次のとおりとなる。

相続人	G男	C男	E男	F女	J男
法定相続分	28 分の 21	28 分の２	28 分の２	28 分の２	28 分の１

だ 第３順位の新民法施行中の相続人

新民法が施行された後，昭和 37 年民法が施行される前まで（昭和 23 年１月１日から昭和 37 年６月 30 日までの間）に相続が開始した場合（新民法施行中の相続・相続人）において，その開始の時に，被相続人に直系卑属，直系尊属がなく，兄弟姉妹がいれば，兄弟姉妹が第３順位の相続人となった。この場合，被相続人に配偶者がいたときは，配偶者は常に相続人として，兄弟姉妹とともに相続人となり，配偶者の法定相続分は３分の２，兄弟姉妹の法定相続分は３分の１であった

（配偶者がいなければ，兄弟姉妹が１分の１）。

相続人	配偶者	兄弟姉妹
法定相続分	３分の２	３分の１

兄弟姉妹であれば，実の兄弟姉妹のほか，親の養子である兄弟姉妹，全血，半血全ての兄弟姉妹が含まれた。兄弟姉妹が複数人いたときは，それら全ての者が相等しい法定相続分を有し，ただ，全血の兄弟姉妹と半血の兄弟姉妹がいた場合には半血の兄弟姉妹の法定相続分は全血の兄弟姉妹の法定相続分の２分の１とされていた。

⇒代襲による新民法施行中の相続

根拠条文等 民 887・889・900

参考文献 過 217

事 例 32

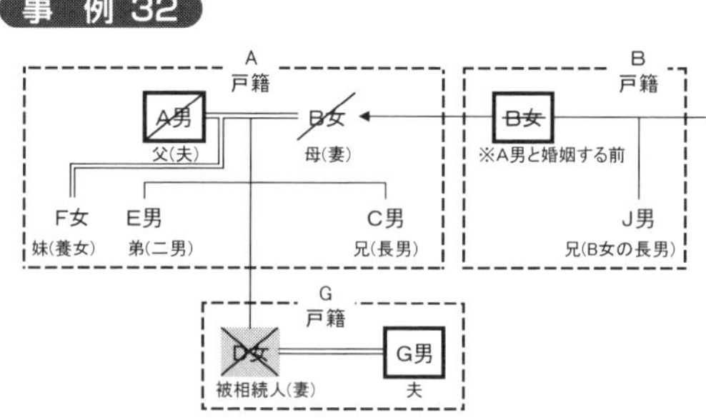

事例 32 は，被相続人Ｄ女が死亡し，夫Ｇ男，実の兄Ｃ男，弟Ｅ男，実父母の養子である妹Ｆ女，母のみ同じである兄Ｊ男がいた場合であり，その相続人及び各法定相続分は，次のとおりとなる。

相続人	G男	C男	E男	F女	J男
法定相続分	21 分の 14	21 分の２	21 分の２	21 分の２	21 分の１

だ 第３順位の平成 30 年民法の相続人

平成 30 年民法が施行された以後（令和元年７月１日以後）に相続が開始した場合（平成 30 年民法の相続・相続人）において，その開始の時に，被相続人に子，直系尊属がなく，兄弟姉妹がいれば，兄弟姉妹が第３順位の相続人となる。この場合，被相続人に配偶者がいたときは，配偶者は常に相続人として，兄弟姉妹とともに相続人となり，配偶者の法定相続分は４分の３，兄弟姉妹の法定相続分は４分の１である（配偶者がいなければ，兄弟姉妹が１分の１）。

相続人	配偶者	兄弟姉妹
法定相続分	４分の３	４分の１

兄弟姉妹であれば，実の兄弟姉妹のほか，親の養子（特別養子を含む。）である

兄弟姉妹，全血，半血全ての兄弟姉妹が含まれた。兄弟姉妹が複数人いたときは，それら全ての者が相等しい法定相続分を有し，ただ，全血の兄弟姉妹と半血の兄弟姉妹がいた場合には半血の兄弟姉妹の法定相続分は全血の兄弟姉妹の法定相続分の２分の１とされている。

⇒代襲による平成 30 年民法の相続

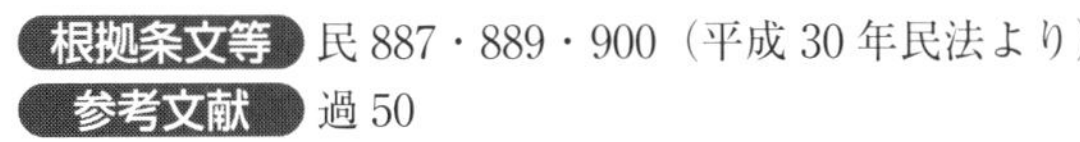

根拠条文等 民 887・889・900（平成 30 年民法より）

参考文献 過 50

事 例 33

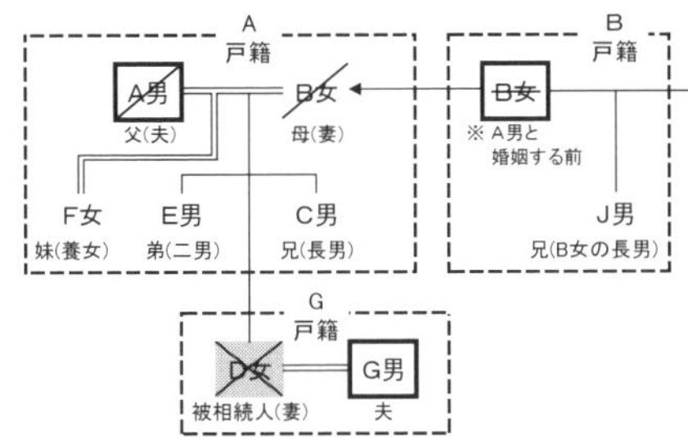

事例 33 は，被相続人Ｄ女が死亡し，夫Ｇ男，実の兄Ｃ男，弟Ｅ男，実父母の養子である妹Ｆ女，母のみ同じである兄Ｊ男がいた場合であり，その相続人及び各法定相続分は，次のとおりとなる。

相続人	Ｇ男	Ｃ男	Ｅ男	Ｆ女	Ｊ男
法定相続分	28 分の 21	28 分の 2	28 分の 2	28 分の 2	28 分の 1

だ 第３順位の平成 25 年民法の相続人

平成 25 年民法が適用された後，平成 30 年民法が施行される前まで（平成 25 年９月５日から令和元年６月 30 日までの間）に相続が開始した場合（平成 25 年民法の相続・相続人）において，その開始の時に，被相続人に子，直系尊属がなく，兄弟姉妹がいれば，その兄弟姉妹が第３順位の相続人となった。この場合，被相続人に配偶者がいたときは，配偶者は常に相続人として，兄弟姉妹とともに相続人となり，配偶者の法定相続分は４分の３，兄弟姉妹の法定相続分は４分の１であった（配偶者がいなければ，兄弟姉妹が１分の１）。

相続人	配偶者	兄弟姉妹
法定相続分	４分の３	４分の１

兄弟姉妹であれば，実の兄弟姉妹のほか，親の養子（特別養子を含む。）である兄弟姉妹，全血，半血全ての兄弟姉妹が含まれた。兄弟姉妹が複数人いたときは，それら全ての者が相等しい法定相続分を有し，ただ，全血の兄弟姉妹と半血の兄弟姉妹がいた場合には半血の兄弟姉妹の法定相続分は全血の兄弟姉妹の法定相続分の２分の１とされていた。

⇒代襲による平成25年民法の相続

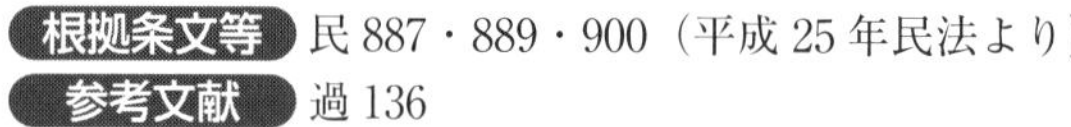

根拠条文等 民887・889・900（平成25年民法より）
参考文献 過136

事例34

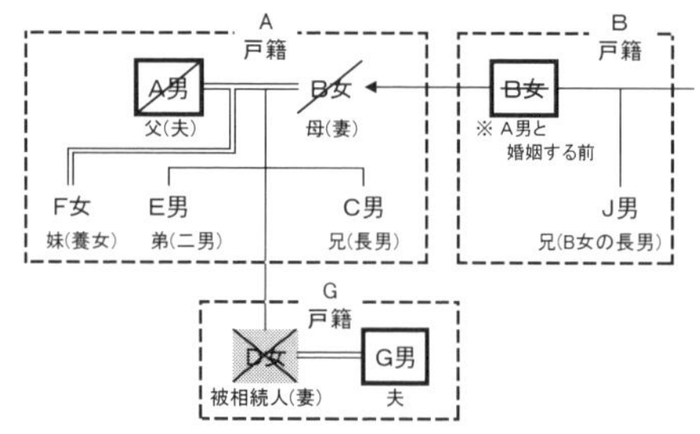

事例34は，被相続人Ｄ女が死亡し，夫Ｇ男，実の兄Ｃ男，弟Ｅ男，実父母の養子である妹Ｆ女，母のみ同じである兄Ｊ男がいた場合であり，その相続人及び各法定相続分は，次のとおりとなる。

相続人	G男	C男	E男	F女	J男
法定相続分	28分の21	28分の2	28分の2	28分の2	28分の1

胎児と相続

私権の享有は，出生に始まるため，出生前の胎児には，原則として，権利能力はない。しかし，相続に関しては，特例が設けられ，すなわち，胎児は，相続については，胎児が死体で生まれたときを除いて，既に生まれたものとみなされる。

旧民法においても同様で，家督相続については，胎児は，胎児が死体で生まれたときを除いて，既に生まれたものとみなされ，また，遺産相続についても，胎児は，胎児が死体で生まれたときを除いて，既に生まれたものとみなされた。

旧々民法では，胎内の子であっても，その利益を保護するについては既に生まれた者とみなすとされていた。

⇒胎児と代襲相続

根拠条文等 人2，旧968・993，民886
参考文献 基160・249，体582，相333

胎児と代襲相続

旧民法施行中（明治31年7月16日から昭和22年5月2日までの間）に開始した家督相続において，第1種法定家督相続人となるべき直系卑属の直系卑属が胎児である場合，昭和17年2月28日までに開始した家督相続にあっては胎児は代襲相続人となることができなかった。代襲者は，代襲原因の発生時に出生していなければならず，代襲原因の発生の後に出生した者（代襲原因の発生時に胎児であった者を含む。）は代襲相続人とはなり得なかったのである。

それが，旧民法の改正によって（昭和17年民法），昭和17年3月1日以後に開始した家督相続にあっては，胎児は代襲相続人となり得た。これ以後，胎児は，家督相続においてだけでなく（胎児と相続），死体で生まれない限り，代襲相続においても（代襲原因の発生時に），既に生まれたものとみなされたことで，胎児も被代襲者を代襲して家督相続人となったのである。

旧民法施行中に開始した遺産相続においても，胎児については家督相続の場合と同じである。つまり，昭和17年2月28日までに開始した遺産相続にあっては胎児は代襲相続人となることができなかったものが，昭和17年3月1日以後に開始した遺産相続にあっては，胎児は代襲相続人となったのである。

その後，応急措置法の施行後，新民法の施行後，現代まで，胎児は代襲相続人となり得るのである。

根拠条文等 旧974②・995②，民886・民888（昭和37年民法によって削除）

参考文献 基205・259，体582

だ 代襲相続，代襲相続人，代襲原因，代襲者

相続人となるべき者が，その相続の開始以前(注)に死亡するなどした場合において，その者に子（直系卑属）がいるときは，一定の場合，その子（直系卑属）が，先に死亡するなどした相続人となるべき者に代わって（代襲して）相続人となることがある。

例えば，相続が開始した時，被相続人が死亡する以前に被相続人の子が死亡していた場合，その子に子（被相続人の孫）がいたときには，その孫が，その亡子（孫の父）に代襲して相続人となる。代襲相続の例であり，亡子が被代襲者，孫が代襲者・代襲相続人に当たる。代襲相続人は，あくまでも被相続人の相続人であり，被相続人の子が相続してから，さらに当該子が死亡して被相続人の孫が当該子の相続人となる数次相続の場合とは異なるものである。

相続人となるべき者が相続の開始以前に死亡するなど，代襲相続が生じる原因を代襲原因という。

(注) 昭和37年民法の改正の前までは，「以前」は「前」と規定されていた。これが，昭和37年民法によって「以前」と改められ，これにより，例えば，被相続人である親が子と同時に死亡（同時死亡）したときは，子は親の相続人とはならないが，その孫が代襲相続人となることが明記された。

⇒代襲による家督相続
⇒代襲による遺産相続
⇒代襲による応急措置法以後の相続

参考文献 相326

代襲（だいしゅう）による遺産相続

⇒代襲による旧民法施行前の遺産相続
⇒代襲による旧民法施行中の遺産相続

代襲（だいしゅう）による応急措置法以後の相続

応急措置法の施行（昭和22年5月3日）以後に開始した相続（戦後の相続・相続人）においては（応急措置法以後の相続・相続人），代襲相続は，直系卑属（子）が相続人となるべき場合にあって，その相続人となるべき者（推定相続人）が，相続の開始前（昭和37年民法以後は「以前」）に死亡するなどした場合において，その者に直系卑属（子）がいるときは，その直系卑属（子）が，先に死亡するなどした相続人となるべき者に代襲して相続人（代襲相続人）になる。先に死亡するなどした相続人となるべき者が直系卑属（子）である場合，再代襲，再々代襲以下も成立し，被相続人の孫，曽孫以下も代襲相続人となり得る。

兄弟姉妹が相続人となるべき場合は，応急措置法の施行中にあっては代襲相続は成立しなかったが，新民法の施行以後は代襲相続が成立する。また，新民法の施行中にあっては再代襲，再々代襲以下も成立し，被相続人の甥姪，姪孫以下も代襲相続人となり得たが，昭和55年民法の施行以後は代襲相続人は被相続人の甥姪までであり，姪孫以下に再代襲，再々代襲以下は認めらない。

⇒代襲による応急措置法施行中の相続
⇒代襲による新民法以後の相続

代襲（だいしゅう）による応急措置法施行中の相続

応急措置法の施行中に開始した相続，つまり，昭和22年5月3日から昭和22年12月31日までの間に開始した相続において（応急措置法施行中の相続・相続人），一定の場合には，代襲相続が成立した。それは，直系卑属が相続人（第1順位の応急措置法施行中の相続人）となるべき場合にあって，その相続人となるべき者（推定相続人）が，相続の開始前に死亡するなどした場合において，その者に直系卑属がいるときは，その直系卑属が，先に死亡するなどした相続人となるべき者に代襲して相続人（代襲相続人）になるというものであった。

応急措置法の施行中に開始した相続にあっては，代襲相続が成立する場合は，直系卑属が相続人となるべき場合に限られ，直系尊属，兄弟姉妹，配偶者が相続人となるべき場合には成立しなかった。兄弟姉妹が相続人となるべき場合に代襲相続が成立しなかったことは，代襲による新民法以後の相続の場合と異なった[(注)]。

例えば，被相続人に配偶者と，長男，二男がいた場合に，被相続人が死亡する前に長男が死亡して，その後，被相続人が死亡したときは二男及び配偶者が相続人となった。それが，亡長男に子（被相続人の孫）がいたときには，二男及び配偶者だけではなく，その孫も，亡長男（孫の父）に代襲して相続人となったのである。この例では，亡長男が被代襲者，その孫が代襲者・代襲相続人に当たる。

代襲によって相続人となる者（代襲相続人）の相続の順位は相続人となるべき者（被代襲者）の順位と同じであり，代襲者の法定相続分は被代襲者の法定相続分を基礎として，各相続人としての法定相続分の割合に応じて算定する。前出の例で，被相続人に，亡長男に長女と長男がいたとすると，二男及び配偶者が相続人となるほか，亡長男の長男及び長女が亡長男を代襲して相続人となり，亡長男の長男及び長女の法定相続分が各６分の１，二男の法定相続分が６分の２，配偶者の法定相続分が６分の２となった。

代襲による相続の代襲原因は，死亡又は相続権の喪失であり，相続権の喪失とは，欠格，廃除であった（拋棄（放棄）は代襲原因ではなかった。）。これは，代襲による新民法以後の相続の場合と同じであるが，代襲による遺産相続の場合と異なり，もはや，養子離縁における養親と養子の子等との親族関係の不消滅の適用はなかったため，離縁，去家が代襲原因になることはなかった。

代襲相続人は，被代襲者の直系卑属であると同時に，被相続人の直系卑属でなければならなかったため，例えば，被相続人の推定相続人が養子である場合，被相続人の死亡前に養子が死亡し，養子の子がいたとしても，その子が，被相続人と養子の養子縁組の前に出生した者であったときは，その子は相続人になれなかった。

(注) 昭和25年10月7日民事甲第2682号民事局長回答。ただし，裁判所の決定があるときは，昭和40年8月20日民事甲第1983号民事局長回答。

⇒子の養子と代襲相続

⇒養子の子と代襲相続

⇒胎児と代襲相続

根拠条文等 応7②，旧995・1004・1005

参考文献 過235

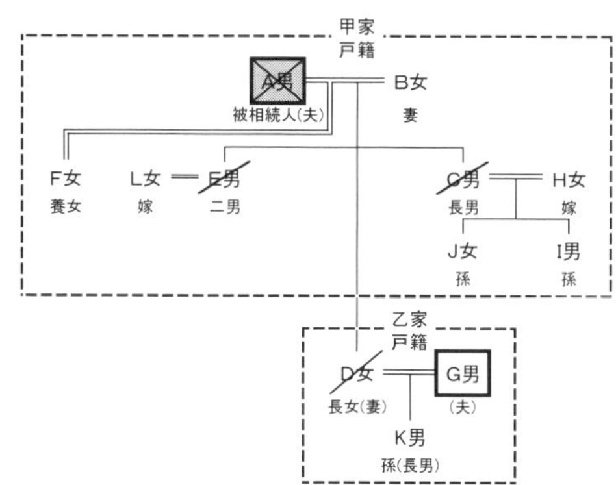

事 例 36

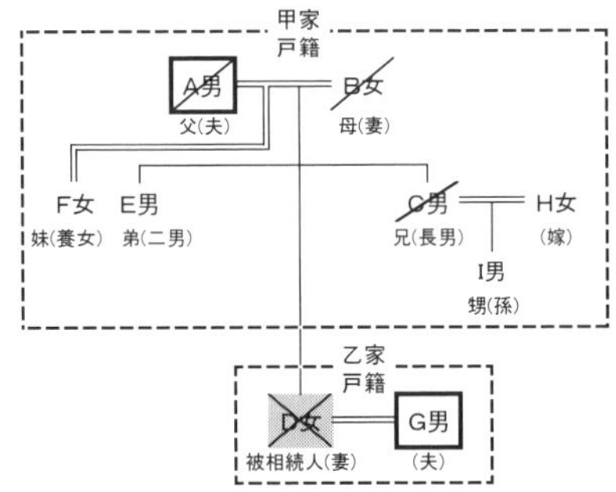

事例 35 は，被相続人Ａ男が死亡し，妻Ｂ女，長男Ｃ男，長女Ｄ女，二男Ｅ男，養女Ｆ女がいたが，Ｃ男，Ｄ女及びＥ男が，Ａ男の死亡前に死亡していたもので，Ｃ男にはＩ男及びＪ女，Ｄ女にはＫ男という子がいた場合であり，その相続人及び各法定相続分は，次のとおりとなる。

相続人	Ｂ女	Ｉ男	Ｊ女	Ｋ男	Ｆ女
法定相続分	９分の３	９分の１	９分の１	９分の２	９分の２

事例 36 は，被相続人Ｄ女が死亡し，夫Ｇ男，実の兄Ｃ男，弟Ｅ男，実父母の養子である妹Ｆ女がいたが，Ｃ男が，Ｄ女の死亡前に死亡していた場合（Ｃ男にはＩ男という子がいた。）であり，その相続人及び各法定相続分は，次のとおりとなる。

相続人	Ｇ男	Ｅ男	Ｆ女
法定相続分	６分の４	６分の１	６分の１

代襲(だ)による家督相続

⇒代襲による旧民法施行前の家督相続
⇒代襲による旧民法施行中の家督相続

代襲(だ)による旧民法施行中の遺産相続

旧民法の施行中（明治 31 年７月 16 日から昭和 22 年５月２日までの間），遺産相続において，一定の場合には，代襲相続が成立した。それは，第１順位の遺産相続人である直系卑属が遺産相続人となるべき場合にあって，その遺産相続人となるべき者（推定遺産相続人）が，遺産相続の開始前に死亡するなどした場合において，その者に直系卑属がいるときは，その直系卑属が，先に死亡するなどした遺産相続人となるべき者に代襲して遺産相続人（代襲による遺産相続人）になるというものであった（第２順位以下の者が遺産相続人となるべき者である場合には，代襲による遺産相続は成立しなかった。)。

例えば，戸主ではない者（家族）に長男と二男がいた場合に，当該家族が死亡する前に長男が死亡して，その後，当該家族（被相続人）が死亡したときは二男が遺産相続人となった。それが，亡長男に子（当該被相続人の孫）がいたときには，二男だけではなく，その孫も，亡長男（孫の父）に代襲して遺産相続人となったのである。この例では，亡長男が被代襲者，その孫が代襲者・代襲相続人に当たる。

代襲によって遺産相続人となる者（代襲相続人）の遺産相続の順位は遺産相続人となるべき者（被代襲者）の順位と同じであり，代襲者の法定相続分は被代襲者の法定相続分を基礎として，各遺産相続人としての法定相続分の割合に応じて算定する。前出の例で，亡長男に長女と長男がいたとすると，二男が遺産相続人となるほか，亡長男の長男及び長女が亡長男を代襲して遺産相続人となり，亡長男の長男及び長女の法定相続分が各４分の１，二男の法定相続分が４分の２となった。

代襲による遺産相続の代襲原因は，死亡又は相続権の喪失であるが，相続権の喪失は，欠格，廃除のほか（拋棄は代襲原因ではなかった。)，養子離縁における養親と養子の子等との親族関係の不消滅のように，離縁，去家の場合もあったことは，代襲による家督相続の場合と同じである。

代襲相続人は，被代襲者の直系卑属であると同時に，被相続人の直系卑属でなければならなかったため，例えば，被相続人の推定遺産相続人が養子である場合，被相続人の死亡前に養子が死亡し，養子の子がいたとしても，その子が，被相続人と養子の養子縁組の前に出生した者であったときは，その子は遺産相続人になれなかった。

⇒子の養子と代襲相続
⇒養子の子と代襲相続
⇒子の継子と代襲相続
⇒継子の子と代襲相続
⇒胎児と代襲相続

根拠条文等 旧 995・1004・1005
参考文献 基 258，過 327・338

事例37

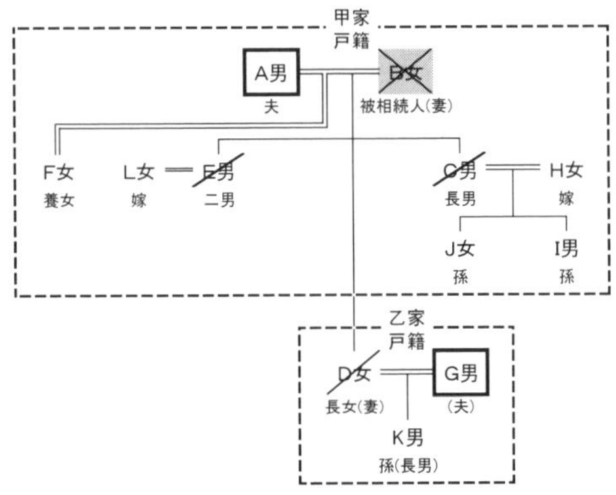

事例37では，戸主ではない（家族である）被相続人Ｂ女が死亡し，夫Ａ男，長男Ｃ男，長女Ｄ女，二男Ｅ男，養女Ｆ女がいたが，Ｃ男，Ｄ女及びＥ男が，Ｂ女の死亡前に死亡していたもので，Ｃ男にはＩ男及びＪ女，Ｄ女にはＫ男という子がいた場合，その遺産相続人及び各法定相続分は，次のとおりとなる。

遺産相続人	Ｉ男	Ｊ女	Ｋ男	Ｆ女
法定相続分	６分の１	６分の１	６分の２	６分の２

もし，この事例で，Ｆ女がいなかったとすると，Ｉ男，Ｊ女が各４分の１，Ｋ男が４分の２の法定相続分で遺産相続人となった（代襲相続人としてではなく，互いに同順位の遺産相続人として相続した場合，各３分の１の法定相続分で遺産相続人となったわけではなかった。）

代襲による旧民法施行中の家督相続

旧民法の施行中（明治31年7月16日から昭和22年5月2日までの間），家督相続において，一定の場合には，代襲相続が成立した。それは，第１種法定家督相続人が家督相続人となるべき場合にあって，その家督相続人となるべき者（法定推定家督相続人）が，家督相続の開始前に死亡するなどした場合において，その者に直系卑属がいるときは，その直系卑属が，先に死亡するなどした家督相続人となるべき者に代襲して家督相続人（代襲家督相続人）になるというものであった（家督相続人の順位の第２順位以下の者が家督相続人となるべき者である場合には，代襲による家督相続は成立しなかった。）。

例えば，戸主と同じ家に長男と二男がいた場合に，戸主が死亡する前に長男が死亡して，その後，戸主が死亡したときは二男が家督相続人となった。それが，亡長男に子（戸主の孫）がいたときには，二男ではなく，その孫が，亡長男（孫の父）に代襲して家督相続人（亡長男（父）の死亡後，戸主の死亡前は，法定推定家督相続人）となったのである。この例では，亡長男が被代襲者，孫が代襲者・代襲相続人に当たる。

なお，家督相続の開始の時に戸主と同じ家（の戸籍）に在籍していない者は，たとえ，家督相続人となるべき者の直系卑属であっても家督相続人になることはなかった。

代襲によって家督相続人となる者（代襲相続人）の家督相続の順序は家督相続人となるべき者（被代襲者）の順序と同じであり，代襲相続人となるべき直系卑属が複数人いる場合には，第1種法定家督相続人の順序に従って最優先の順序の直系卑属が家督相続人となった。前出の例で，亡長男に長女と長男がいたとすると，亡長男の長男が，亡長男を代襲して家督相続人となった。

代襲による家督相続の代襲原因は，死亡又は相続権の喪失であるが，相続権の喪失は，欠格，廃除の他（抛棄は代襲原因ではなかった。），戸主の法定推定家督相続人である養子が離縁によって実家に復籍し，当該養子の子（戸主の孫）が引き続き，戸主の家（の戸籍）に在籍している場合（養子離縁における養親と養子の子等との親族関係の不消滅）のように，離縁，去家の場合もあった。

代襲相続人は，被代襲者の直系卑属であると同時に，被相続人の直系卑属でなければならなかったため，例えば，戸主の法定推定家督相続人が養子である場合，戸主の死亡前に養子が死亡し，養子の子がいたとしても，その子が，戸主と養子の養子縁組の前に出生した者であったときは，その子は家督相続人になれなかった。

⇒子の養子と代襲相続
⇒養子の子と代襲相続
⇒子の継子と代襲相続
⇒継子の子と代襲相続
⇒胎児と代襲相続

根拠条文等 旧974
参考文献 基203，過285・295・318

事 例 38

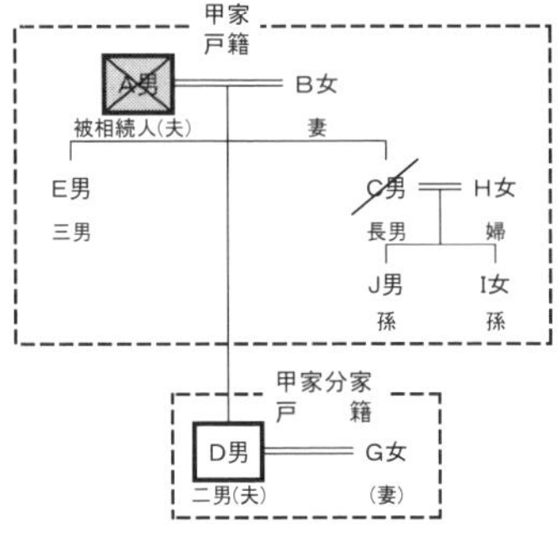

事例38は，戸主である被相続人A男に，妻B女，長男C男，二男D男，三男E男がいたとき，A男が死亡する前に，C男は死亡し，C男には妻H女，その子I女及びJ男がいて，D男は分家していた場合であり，A男が，旧民法施行中に死亡したとき，その家督相続人は，次のとおりとなる。

代襲による昭和55年民法の相続

家督相続人	J男

代襲(だ)による旧民法施行前の遺産相続

旧民法の施行前においても，旧々民法を参考とすると，代襲による遺産相続が成立する場合があった。

これは，第1順位の遺産相続人となるべき者が，被相続人に先立って死亡し，又は廃除された場合において，その者に卑属親（直系卑属）がいるときは，その卑属親は，第1順位の遺産家督相続人となるべき順序によって，単独で遺産相続人となった。

根拠条文等 取295・314

代襲(だ)による旧民法施行前の家督相続

旧民法の施行前においても，旧々民法を参考とすると，代襲による家督相続が成立する場合があった。

これは，第1順位の法定家督相続人となるべき者が，被相続人に先立って死亡し，又は廃除された場合において，その者に卑属親（直系卑属）がいるときは，その卑属親は，第1順位の法定家督相続人となるべき順序によって，家督相続人となった。

なお，旧民法施行前，例えば戸主が死亡して家督相続が開始したが，その長男が戸主の死亡の前に死亡していたときに，当該亡長男の長男が嫡孫として家督相続人（代襲による家督相続人）となったことを嫡孫承祖といった。

根拠条文等 取295

代襲(だ)による昭和55年民法の相続

昭和55年民法が施行された後，昭和62年民法が施行される前まで（昭和56年1月1日から昭和62年12月31日までの間）に開始した相続において（昭和55年民法の相続・相続人），一定の場合には，代襲相続が成立した。それは，子が相続人（第1順位の昭和55年民法の相続人）となるべき場合，又は，兄弟姉妹が相続人（第3順位の昭和55年民法の相続人）となるべき場合にあって，その相続人となるべき者（推定相続人）が，相続の開始前に死亡するなどした場合において，その者に子がいるときは，その子が，先に死亡するなどした相続人となるべき者に代襲して相続人（代襲相続人）になるというものであった。

代襲相続が成立する場合は，子又は兄弟姉妹が相続人となるべき場合であり，直系尊属，配偶者が相続人となるべき場合には成立しなかった。

例えば，被相続人に配偶者と，長男，二男がいた場合に，被相続人が死亡する前に長男が死亡して，その後，被相続人が死亡したときは二男及び配偶者が相続人となった。それが，亡長男に子（被相続人の孫）がいたときには，二男及び配偶者だけではなく，その孫も，亡長男（孫の父）に代襲して相続人となったのである（㋐）。この例では，亡長男が被代襲者，その孫が代襲者・代襲相続人に当たる。また，被相続人に配偶者と，兄，妹がいた場合に，被相続人が死亡する前に妹が死亡して，その後，被相続人が死亡したときは兄及び配偶者が相続人となったところ，それが，亡妹に子（被相続人の甥姪）がいたときには，兄及び配偶者だけではなく，その甥姪も，亡妹（甥姪の母）に代襲して相続人となったのである（㋑）。代襲相続は，子についてであれば被相続人の孫，孫が死亡していたときは曽孫，そして以下の子の直系卑属に同様に成立し，兄弟姉妹についてであれば被相続人の甥姪にのみ成立し，姪孫（甥姪の子）以下の兄弟姉妹の直系卑属には成立しなかった（兄弟姉妹が相続人となるべき場合，昭和 55 年民法以後は，被相続人の甥姪の子以下は，代襲相続人にはならない。）。

代襲によって相続人となる者（代襲相続人）の相続の順位は相続人となるべき者（被代襲者）の順位と同じであり，代襲者の法定相続分は被代襲者の法定相続分を基礎として，各相続人としての法定相続分の割合に応じて算定する。先の㋐の例で，被相続人に，亡長男に長女と長男がいたとすると，二男及び配偶者が相続人となるほか，亡長男の長男及び長女が亡長男を代襲して相続人となり，亡長男の長男及び長女の法定相続分が各 8 分の 1，二男の法定相続分が 8 分の 2，配偶者の法定相続分が 8 分の 4 となり，また，㋑の例で，亡妹に長女と長男がいたとすると，兄及び配偶者が相続人となるほか，亡妹の長男及び長女が亡妹を代襲して相続人となり，亡妹の長男及び長女の法定相続分が各 16 分の 1，兄の法定相続分が 16 分の 2，配偶者の法定相続分が 16 分の 12 となった。

代襲原因，代襲相続人は被相続人の直系卑属（血族）でなければならなかったことは，代襲による昭和 37 年民法の相続の場合と同じである。

⇒子の養子と代襲相続
⇒養子の子と代襲相続
⇒胎児と代襲相続

根拠条文等 民 888・901
参考文献 過 175

事 例 39

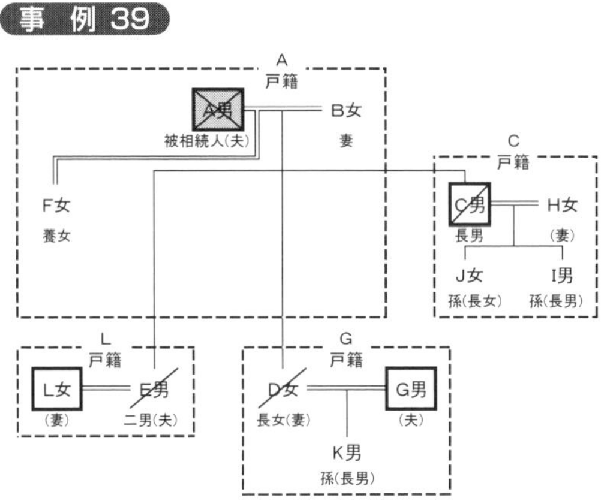

事 例 40

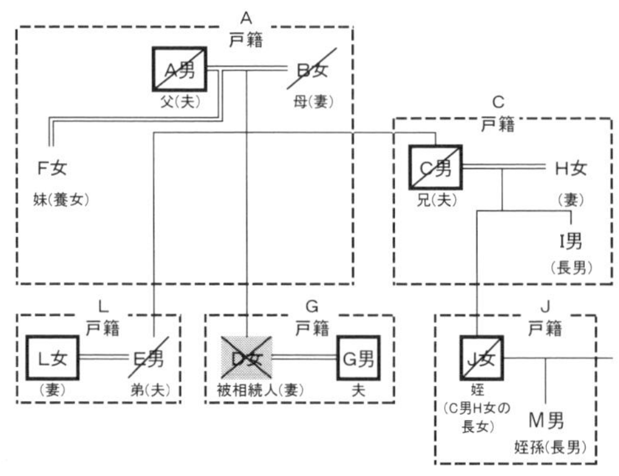

事例 39 は，被相続人A男が死亡し，妻B女，長男C男，長女D女，二男E男，養女F女がいたが，C男，D女及びE男が，A男の死亡前に死亡していたもので，C男にはＩ男及びＪ女，D女にはK男という子がいた場合であり，その相続人及び各法定相続分は，次のとおりとなる。

相続人	B女	I男	J女	K男	F女
法定相続分	12 分の6	12 分の1	12 分の1	12 分の2	12 分の2

事例 40 は，被相続人D女が死亡し，夫G男，実の兄C男，弟E男，実父母の養子である妹F女がいたが，C男，E男が，D女の死亡前に死亡していた場合（C男にはＩ男，Ｊ女という子がいたが，Ｊ女もD女の死亡前に死亡していた。）であり，その相続人及び各法定相続分は，次のとおりとなる。

相続人	G男	I男	F女
法定相続分	8分の6	8分の1	8分の1

代襲による昭和 37 年民法の相続

昭和 37 年民法が施行された後，昭和 55 年民法が施行される前まで（昭和 37 年 7 月 1 日から昭和 55 年 12 月 31 日までの間）に開始した相続において（昭和 37 年民法の相続・相続人），一定の場合には，代襲相続が成立した。それは，子が相続人（第 1 順位の昭和 37 年民法の相続人）となるべき場合，又は，兄弟姉妹が相続人（第 3 順位の昭和 37 年民法の相続人）となるべき場合にあって，その相続人となるべき者（推定相続人）が，相続の開始前に死亡するなどした場合において，その者に子がいるときは，その子が，先に死亡するなどした相続人となるべき者に代襲して相続人（代襲相続人）になるというものであった。

代襲相続が成立する場合は，子又は兄弟姉妹が相続人となるべき場合であり，直系尊属，配偶者が相続人となるべき場合には成立しなかった。

例えば，被相続人に配偶者と，長男，二男がいた場合に，被相続人が死亡する前に長男が死亡して，その後，被相続人が死亡したときは二男及び配偶者が相続人となった。それが，亡長男に子（被相続人の孫）がいたときには，二男及び配偶者だけではなく，その孫も，亡長男（孫の父）に代襲して相続人となったのである（㋐）。この例では，亡長男が被代襲者，その孫が代襲者・代襲相続人に当たる。また，被相続人に配偶者と，兄，妹がいた場合に，被相続人が死亡する前に妹が死亡して，その後，被相続人が死亡したときは兄及び配偶者が相続人となったところ，それが，亡妹に子（被相続人の甥姪）がいたときには，兄及び配偶者だけではなく，その甥姪も，亡妹（甥姪の母）に代襲して相続人となったのである（㋑）。代襲相続は，子についてであれば被相続人の孫，孫が死亡していたときは曽孫，そして以下の子の直系卑属に同様に成立し，兄弟姉妹についてであれば被相続人の甥姪，甥姪が死亡していたときは姪孫（甥姪の子），そして以下の兄弟姉妹の直系卑属に同様に成立した。

代襲によって相続人となる者（代襲相続人）の相続の順位は相続人となるべき者（被代襲者）の順位と同じであり，代襲者の法定相続分は被代襲者の法定相続分を基礎として，各相続人としての法定相続分の割合に応じて算定する。先の㋐の例で，被相続人に，亡長男に長女と長男がいたとすると，二男及び配偶者が相続人となるほか，亡長男の長男及び長女が亡長男を代襲して相続人となり，亡長男の長男及び長女の法定相続分が各 6 分の 1，二男の法定相続分が 6 分の 2，配偶者の法定相続分が 6 分の 2 となり，また，㋑の例で，亡妹に長女と長男がいたとすると，兄及び配偶者が相続人となるほか，亡妹の長男及び長女が亡妹を代襲して相続人となり，亡妹の長男及び長女の法定相続分が各 12 分の 1，兄の法定相続分が 12 分の 2，配偶者の法定相続分が 12 分の 8 となった。

代襲による相続の代襲原因は，死亡又は欠格，廃除であった（放棄は代襲原因ではなかった。）。

代襲相続人は，被代襲者の直系卑属であると同時に，被相続人の直系卑属でなければならなかったため，例えば，被相続人の推定相続人が養子である場合，被相続人の死亡前に養子が死亡し，養子の子がいたとしても，その子が，被相続人と養子の養子縁組の前に出生した者であったときは，その子は相続人になれなかった。被代襲者が兄弟姉妹であるときは，被代襲者の直系卑属であると同時に，被相続人の血族でなければならなかった。

⇒子の養子と代襲相続
⇒養子の子と代襲相続
⇒胎児と代襲相続

根拠条文等 民 888・901
参考文献 過 192

事 例 41

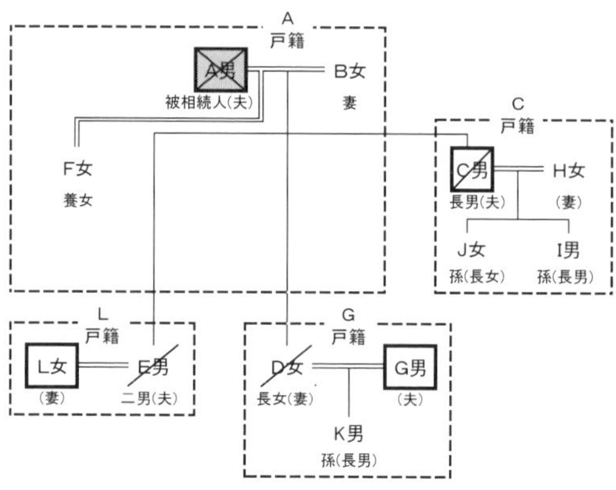

事 例 42

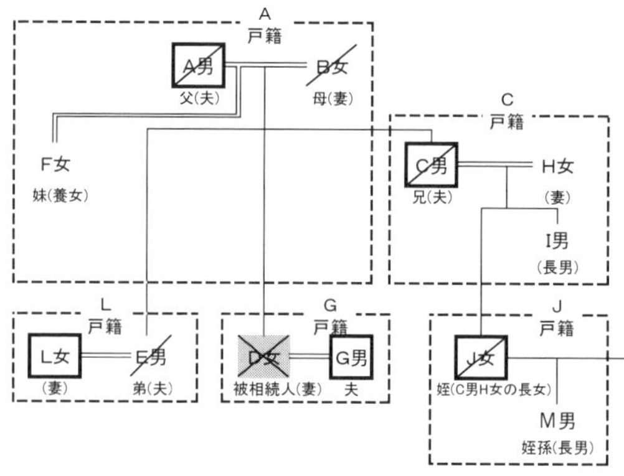

事例41は，被相続人A男が死亡し，妻B女，長男C男，長女D女，二男E男，養女F女がいたが，C男，D女及びE男が，A男の死亡前に死亡していたもので，C男にはI男及びJ女，D女にはK男という子がいた場合であり，その相続人及び各法定相続分は，次のとおりとなる。

相続人	B女	I男	J女	K男	F女
法定相続分	9分の3	9分の1	9分の1	9分の2	9分の2

事例42は，被相続人D女が死亡し，夫G男，実の兄C男，弟E男，実父母の養子である妹F女がいたが，C男，E男が，D女の死亡前に死亡していた場合（C男にはI男，J女という子がいたが，J女もD女の死亡前に死亡していた。）であり，その相続人及び各法定相続分は，次のとおりとなる。

相続人	G男	I男	M男	F女
法定相続分	12分の8	12分の1	12分の1	12分の2

代襲（だいしゅう）による昭和 22 年民法の相続

⇒代襲による新民法施行中の相続

代襲（だいしゅう）による昭和 62 年民法の相続

昭和 62 年民法が施行された以後，平成 25 年民法が適用される前まで（昭和 63 年 1 月 1 日から平成 25 年 9 月 4 日までの間）に開始した相続において（昭和 62 年民法の相続・相続人），一定の場合には，代襲相続が成立した。それは，子が相続人（第 1 順位の昭和 62 年民法の相続人）となるべき場合，又は，兄弟姉妹が相続人（第 3 順位の昭和 62 年民法の相続人）となるべき場合にあって，その相続人となるべき者（推定相続人）が，相続の開始前に死亡するなどした場合において，その者に子がいるときは，その子が，先に死亡するなどした相続人となるべき者に代襲して相続人（代襲相続人）になるというものであった。

代襲相続が成立する場合は，子又は兄弟姉妹が相続人となるべき場合であり，直系尊属，配偶者が相続人となるべき場合には成立しなかった。

例えば，被相続人に配偶者と，長男，二男がいた場合に，被相続人が死亡する前に長男が死亡して，その後，被相続人が死亡したときは二男及び配偶者が相続人となった。それが，亡長男に子（被相続人の孫）がいたときには，二男及び配偶者だけではなく，その孫も，亡長男（孫の父）に代襲して相続人となったのである（㋐）。この例では，亡長男が被代襲者，その孫が代襲者・代襲相続人に当たる。また，被相続人に配偶者と，兄，妹がいた場合に，被相続人が死亡する前に妹が死亡して，その後，被相続人が死亡したときは兄及び配偶者が相続人となったところ，それが，亡妹に子（被相続人の甥姪）がいたときには，兄及び配偶者だけではなく，その甥姪も，亡妹（甥姪の母）に代襲して相続人となったのである（㋑）。代襲相続は，子についてであれば被相続人の孫，孫が死亡していたときは曽孫，そして以下の子の直系卑属に同様に成立し，兄弟姉妹についてであれば被相続人の甥姪にのみ成立し，姪孫（甥姪の子）以下の兄弟姉妹の直系卑属には成立しなかった。

代襲によって相続人となる者（代襲相続人）の相続の順位は相続人となるべき者（被代襲者）の順位と同じであり，代襲者の法定相続分は被代襲者の法定相続分を基礎として，各相続人としての法定相続分の割合に応じて算定する。先の㋐の例で，被相続人に，亡長男に長女と長男がいたとすると，二男及び配偶者が相続人となるほか，亡長男の長男及び長女が亡長男を代襲して相続人となり，亡長男の長男及び長女の法定相続分が各 8 分の 1，二男の法定相続分が 8 分の 2，配偶者の法定相続分が 8 分の 4 となり，また，㋑の例で，亡妹に長女と長男がいたとすると，兄及び配偶者が相続人となるほか，亡妹の長男及び長女が亡妹を代襲して相続人となり，亡妹の長男及び長女の法定相続分が各 16 分の 1，兄の法定相続分が 16 分の 2，配偶者の法定相続分が 16 分の 12 となった。

なお，平成 25 年最高裁決定の適用を受ける平成 13 年 7 月 1 日以後，平成 25 年民法が適用される前（平成 25 年 9 月 4 日）までに開始した相続については，昭和62年民法の規定に関わらず，非嫡出子と嫡出子の法定相続分を同等とされた。そのため，同じ被代襲者に嫡出子と非嫡出子がいた場合，昭和63年1月1日から平成13年6月30日までの間に相続が開始したときは，代襲相続人としての非嫡出子の法定相続分は嫡出子の2分の1とされていたが，平成13年7月1日から平成25年9月4日）までに開始した相続が開始したときは，互いに等しい割合であった。

代襲原因，代襲相続人は被相続人の直系卑属（血族）でなければならなかったことは，代襲による昭和37年民法の相続の場合と同じである。

⇒子の養子と代襲相続

⇒養子の子と代襲相続

⇒胎児と代襲相続

根拠条文等 民901

参考文献 過148・162・166

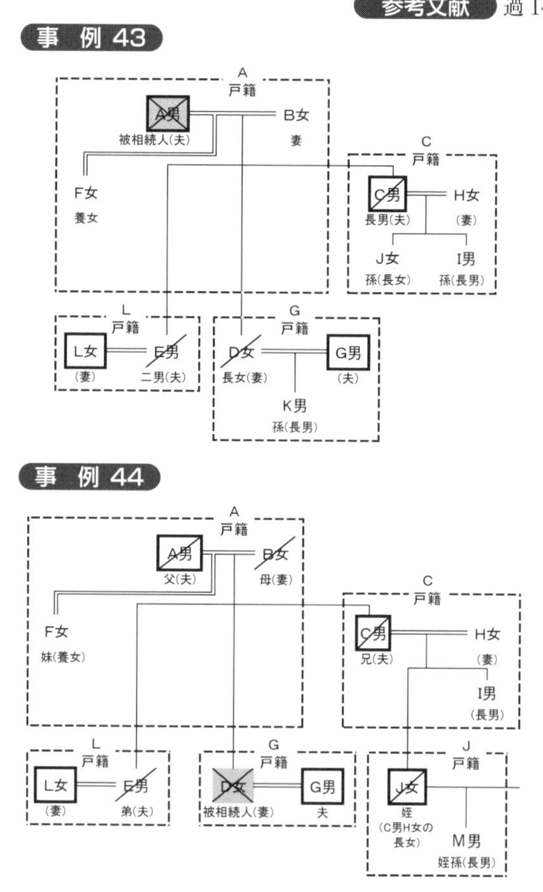

事例43は，被相続人A男が死亡し，妻B女，長男C男，長女D女，二男E男，養女F女がいたが，C男，D女及びE男が，A男の死亡前に死亡していたもので，

C男にはⅠ男及びＪ女，Ｄ女にはＫ男という子がいた場合であり，その相続人及び各法定相続分は，次のとおりとなる。

相続人	B女	I男	J女	K男	F女
法定相続分	12分の6	12分の1	12分の1	12分の2	12分の2

なお，この事例で，仮に，Ⅰ男が非嫡出子，Ｊ女が嫡出子であったすると，各法定相続分は，次のとおりとなる。

《相続開始の時期：昭和63年1月1日から平成13年6月30日までの間》

相続人	B女	I男	J女	K男	F女
法定相続分	18分の9	18分の1	18分の2	18分の3	18分の3

同じ代襲者の子に嫡出子と非嫡出子がいたとき，非嫡出子の法定相続分は，嫡出子の法定相続分の２分の１であったからである。

《相続開始の時期：平成13年7月1日から平成25年9月4日までの間》

相続人	B女	I男	J女	K男	F女
法定相続分	12分の6	12分の1	12分の1	12分の2	12分の2

平成25年最高裁決定によって，すでに遺産分割が成立するなど，確定的なものとなっているものを除いて，同じ代襲者の子に嫡出子と非嫡出子がいたとき，非嫡出子と嫡出子の法定相続分は同等とされたからである。

事例44は，被相続人Ｄ女が死亡し，夫Ｇ男，実の兄Ｃ男，弟Ｅ男，実父母の養子である妹Ｆ女がいたが，Ｃ男，Ｅ男が，Ｄ女の死亡前に死亡していた場合（Ｃ男にはⅠ男，Ｊ女という子がいたが，Ｊ女もＤ女の死亡前に死亡していた。）であり，その相続人及び各法定相続分は，次のとおりとなる。

相続人	G男	I男	F女
法定相続分	8分の6	8分の1	8分の1

なお，この事例で，仮に，Ⅰ男が非嫡出子，Ｊ女が嫡出子であって，生存していたとすると，各法定相続分は，次のとおりとなる。

《相続開始の時期：昭和63年1月1日から平成13年6月30日までの間》

相続人	G男	I男	J女	F女
法定相続分	24分の18	24分の1	24分の2	24分の3

同じ代襲者の子に嫡出子と非嫡出子がいたとき，非嫡出子の法定相続分は，嫡出子の法定相続分の２分の１であったからである。

《相続開始の時期：平成13年7月1日から平成25年9月4日までの間》

相続人	G男	I男	J女	F女
法定相続分	16分の12	16分の1	16分の1	16分の2

平成25年最高裁決定によって，すでに遺産分割が成立するなど，確定的なものとなっているものを除いて，同じ代襲者の子に嫡出子と非嫡出子がいたとき，非嫡出子と嫡出子の法定相続分は同等とされたからである。

代襲（だ）による新民法以後の相続

新民法の施行（昭和23年1月1日）以後に開始した相続（新民法以後の相続・相続人）においては，代襲相続は，第1順位の子（直系卑属(注)）が相続人となるべき場合にあって，その相続人となるべき者（推定相続人）が，相続の開始以前（昭和37年民法の前までは「前」）に死亡するなどした場合において，その者に直系卑属（子）がいるときは，その直系卑属（子）が，先に死亡するなどした相続人となるべき者に代襲して相続人（代襲相続人）になる。先に死亡するなどした相続人となるべき者が直系卑属（子）である場合，再代襲，再々代襲以下も成立し，被相続人の孫，曽孫以下も代襲相続人となり得る。

第3順位の兄弟姉妹が相続人となるべき場合にも代襲相続が成立し，新民法の施行中にあっては再代襲，再々代襲以下も成立し，被相続人の甥姪，姪孫以下も代襲相続人となり得たが，昭和55年民法の施行以後は代襲相続人は被相続人の甥姪までであり，姪孫以下に再代襲，再々代襲以下は認めらない。

代襲相続が成立する場合は，直系卑属又は兄弟姉妹が相続人となるべき場合であり，直系尊属，配偶者が相続人となるべき場合には成立しなかった。

例えば，被相続人に配偶者と，長男，二男がいる場合に，被相続人が死亡する以前に長男が死亡して，その後，被相続人が死亡したときは二男及び配偶者が相続人となる。それが，亡長男に子（被相続人の孫）がいたときには，二男及び配偶者だけではなく，その孫も，亡長男（孫の父）に代襲して相続人となるのである（㋐）。この例では，亡長男が被代襲者，その孫が代襲者・代襲相続人に当たる。また，被相続人に配偶者と，兄，妹がいる場合に，被相続人が死亡する前に妹が死亡して，その後，被相続人が死亡したときは兄及び配偶者が相続人となるところ，それが，亡妹に子（被相続人の甥姪）がいるときには，兄及び配偶者だけではなく，その甥姪も，亡妹（甥姪の母）に代襲して相続人となるのである（㋑）。

代襲によって相続人となる者（代襲相続人）の相続の順位は相続人となるべき者（被代襲者）の順位と同じであり，代襲者の法定相続分は被代襲者の法定相続分を基礎として，各相続人としての法定相続分の割合に応じて算定する。先の㋐の例で，被相続人に，亡長男に長女と長男がいるとすると，二男及び配偶者が相続人となるほか，亡長男の長男及び長女が亡長男を代襲して相続人となり，亡長男の長男及び長女の法定相続分が各6分の1（昭和55年民法以後は8分の1），二男の法定相続分が6分の2（昭和55年民法以後は8分の2），配偶者の法定相続分が6分の2（昭和55年民法以後は8分の4）となり，また，㋑の例で，亡妹に長女と長男がいたとすると，兄及び配偶者が相続人となるほか，亡妹の長男及び長女が亡妹を代襲して相続人となり，亡妹の長男及び長女の法定相続分が各12分の1（昭和55年民法以後は16分の1），兄の法定相続分が12分の2（昭和55年民法以後は16分の2），配偶者の法定相続分が12分の8（昭和55年民法以後は16分の12）となる。

代襲相続は，子については被相続人の孫，孫が死亡していたときは曽孫，そして以下の子の直系卑属に同様に成立し，また，兄弟姉妹については被相続人の甥姪，甥姪が死亡していたときは姪孫（甥姪の子），そして以下の兄弟姉妹の直系卑属に同様に成立したが，昭和55年民法以後は，甥姪は代襲相続人になり得るものの，姪孫以下の者は代襲相続人にはなり得ない。

代襲による相続の代襲原因は，死亡又は欠格，廃除（新民法では相続権の喪失とされ，欠格，廃除であると解されていた）であり，放棄は代襲原因ではなかった。

代襲相続人は，被代襲者の子（直系卑属）であると同時に，被相続人の直系卑属でなければならなかったため，例えば，被相続人の推定相続人が養子である場合，被相続人の死亡以前に養子が死亡し，養子の子がいたとしても，その子が，被相続人と養子の養子縁組の前に出生した者であったときは，その子は相続人になれなかった。被代襲者が兄弟姉妹であるときは，被代襲者の子（直系卑属）であると同時に，被相続人の血族でなければならない。

(注) 新民法でも，孫以下の直系卑属には全て代襲相続が適用されることから，第1順位の相続人である直系卑属は子と考えて差し支えない。

⇒子の養子と代襲相続
⇒養子の子と代襲相続
⇒胎児と代襲相続
⇒新民法以後の相続・相続人

根拠条文等 民888・901
参考文献 過50・136・148・162・166・175・192・217

事例45

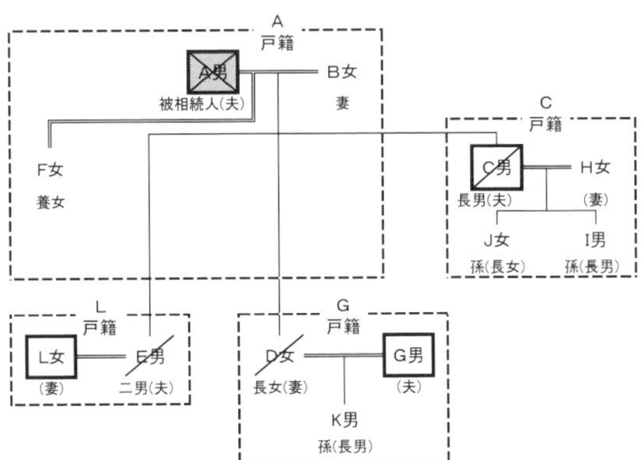

事例45は，被相続人A男が死亡し，妻B女，長男C男，長女D女，二男E男，養女F女がいたが，C男，D女及びE男が，A男の死亡前に死亡していたもので，

C男にはI男及びJ女，D女にはK男という子がいた場合であり，その相続人及び各法定相続分は，次のとおりとなる。

《相続開始の時期：昭和23年1月1日から昭和55年12月31日までの間》

相続人	B女	I男	J女	K男	F女
法定相続分	9分の3	9分の1	9分の1	9分の2	9分の2

《相続開始の時期：昭和56年1月1日以後》

相続人	B女	I男	J女	K男	F女
法定相続分	12分の6	12分の1	12分の1	12分の2	12分の2

なお，この事例で，仮に，I男が非嫡出子，J女が嫡出子であったとすると，各法定相続分は，次のとおりとなる。

《相続開始の時期：昭和23年1月1日から昭和55年12月31日までの間》

相続人	B女	I男	J女	K男	F女
法定相続分	27分の9	27分の2	27分の4	27分の6	27分の6

《相続開始の時期：昭和56年1月1日から平成13年6月30日までの間》

相続人	B女	I男	J女	K男	F女
法定相続分	18分の9	18分の1	18分の2	18分の3	18分の3

《相続開始の時期：平成13年7月1日以後》

相続人	B女	I男	J女	K男	F女
法定相続分	12分の6	12分の1	12分の1	12分の2	12分の2

事例46

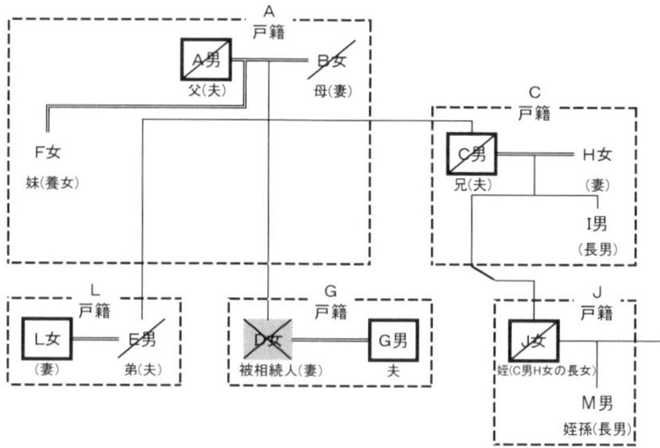

事例46は，被相続人D女が死亡し，夫G男，実の兄C男，弟E男，実父母の養子である妹F女がいたが，C男，E男が，D女の死亡前に死亡していた場合であり（C男にはI男，J女という子がいたが，J女もD女の死亡前に死亡していた。），その相続人及び各法定相続分は，次のとおりとなる。

《相続開始の時期：昭和23年1月1日から昭和55年12月31日までの間》

相続人	G男	I男	M男	F女
法定相続分	12分の8	12分の1	12分の1	12分の2

《相続開始の時期：昭和56年1月1日以後》

相続人	G男	I男	F女
法定相続分	8分の6	8分の1	8分の1

代襲（だ）による新民法施行中の相続

新民法が施行された後，昭和37年民法が施行される前まで（昭和23年1月1日から昭和37年6月30日までの間）に開始した相続において（新民法施行中の相続・相続人），一定の場合には，代襲相続が成立した。それは，直系卑属が相続人（第1順位の新民法施行中の相続人）となるべき場合，又は，兄弟姉妹が相続人（第3順位の新民法施行中の相続人）となるべき場合にあって，その相続人となるべき者（推定相続人）が，相続の開始前に死亡するなどした場合において，その者に直系卑属がいるときは，その直系卑属が，先に死亡するなどした相続人となるべき者に代襲して相続人（代襲相続人）になるというものであった。

代襲相続が成立する場合は，直系卑属又は兄弟姉妹が相続人となるべき場合であり，直系尊属，配偶者が相続人となるべき場合には成立しなかった。

例えば，被相続人に配偶者と，長男，二男がいた場合に，被相続人が死亡する前に長男が死亡して，その後，被相続人が死亡したときは二男及び配偶者が相続人となった。それが，亡長男に子（被相続人の孫）がいたときには，二男及び配偶者だけではなく，その孫も，亡長男（孫の父）に代襲して相続人となったのである（㋐）。この例では，亡長男が被代襲者，その孫が代襲者・代襲相続人に当たる。また，被相続人に配偶者と，兄，妹がいた場合に，被相続人が死亡する前に妹が死亡して，その後，被相続人が死亡したときは兄及び配偶者が相続人となったところ，それが，亡妹に子（被相続人の甥姪）がいたときには，兄及び配偶者だけではなく，その甥姪も，亡妹（甥姪の母）に代襲して相続人となったのである（㋑）。代襲相続は，子についてであれば被相続人の孫，孫が死亡していたときは曽孫，そして以下の子の直系卑属に同様に成立し，兄弟姉妹についてであれば被相続人の甥姪，甥姪が死亡していたときは姪孫（甥姪の子），そして以下の兄弟姉妹の直系卑属に同様に成立した。

代襲によって相続人となる者（代襲相続人）の相続の順位は相続人となるべき者（被代襲者）の順位と同じであり，代襲者の法定相続分は被代襲者の法定相続分を基礎として，各相続人としての法定相続分の割合に応じて算定する。先の㋐の例で，被相続人に，亡長男に長女と長男がいたとすると，二男及び配偶者が相続人となるほか，亡長男の長男及び長女が亡長男を代襲して相続人となり，亡長男の長男及び長女の法定相続分が各6分の1，二男の法定相続分が6分の2，配偶者の法定相続分が6分の2となり，また，㋑の例で，亡妹に長女と長男がいたとすると，兄及び配偶者が相続人となるほか，亡妹の長男及び長女が亡妹を代襲して相続人となり，亡妹の長男及び長女の法定相続分が各12分の1，兄の法定相続分が12分の2，配偶者の法定相続分が12分の8となった。

代襲による相続の代襲原因は，死亡又は相続権の喪失であり，相続権の喪失とは，欠格，廃除であった（放棄は代襲原因ではなかった。）。

代襲相続人は，被代襲者の直系卑属であると同時に，被相続人の直系卑属でなければならなかったため，例えば，被相続人の推定相続人が養子である場合，被相続人の死亡前に養子が死亡し，養子の子がいたとしても，その子が，被相続人と養子の養子縁組の前に出生した者であったときは，その子は相続人になれなかった。被代襲者が兄弟姉妹であるときは，被代襲者の直系卑属であると同時に，被相続人の血族でなければならなかった。

⇒子の養子と代襲相続
⇒養子の子と代襲相続
⇒胎児と代襲相続

根拠条文等 民888・901
参考文献 過217

事例47

A戸籍
A男 被相続人(夫)
B女 妻
F女 養女
C戸籍
C男 長男
H女 (妻)
J女 孫(長女)
I男 孫(長男)
L戸籍
L女 (妻)
E男 二男(夫)
G戸籍
D女 長女(妻)
G男 (夫)
K男 孫(長男)

事例48

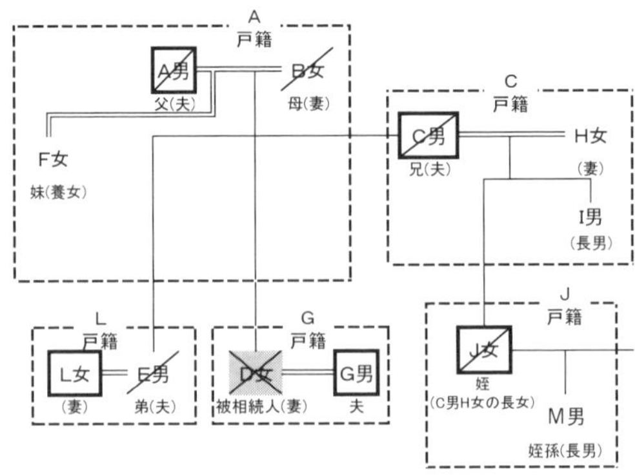

事例47は，被相続人A男が死亡し，妻B女，長男C男，長女D女，二男E男，養女F女がいたが，C男，D女及びE男が，A男の死亡前に死亡していたもので，C男にはI男及びJ女，D女にはK男という子がいた場合であり，その相続人及び各法定相続分は，次のとおりとなる。

相続人	B女	I男	J女	K男	F女
法定相続分	9分の3	9分の1	9分の1	9分の2	9分の2

事例48は，被相続人D女が死亡し，夫G男，実の兄C男，弟E男，実父母の養子である妹F女がいたが，C男，E男が，D女の死亡前に死亡していた場合（C男にはI男，J女という子がいたが，J女もD女の死亡前に死亡していた。）であり，その相続人及び各法定相続分は，次のとおりとなる。

相続人	G男	I男	M男	F女
法定相続分	12分の8	12分の1	12分の1	12分の2

代襲による平成30年民法の相続

平成30年民法が施行された以後（令和元年7月1日以後）に開始した相続において（平成30年民法の相続・相続人），一定の場合には，代襲相続が成立した。それは，子が相続人（第1順位の平成30年民法の相続人）となるべき場合，又は，兄弟姉妹が相続人（第3順位の平成30年民法の相続人）となるべき場合にあって，その相続人となるべき者（推定相続人）が，相続の開始前に死亡するなどした場合において，その者に子がいるときは，その子が，先に死亡するなどした相続人となるべき者に代襲して相続人（代襲相続人）になるというものである。

代襲相続が成立する場合は，子又は兄弟姉妹が相続人となるべき場合であり，直系尊属，配偶者が相続人となるべき場合には成立しなかった。

例えば，被相続人に配偶者と，長男，二男がいた場合に，被相続人が死亡する前に長男が死亡して，その後，被相続人が死亡したときは二男及び配偶者が相続人となった。それが，亡長男に子（被相続人の孫）がいたときには，二男及び配偶者だけではなく，その孫も，亡長男（孫の父）に代襲して相続人となったのである（㋐）。この例では，亡長男が被代襲者，その孫が代襲者・代襲相続人に当たる。また，被相続人に配偶者と，兄，妹がいた場合に，被相続人が死亡する前に妹が死亡して，その後，被相続人が死亡したときは兄及び配偶者が相続人となったところ，それが，亡妹に子（被相続人の甥姪）がいたときには，兄及び配偶者だけではなく，その甥姪も，亡妹（甥姪の母）に代襲して相続人となったのである（㋑）。代襲相続は，子についてであれば被相続人の孫，孫が死亡していたときは曽孫，そして以下の子の直系卑属に同様に成立し，兄弟姉妹についてであれば被相続人の甥姪にのみ成立し，姪孫（甥姪の子）以下の兄弟姉妹の直系卑属には成立しなかった。

代襲によって相続人となる者（代襲相続人）の相続の順位は相続人となるべき

第3編 キーワード

者（被代襲者）の順位と同じであり，代襲者の法定相続分は被代襲者の法定相続分を基礎として，各相続人としての法定相続分の割合に応じて算定する。先の㋐の例で，被相続人に，亡長男に長女と長男がいたとすると，二男及び配偶者が相続人となるほか，亡長男の長男及び長女が亡長男を代襲して相続人となり，亡長男の長男及び長女の法定相続分が各8分の1，二男の法定相続分が8分の2，配偶者の法定相続分が8分の4となり，また，㋑の例で，亡妹に長女と長男がいたとすると，兄及び配偶者が相続人となるほか，亡妹の長男及び長女が亡妹を代襲して相続人となり，亡妹の長男及び長女の法定相続分が各16分の1，兄の法定相続分が16分の2，配偶者の法定相続分が16分の12となった。

代襲原因，代襲相続人は被相続人の直系卑属（血族）でなければならなかったことは，代襲による昭和37年民法の相続の場合と同じである。

⇒子の養子と代襲相続
⇒養子の子と代襲相続
⇒胎児と代襲相続

根拠条文等 民901
参考文献 過50

事　例 49

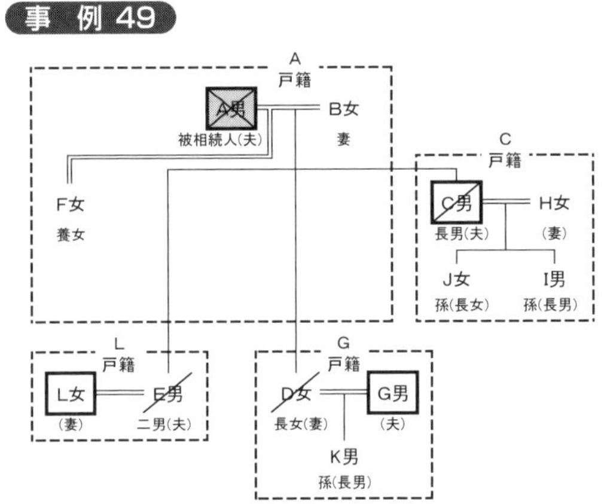

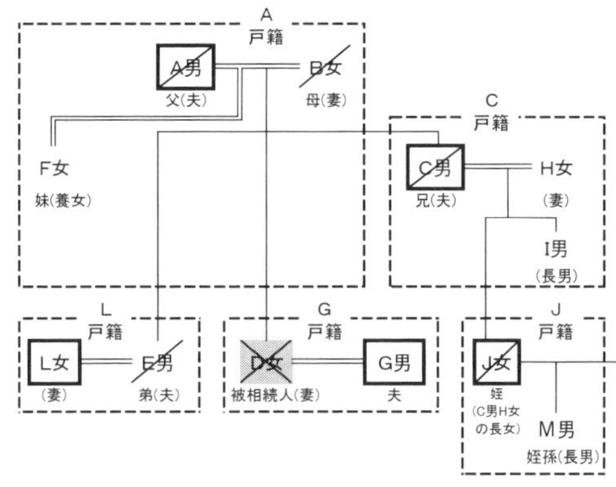

事例49は，被相続人A男が死亡し，妻B女，長男C男，長女D女，二男E男，養女F女がいたが，C男，D女及びE男が，A男の死亡前に死亡していたもので，C男にはI男及びJ女，D女にはK男という子がいた場合であり，その相続人及び各法定相続分は，次のとおりとなる。

相続人	B女	I男	J女	K男	F女
法定相続分	12分の6	12分の1	12分の1	12分の2	12分の2

なお，この事例で，仮に，I男が非嫡出子，J女が嫡出子であったとしても，各法定相続分は，上記と同じことになる。

事例50は，被相続人D女が死亡し，夫G男，実の兄C男，弟E男，実父母の養子である妹F女がいたが，C男，E男が，D女の死亡前に死亡していた場合（C男にはI男，J女という子がいたが，J女もD女の死亡前に死亡していた。）であり，その相続人及び各法定相続分は，次のとおりとなる。

相続人	G男	I男	F女
法定相続分	8分の6	8分の1	8分の1

代襲(だい)による平成25年民法の相続

平成25年民法が適用された以後，平成30年民法が施行される前まで（平成25年9月5日から令和元年6月30日までの間）に開始した相続において（平成25年民法の相続・相続人），一定の場合には，代襲相続が成立した。それは，子が相続人（第1順位の平成25年民法の相続人）となるべき場合，又は，兄弟姉妹が相続人（第3順位の平成25年民法の相続人）となるべき場合にあって，その相続人となるべき者（推定相続人）が，相続の開始前に死亡するなどした場合において，その者に子がいるときは，その子が，先に死亡するなどした相続人となるべき者に代襲して相続人（代襲相続人）になるというものであった。

代襲相続が成立する場合は，子又は兄弟姉妹が相続人となるべき場合であり，直系尊属，配偶者が相続人となるべき場合には成立しなかった。

例えば，被相続人に配偶者と，長男，二男がいた場合に，被相続人が死亡する前に長男が死亡して，その後，被相続人が死亡したときは二男及び配偶者が相続人となった。それが，亡長男に子（被相続人の孫）がいたときには，二男及び配偶者だけではなく，その孫も，亡長男（孫の父）に代襲して相続人となったのである（㋐）。この例では，亡長男が被代襲者，その孫が代襲者・代襲相続人に当たる。また，被相続人に配偶者と，兄，妹がいた場合に，被相続人が死亡する前に妹が死亡して，その後，被相続人が死亡したときは兄及び配偶者が相続人となったところ，それが，亡妹に子（被相続人の甥姪）がいたときには，兄及び配偶者だけではなく，その甥姪も，亡妹（甥姪の母）に代襲して相続人となったのである（㋑）。代襲相続は，子についてであれば被相続人の孫，孫が死亡していたときは曽孫，そして以下の子の直系卑属に同様に成立し，兄弟姉妹についてであれば被相続人の甥姪にのみ成立し，姪孫（甥姪の子）以下の兄弟姉妹の直系卑属には成立しなかった。

代襲によって相続人となる者（代襲相続人）の相続の順位は相続人となるべき者（被代襲者）の順位と同じであり，代襲者の法定相続分は被代襲者の法定相続分を基礎として，各相続人としての法定相続分の割合に応じて算定する。先の㋐の例で，被相続人に，亡長男に長女と長男がいたとすると，二男及び配偶者が相続人となるほか，亡長男の長男及び長女が亡長男を代襲して相続人となり，亡長男の長男及び長女の法定相続分が各8分の1，二男の法定相続分が8分の2，配偶者の法定相続分が8分の4となり，また，㋑の例で，亡妹に長女と長男がいたとすると，兄及び配偶者が相続人となるほか，亡妹の長男及び長女が亡妹を代襲して相続人となり，亡妹の長男及び長女の法定相続分が各16分の1，兄の法定相続分が16分の2，配偶者の法定相続分が16分の12となった。

代襲原因，代襲相続人は被相続人の直系卑属（血族）でなければならなかったことは，代襲による昭和37年民法の相続の場合と同じである。

⇒子の養子と代襲相続
⇒養子の子と代襲相続
⇒胎児と代襲相続

根拠条文等 民901
参考文献 過136

事 例 51

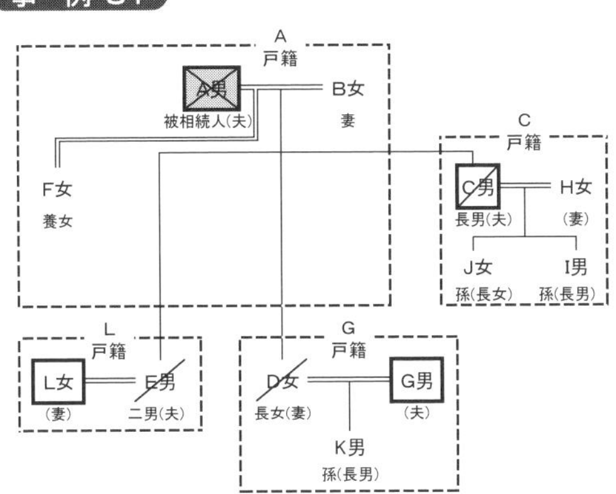

事 例 52

事例51は，被相続人A男が死亡し，妻B女，長男C男，長女D女，二男E男，養女F女がいたが，C男，D女及びE男が，A男の死亡前に死亡していたもので，C男にはⅠ男及びＪ女，D女にはK男という子がいた場合であり，その相続人及び各法定相続分は，次のとおりとなる。

相続人	B女	I男	J女	K男	F女
法定相続分	12分の6	12分の1	12分の1	12分の2	12分の2

なお，この事例で，仮に，Ⅰ男が非嫡出子，Ｊ女が嫡出子であったとしても，各法定相続分は，上記と同じことになる。

事例52は，被相続人D女が死亡し，夫G男，実の兄C男，弟E男，実父母の養子である妹F女がいたが，C男，E男が，D女の死亡前に死亡していた場合（C男にはⅠ男，Ｊ女という子がいたが，Ｊ女もD女の死亡前に死亡していた。）であり，その相続人及び各法定相続分は，次のとおりとなる。

相続人	Ｇ男	Ｉ男	Ｆ女
法定相続分	８分の６	８分の１	８分の１

第２種選定家督相続人

旧民法の施行中（明治31年７月16日から昭和22年５月２日までの間），家督相続が開始したものの，第１順位の家督相続人（第１種法定家督相続人），第２順位の家督相続人（指定家督相続人（旧民法施行中）），第３順位の家督相続人（第１種選定家督相続人の被選定対象者），第４順位の家督相続人（第２種法定家督相続人）がいなかった場合は，第５順位の家督相続人は，第２種選定家督相続人であった。

第２種選定家督相続人は，家督相続開始の時において，自動的に定まるものではなく，事後に，一人が家督相続人に選定され，その家督相続の承認をすることで，家督相続の開始の時に遡って家督相続人となった。第２種選定家督相続人に選定されるべき者（被選定対象者）がいても，選定されない限り，家督相続人となることはなかった。

第２種選定家督相続人の被選定対象者は，まず，被相続人である戸主の親族，家族，分家の戸主又は本家若しくは分家の家族であり，それらに家督相続人たるべき者がいないとき（裁判所の許可を得れば，その順序にかかわらない。）は，他人も被選定対象者（事実上無限にいる。）となった。

選定者は，親族会である。

第２種選定家督相続人が選定される（家督相続の承認も）と，戸籍に家督相続の届出（家督相続届）をした。

⇒絶家

⇒家督相続人の不選定

根拠条文等 旧985

参考文献 基232，過302，相二版（74（事項番号396））

事　例 53

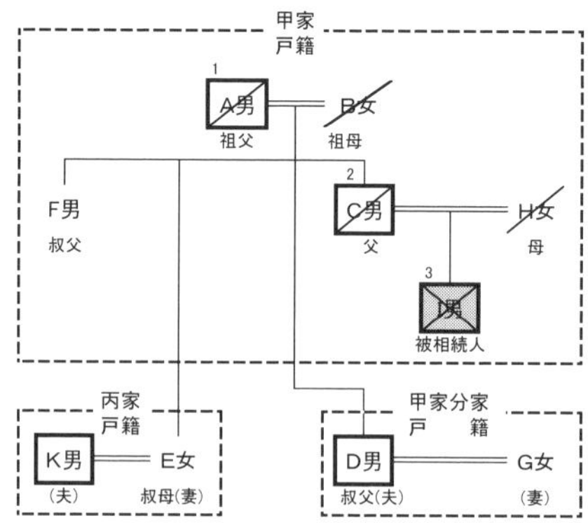

事例53は，戸主である被相続人Ｉ男に，叔父Ｄ男，叔母Ｅ女，叔父Ｆ男がい

て，妻，子はなく，父母，祖父母は既に死亡し，Ｄ男，Ｅ女は他家に在籍している場合であり，親族会によって選定された者が，第２種選定家督相続人として家督相続人となった。

相続人の特定に当たっては，実務上，選定があったこと，選定によって家督相続人が定まったことは，戸籍の記載によって判断することで差し支えない。

ここで，Ｆ男は同じ戸籍に在籍していても，選定されない限り，家督相続人とはならず，同じ戸籍に在籍していないＤ男など（当然，他人も）も，選定されない限り，家督相続人とはならなかった。なお，Ｄ男が選定された場合は，Ｄ男が甲家分家を廃家しなければ，甲家（本家）の家督相続人とはならなかった。

したがって，同じ家の直系卑属も，指定家督相続人も，配偶者，兄弟，姉妹，兄弟姉妹の直系卑属も，直系尊属もいない戸主が死亡し，現在，（当時の）戸籍上に選定の記載がない場合は，被選定対象者がいたとしても，家督相続人が定まっていない状態（家督相続人の不選定）であると判断することができる。

だ 第２種法定家督相続人

旧民法の施行中（明治31年７月16日から昭和22年５月２日までの間），家督相続が開始したものの，第１順位の家督相続人（第１種法定家督相続人），第２順位の家督相続人（指定家督相続人（旧民法施行中）），第３順位の家督相続人（第１種選定家督相続人の被選定対象者）がいなかった場合は，第４順位の家督相続人は，第２種法定家督相続人であった。

第２種法定家督相続人は，被相続人である戸主と同じ家（の戸籍）にいる戸主の直系尊属である。

その直系尊属は，第３順位の家督相続人がいなかった場合に，第２種法定家督相続人として家督相続人となったが，第３順位の家督相続人がいなかった場合とは，第１種選定家督相続人となるべき者がいなかった場合を意味し，つまり，その被選定対象者（被相続人である戸主と同じ家の家女である配偶者，兄弟，姉妹，家女でない配偶者，兄弟姉妹の直系卑属）が全くいなかった場合を指したため，その被選定対象者が一人でもいたときは（戸籍において，選定の記載がなくても），直系尊属が家督相続人となることはなかった。

第１種選定家督相続人となるべき者がいなかった場合には，第２種法定家督相続人として直系尊属が一人であったときは，当該直系尊属が自動的に（選定されずに）家督相続人となり，複数人の直系尊属の間では，親等が最も近い者が家督相続人となり，親等が同じ者の間にあっては男が優先して，自動的に（選定されずに）家督相続人となった。例えば，子も兄弟姉妹（甥姪）も配偶者もいない戸主が死亡し，同じ家の戸籍に母だけが在籍していたときは母が家督相続人となり，祖父母，父母が在籍していたときは父が家督相続人となった。

家督相続人となった直系尊属は，家督相続が開始すると，相続の開始があったことを知った時から３か月以内に単純若しくは限定の承認又は拋棄（放棄）をすることができたが，第２種法定家督相続人は，前述の優先順序によって定まるため，家督相続の届出（家督相続届）の有無に関わらず，その最優先の者を家督相続人であると判断することができる。

⇒家督相続人の不選定

根拠条文等 旧 984

参考文献 基 225，過 302

事 例 54

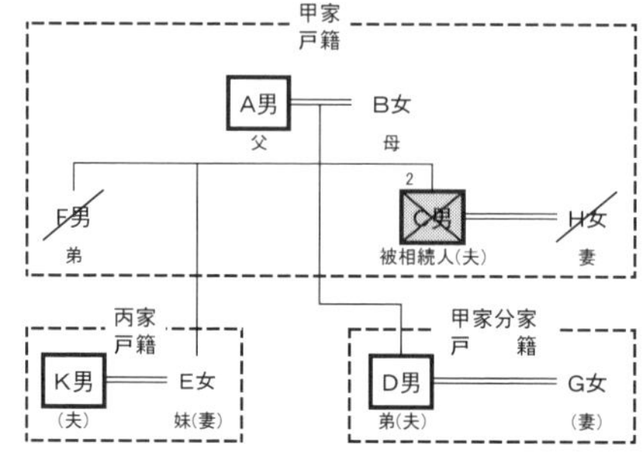

事例 54 は，戸主である被相続人Ｃ男に，妻Ｈ女，弟Ｄ男，妹Ｅ女，弟Ｆ男，父Ａ男，母Ｂ女がいた場合であり，Ｃ男には子はなく，Ｈ女，Ｆ男は死亡し，Ｄ男は分家し，Ｅ女は婚姻により他家に入籍して（嫁いで）いたもので，その家督相続人は，次のとおりとなる。

家督相続人	Ａ男

ここでは，戸籍にＡ男の家督相続届がなかったとしても，Ａ男が家督相続人となったことに変わりはないが，もし，第１種選定家督相続人の被選定対象者が一人でもいたとき（妻Ｈ女，弟Ｄ男，妹Ｅ女，弟Ｆ男の一人でも生存中で同じ戸籍に在籍していた）は，戸籍において，選定の記載がなくても，直系尊属が家督相続人となることはなく，家督相続人が定まっていない状態（家督相続人の不選定）であると判断することができる。

第２順位の応急措置法施行中の相続人

応急措置法の施行中（昭和 22 年５月３日から昭和 22 年 12 月 31 日までの間），相続が開始した場合（応急措置法施行中の相続・相続人）において，その開始の時に，被相続人に直系卑属がなく，直系尊属がいれば，直系尊属が第２順位の相続人となった。この場合，被相続人に配偶者がいたときは，配偶者は常に相続人として，直系尊属とともに相続人となり，配偶者の法定相続分は２分の１，直系尊属の法定相続分は２分の１であった（配偶者がいなければ，直系尊属が１分の１）。

相続人	配偶者	直系尊属
法定相続分	２分の１	２分の１

親等の異なる者の間では，親等の近い者が相続人となった。

直系尊属であれば，例えば，親について考えると，被相続人との戸籍の異同，日本国籍の有無も問わず，実親のほか，養親も含まれた。なお，応急措置法の施行前に成立していた継親子関係は応急措置法の施行によって消滅したため，継親は，もはや相続人とはなり得なかった。

親等の同じ直系尊属が複数人いたときは，それら全ての者が相等しい法定相続分を有した。

根拠条文等 応７②・８，旧996・1004

参考文献 基286，過234

事　例 55

事　例 56

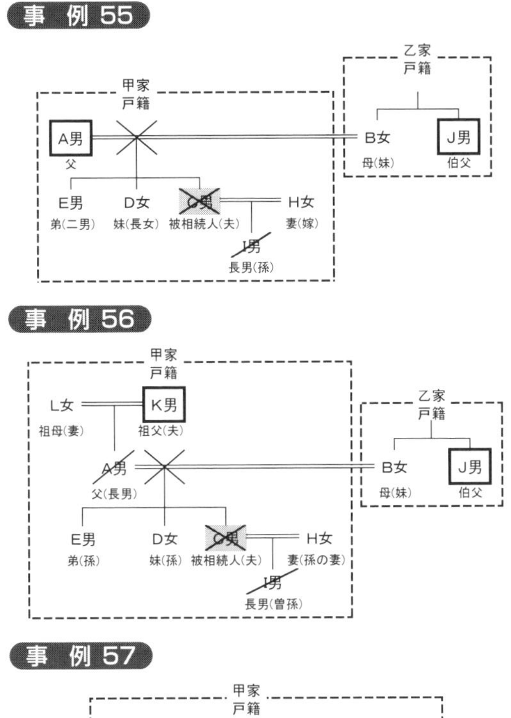

事　例 57

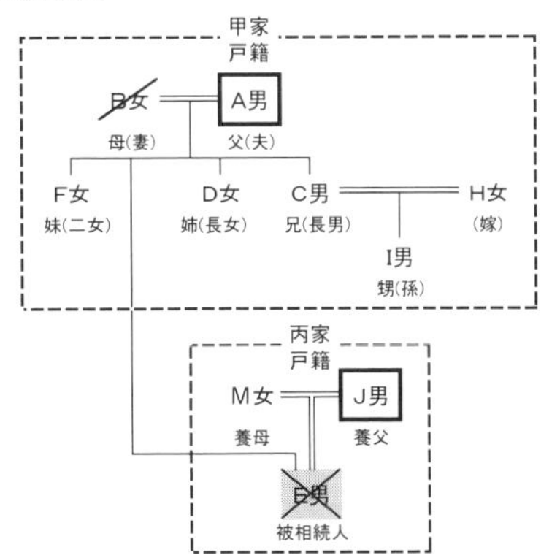

事例55は，被相続人Ｃ男が死亡し，妻Ｈ女，父Ａ男，母Ｂ女がいた場合であり，その相続人及び各法定相続分は，次のとおりとなる。

相続人	H女	A男	B女
法定相続分	４分の２	４分の１	４分の１

なお，この事例では，いまだ戸籍が改製されていないため，例えば，甲家戸籍の場合，戸籍上は，甲家の戸籍として，A男が戸主として表示されているが，もはや家はなく，戸主の身分もない。

事例56は，被相続人C男が死亡し，妻H女，母B女がいた場合であり，その相続人及び各法定相続分は，次のとおりとなる。

相続人	H女	B女
法定相続分	２分の１	２分の１

事例57は，被相続人E男が死亡し，養父J男，養母M女，実父A男がいた場合であり，その相続人及び各法定相続分は，次のとおりとなる。

相続人	A男	J男	M女
法定相続分	３分の１	３分の１	３分の１

仮に，旧民法の施行中の継父母がいたとしても，応急措置法の施行後に開始した相続においては，継父母は相続人とならない。

だ 第２順位の旧民法施行中の遺産相続人

旧民法の施行中（明治31年７月16日から昭和22年５月２日までの間），遺産相続が開始した場合において，開始の時に，被相続人に直系卑属がいないときに，配偶者がいれば，配偶者が第２順位として遺産相続人となった。

被相続人に配偶者と直系卑属がいたときは直系卑属が遺産相続人となり配偶者が相続人とならなかったこと，また，被相続人配偶者と直系尊属がいるときは配偶者が遺産相続人となり直系尊属（第３順位の遺産相続人）が相続人とならなかったことは，応急措置法，新民法以来，現行民法の場合の相続と異なった。

根拠条文等 旧996①ⅰ
参考文献 基269，過322・337

事例58

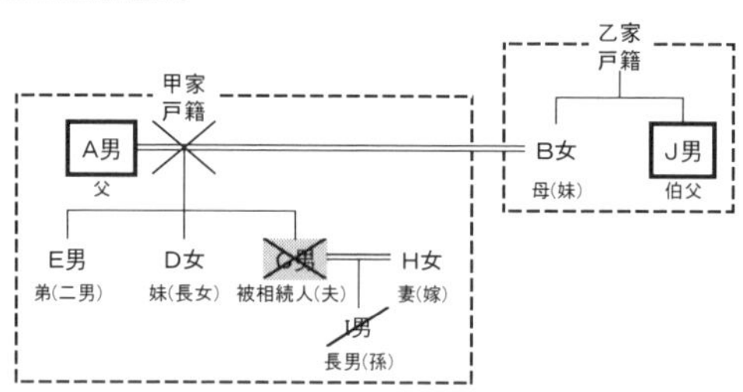

事例 58 は，戸主ではない（家族である）被相続人Ｃ男に，妻Ｈ女がいた事例であり，長男Ｉ男は既に死亡していたものである。この場合，その遺産相続人及び法定相続分は，次のとおりとなる。

遺産相続人	Ｈ女
法定相続分	１分の１

だ 第２順位の旧民法施行中の家督相続人

⇒指定家督相続人（旧民法施行中）

だ 第２順位の昭和 55 年民法の相続人

昭和 55 年民法が施行された以後，昭和 62 年民法が施行される前まで（昭和 56 年１月１日から昭和 62 年 12 月 31 日までの間）に相続が開始した場合（昭和 55 年民法の相続・相続人）において，その開始の時に，被相続人に子がなく，直系尊属がいれば，直系尊属が第２順位の相続人となった。この場合，被相続人に配偶者がいたときは，配偶者は常に相続人として，直系尊属とともに相続人となり，配偶者の法定相続分は３分の２，直系尊属の法定相続分は３分の１であった（配偶者がいなければ，直系尊属が１分の１）。

相続人	配偶者	直系尊属
法定相続分	３分の２	３分の１

親等の異なる者の間では，親等の近い者が相続人となった。

直系尊属であれば，例えば，親について考えると，被相続人との戸籍の異同，日本国籍の有無も問わず，実親の他，養親も含まれ，親等の同じ直系尊属が複数人いたときは，それら全ての者が相等しい法定相続分を有した。

根拠条文等 民 887・889・900（昭和 55 年民法より）
参考文献 過 174

事例59

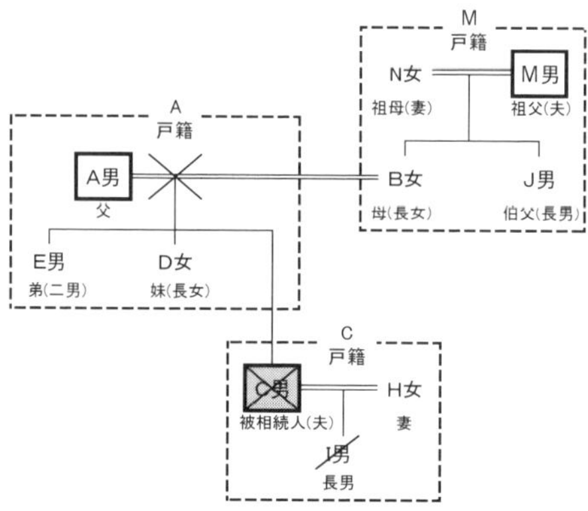

事例60

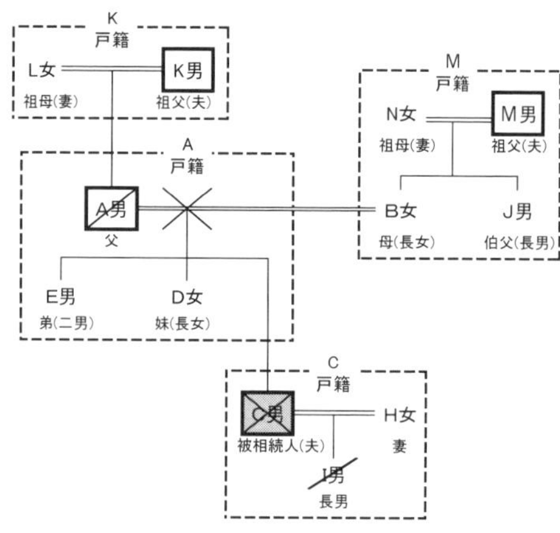

事例61

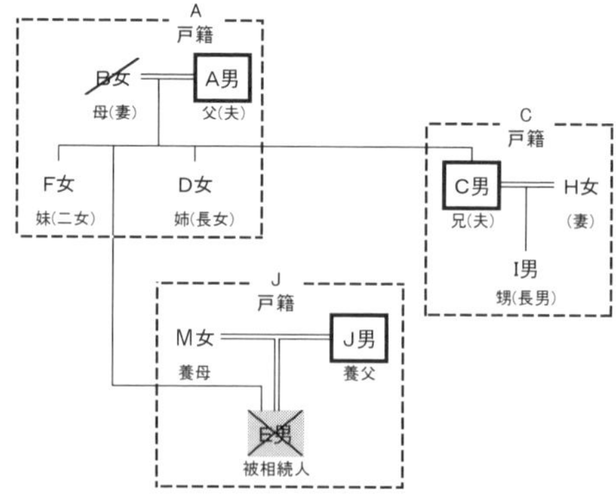

事例59は，被相続人Ｃ男が死亡し，妻Ｈ女，父Ａ男，母Ｂ女がいた場合であり，その相続人及び各法定相続分は，次のとおりとなる。

相続人	H女	A男	B女
法定相続分	6分の4	6分の1	6分の1

事例60は，被相続人Ｃ男が死亡し，妻Ｈ女，母Ｂ女がいた場合であり，その相続人及び各法定相続分は，次のとおりとなる。

相続人	H女	B女
法定相続分	3分の2	3分の1

事例61は，被相続人Ｅ男が死亡し，養父Ｊ男，養母Ｍ女，実父Ａ男がいた場合であり，その相続人及び各法定相続分は，次のとおりとなる。

相続人	A男	J男	M女
法定相続分	3分の1	3分の1	3分の1

だ

第２順位の昭和37年民法の相続人

昭和37年民法が施行された以後，昭和55年民法が施行される前まで（昭和37年7月1日から昭和55年12月31日までの間）に相続が開始した場合（昭和37年民法の相続・相続人）において，その開始の時に，被相続人に子がなく，直系尊属がいれば，直系尊属が第２順位の相続人となった。この場合，被相続人に配偶者がいたときは，配偶者は常に相続人として，直系尊属とともに相続人となり，配偶者の法定相続分は２分の１，直系尊属の法定相続分は２分の１であった（配偶者がいなければ，直系尊属が１分の１）。

相続人	配偶者	直系尊属
法定相続分	2分の1	2分の1

親等の異なる者の間では，親等の近い者が相続人となった。

直系尊属であれば，例えば，親について考えると，被相続人との戸籍の異同，日本国籍の有無も問わず，実親の他，養親も含まれ，親等の同じ直系尊属が複数人いたときは，それら全ての者が相等しい法定相続分を有した。

根拠条文等 民887・889・900（昭和37年民法より）

参考文献 過192

事例62

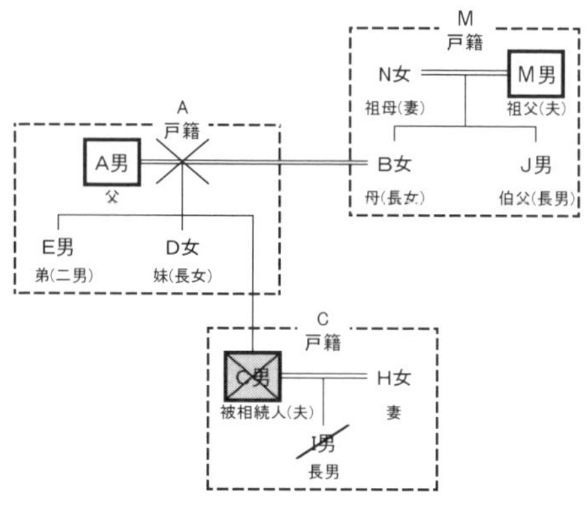

事例63

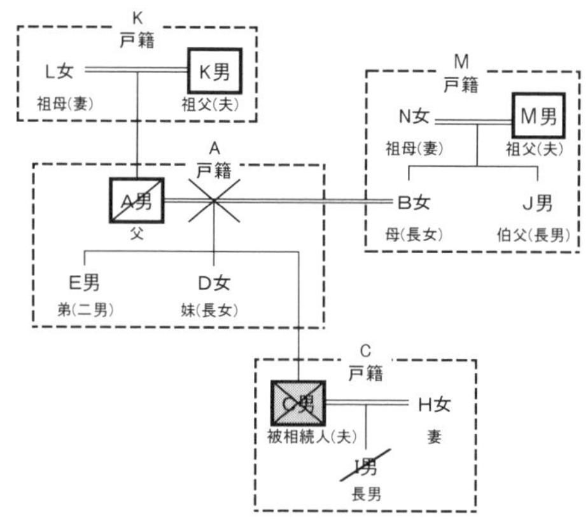

事例64

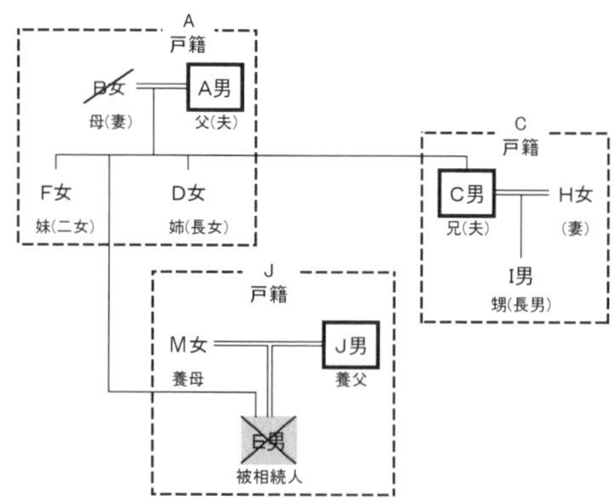

事例62は，被相続人Ｃ男が死亡し，妻Ｈ女，父Ａ男，母Ｂ女がいた場合であり，その相続人及び各法定相続分は，次のとおりとなる。

相続人	H女	A男	B女
法定相続分	４分の２	４分の１	４分の１

事例 63 は，被相続人C男が死亡し，妻H女，母B女がいた場合であり，その相続人及び各法定相続分は，次のとおりとなる。

相続人	H女	B女
法定相続分	２分の１	２分の１

事例 64 は，被相続人E男が死亡し，養父J男，養母M女，実父A男がいた場合であり，その相続人及び各法定相続分は，次のとおりとなる。

相続人	A男	J男	M女
法定相続分	３分の１	３分の１	３分の１

第２順位の昭和 22 年民法の相続人

⇒第２順位の新民法施行中の相続人

第２順位の昭和 62 年民法の相続人

昭和 62 年民法が施行された後，平成 25 年民法が適用される前まで（昭和 63 年１月１日から平成 25 年９月４日までの間）に相続が開始した場合（昭和 62 年民法の相続・相続人）において，その開始の時に，被相続人に子がなく，直系尊属がいれば，直系尊属が第２順位の相続人となった。この場合，被相続人に配偶者がいたときは，配偶者は常に相続人として，直系尊属とともに相続人となり，配偶者の法定相続分は３分の２，直系尊属の法定相続分は３分の１であった（配偶者がいなければ，直系尊属が１分の１）。

相続人	配偶者	直系尊属
法定相続分	３分の２	３分の１

親等の異なる者の間では，親等の近い者が相続人となった。

直系尊属であれば，例えば，親について考えると，被相続人との戸籍の異同，日本国籍の有無も問わず，実親のほか，養親（特別養子縁組の養親を含む。）も含まれ，親等の同じ直系尊属が複数人いたときは，それら全ての者が相等しい法定相続分を有した。

根拠条文等 民 887・889・900（昭和 62 年民法より）

参考文献 過 148・162

第３編 キーワード

事 例 65

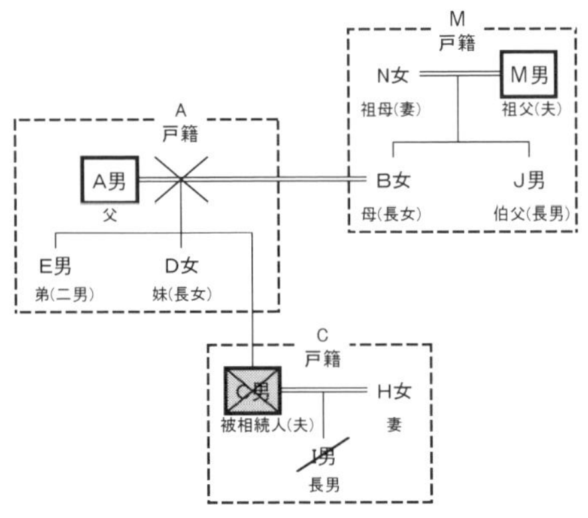

事 例 66

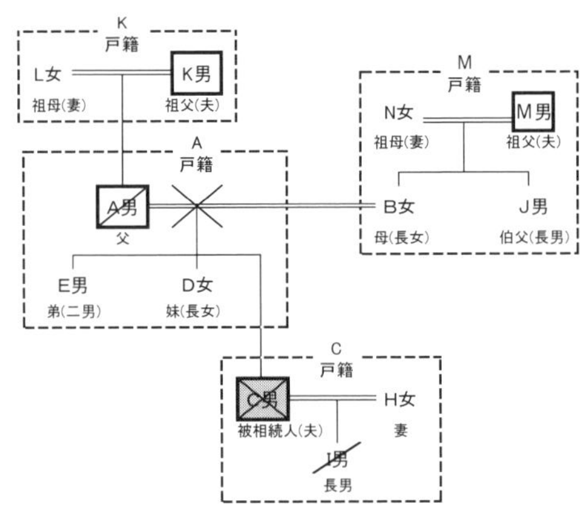

事 例 67

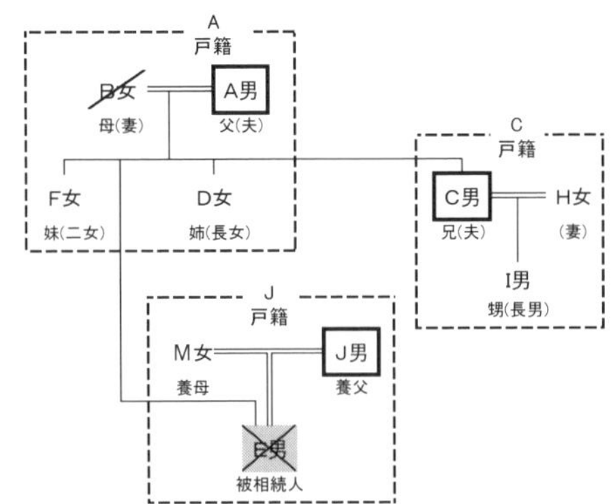

事例65は，被相続人C男が死亡し，妻H女，父A男，母B女がいた場合であり，その相続人及び各法定相続分は，次のとおりである。

相続人	H女	A男	B女
法定相続分	6分の4	6分の1	6分の1

事例66は，被相続人C男が死亡し，妻H女，母B女がいた場合であり，その相続人及び各法定相続分は，次のとおりである。

相続人	H女	B女
法定相続分	3分の2	3分の1

事例67は，被相続人E男が死亡し，養父J男，養母M女，実父A男がいた場合であり，その相続人及び各法定相続分は，次のとおりである。

相続人	A男	J男	M女
法定相続分	3分の1	3分の1	3分の1

だい第２順位の新民法施行中の相続人

新民法が施行された以後，昭和37年民法が施行される前まで（昭和23年１月１日から昭和37年６月30日までの間）に相続が開始した場合（新民法施行中の相続・相続人）において，その開始の時に，被相続人に直系卑属がなく，直系尊属がいれば，直系尊属が第２順位の相続人となった。この場合，被相続人に配偶者がいたときは，配偶者は常に相続人として，直系尊属とともに相続人となり，配偶者の法定相続分は２分の１，直系尊属の法定相続分は２分の１であった（配偶者がいなければ，直系尊属が１分の１）。

相続人	配偶者	直系尊属
法定相続分	2分の1	2分の1

親等の異なる者の間では，親等の近い者が相続人となった。

直系尊属であれば，例えば，親について考えると，被相続人との戸籍の異同，日本国籍の有無も問わず，実親のほか，養親も含まれ，親等の同じ直系尊属が複数人いたときは，それら全ての者が相等しい法定相続分を有した。

根拠条文等 民887・889・900
参考文献 過216

事 例 68

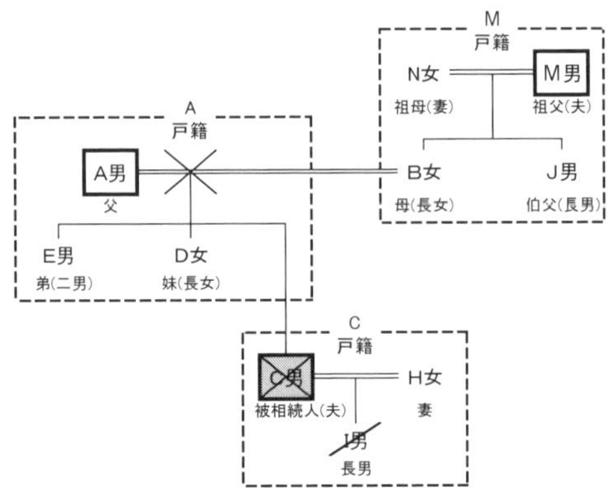

事 例 69

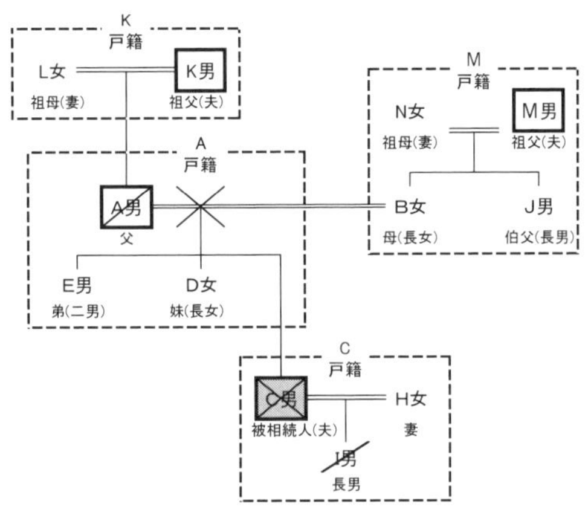

事 例 70

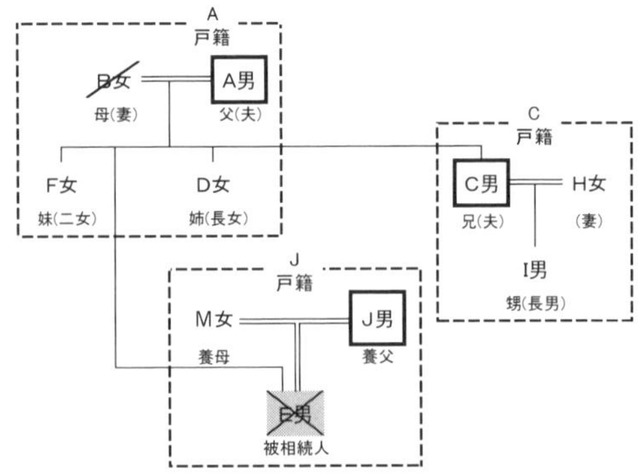

事例68は，被相続人C男が死亡し，妻H女，父A男，母B女がいた場合であり，その相続人及び各法定相続分は，次のとおりとなる。

相続人	Ｈ女	Ａ男	Ｂ女
法定相続分	４分の２	４分の１	４分の１

事例69は，被相続人Ｃ男が死亡し，妻Ｈ女，母Ｂ女がいた場合であり，その相続人及び各法定相続分は，次のとおりとなる。

相続人	Ｈ女	Ｂ女
法定相続分	２分の１	２分の１

事例70は，被相続人Ｅ男が死亡し，養父Ｊ男，養母Ｍ女，実父Ａ男がいた場合であり，その相続人及び各法定相続分は，次のとおりとなる。

相続人	Ａ男	Ｊ男	Ｍ女
法定相続分	３分の１	３分の１	３分の１

第２順位の平成30年民法の相続人

平成30年民法が施行された以後（令和元年７月１日以後）に相続が開始した場合（平成30年民法の相続・相続人）において，その開始の時に，被相続人に子がなく，直系尊属がいれば，直系尊属が第２順位の相続人となる。この場合，被相続人に配偶者がいたときは，配偶者は常に相続人として，直系尊属とともに相続人となり，配偶者の法定相続分は３分の２，直系尊属の法定相続分は３分の１である（配偶者がいなければ，直系尊属が１分の１）。

相続人	配偶者	直系尊属
法定相続分	３分の２	３分の１

親等の異なる者の間では，親等の近い者が相続人となる。

直系尊属であれば，例えば，親について考えると，被相続人との戸籍の異同，日本国籍の有無も問わず，実親のほか，養親（特別養子縁組の養親を含む。）も含まれ，親等の同じ直系尊属が複数人いたときは，それら全ての者が相等しい法定相続分を有する。

根拠条文等 民887・889・900（平成30年民法より）
参考文献 過50

事 例 71

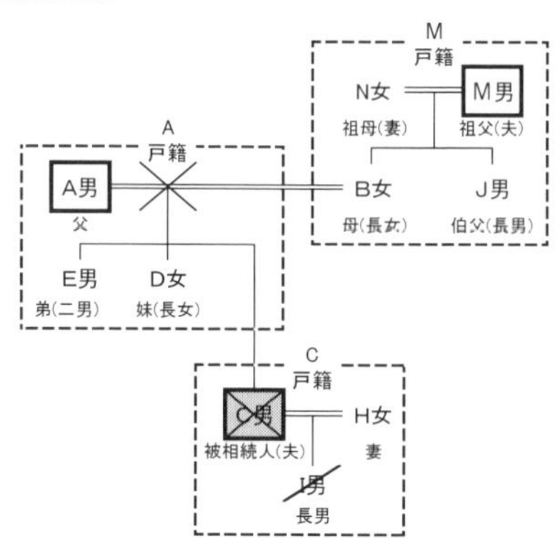

事 例 72

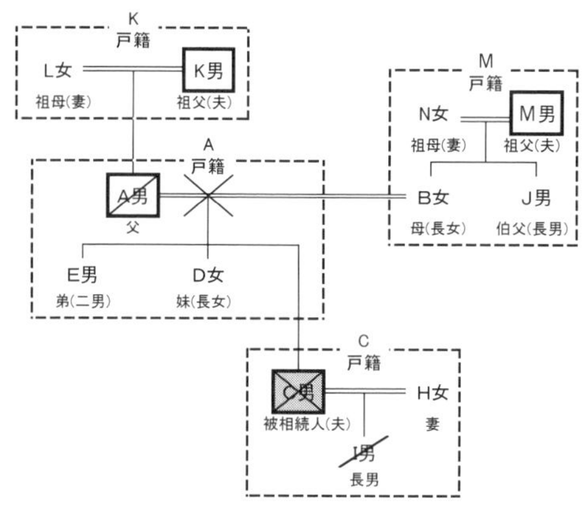

事 例 73

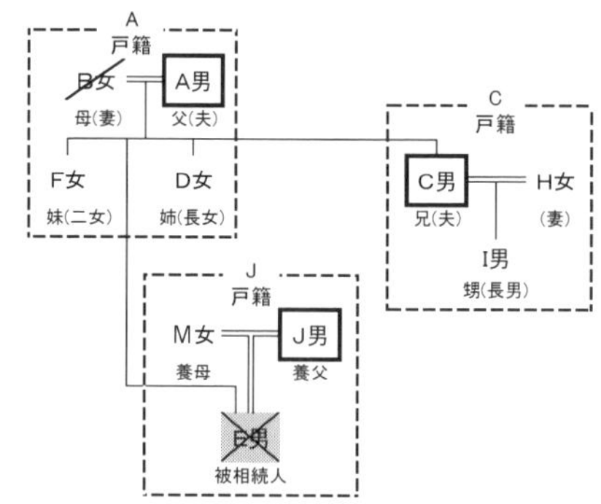

事例71は，被相続人C男が死亡し，妻H女，父A男，母B女がいた場合であり，その相続人及び各法定相続分は，次のとおりである。

相続人	Ｈ女	Ａ男	Ｂ女
法定相続分	６分の４	６分の１	６分の１

事例 72 は，被相続人Ｃ男が死亡し，妻Ｈ女，母Ｂ女がいた場合であり，その相続人及び各法定相続分は，次のとおりである。

相続人	Ｈ女	Ｂ女
法定相続分	３分の２	３分の１

事例 73 は，被相続人Ｅ男が死亡し，養父Ｊ男，養母Ｍ女，実父Ａ男がいた場合，その相続人及び各法定相続分は，次のとおりである。

相続人	Ａ男	Ｊ男	Ｍ女
法定相続分	３分の１	３分の１	３分の１

第２順位の平成 25 年民法の相続人

平成 25 年民法が適用された以後，平成 30 年民法が施行される前まで（平成 25 年９月５日から令和元年６月 30 日までの間）に相続が開始した場合（平成 25 年民法の相続・相続人）において，その開始の時に，被相続人に子がなく，直系尊属がいれば，直系尊属が第２順位の相続人となった。この場合，被相続人に配偶者がいたときは，配偶者は常に相続人として，直系尊属とともに相続人となり，配偶者の法定相続分は３分の２，直系尊属の法定相続分は３分の１であった（配偶者がいなければ，直系尊属が１分の１）。

相続人	配偶者	直系尊属
法定相続分	３分の２	３分の１

親等の異なる者の間では，親等の近い者が相続人となった。

直系尊属であれば，例えば，親について考えると，被相続人との戸籍の異同，日本国籍の有無も問わず，実親のほか，養親（特別養子縁組の養親を含む。）も含まれ，親等の同じ直系尊属が複数人いたときは，それら全ての者が相等しい法定相続分を有した。

根拠条文等 民 887・889・900（平成 25 年民法より）

参考文献 過 136

事 例 74

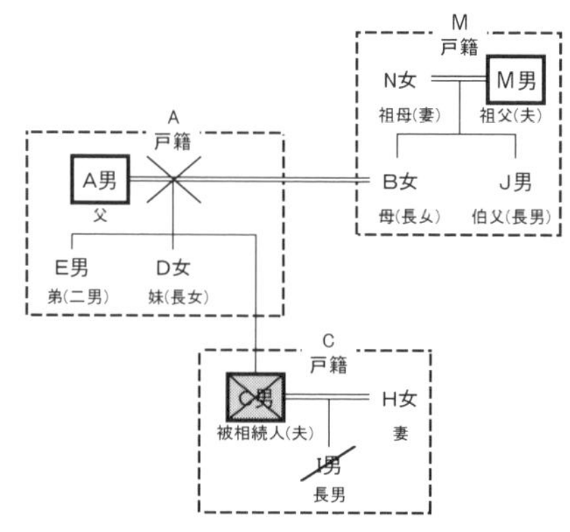

事 例 75

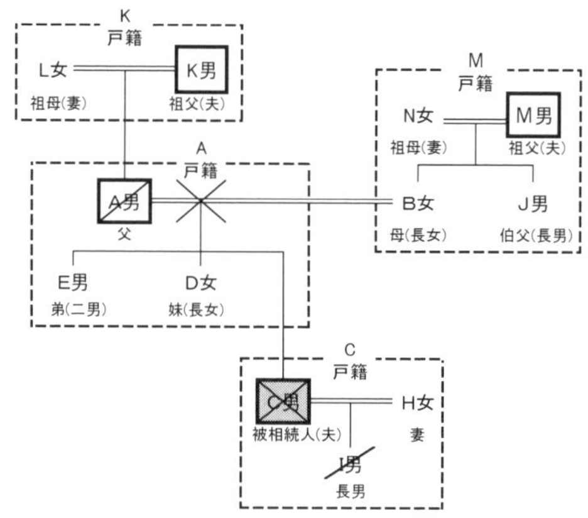

事 例 76

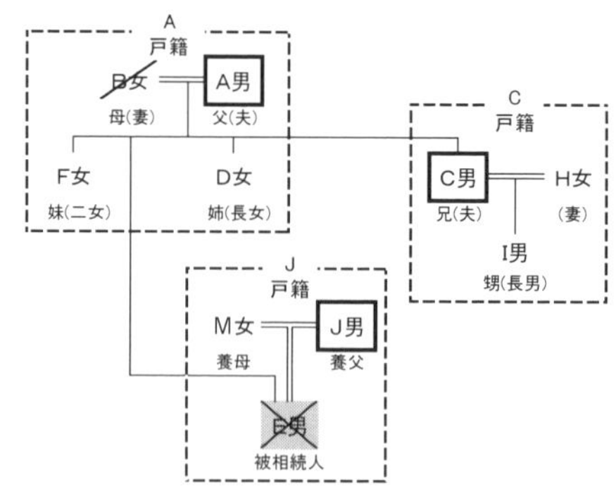

事例74は，被相続人C男が死亡し，妻H女，父A男，母B女がいた場合であり，その相続人及び各法定相続分は，次のとおりとなる。

相続人	H女	A男	B女
法定相続分	６分の４	６分の１	６分の１

事例 75 は，被相続人Ｃ男が死亡し，妻Ｈ女，母Ｂ女がいた場合であり，その相続人及び各法定相続分は，次のとおりとなる。

相続人	H女	B女
法定相続分	３分の２	３分の１

事例 76 は，被相続人Ｅ男が死亡し，養父Ｊ男，養母Ｍ女，実父Ａ男がいた場合であり，その相続人及び各法定相続分は，次のとおりとなる。

相続人	A男	J男	M女
法定相続分	３分の１	３分の１	３分の１

第４順位の旧民法施行中の遺産相続人

旧民法の施行中（明治 31 年７月 16 日から昭和 22 年５月２日までの間），遺産相続が開始した場合において，その開始の時に，被相続人に直系卑属も配偶者も直系尊属もいないときは，被相続人が属する家の戸主が第４順位として遺産相続人となった。

被相続人に子も配偶者も直系尊属もがいないときは，兄弟姉妹がいる場合であっても，兄弟姉妹が相続人とならなかったことは（兄弟姉妹が戸主である場合には，戸主として遺産相続人となることはあったが），応急措置法，新民法以来，現行民法の場合の相続と異なった。

根拠条文等 旧 996 ①iii
参考文献 基 269，過 322・337

事 例 77

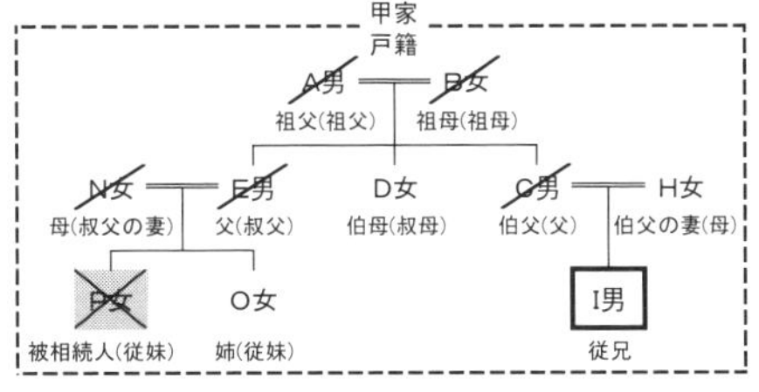

事例 77 は，戸主ではない（家族である）被相続人Ｐ女には，直系卑属，配偶者がいなかった場合であり，直系尊属であるＡ男，Ｂ女，Ｅ男，Ｎ女（それらの直系尊属も全て）が既に死亡していたものである。この場合，その遺産相続人は，次のとおりとなる。

遺産相続人	Ｉ男

だ 第４順位の旧民法施行中の家督相続人

⇒第２種法定家督相続人

た 他家

⇒家，家制度

た 他家相続

他家を家督相続することを他家相続といい，家族が他家相続をするときは戸主の同意を要し，戸主が他家相続をするときは廃家することを要した。

他家を家督相続するということは，他家の戸主を被相続人として開始した家督相続について家督相続人になることを意味する。

根拠条文等 旧 743
参考文献 基 102

だ 太政官布告・達等 大審院判例等 司法省先例等と家督相続・遺産相続

旧民法が施行された明治 31 年７月 16 日より前，つまり，明治 31 年７月 15 日までに相続（家督相続，遺産相続）が開始した場合は，その相続には旧民法を適用することはできない。

旧民法の施行前に家督相続，遺産相続が開始しているときは，まず，旧々民法の規定を参考にして（旧々民法を参考とする家督相続・家督相続人，旧々民法を参考とする遺産相続・遺産相続人），家督相続人，遺産相続人を特定する。

また，その他にも，当時の慣例を把握するために，大審院や最高裁判所等の判例や，司法省，法務省の先例を調査し，あるいは，当時の法令として有効であった太政官布告，太政官達，太政官布達，太政官指令，内務省達，司法省達，司法省指令など（太政官布告・達等）を調査して，個々の相続に関する事例に当てはめる必要がある場合もなくはない。

参考文献 過 363，手４

た 他人選定家督相続人

⇒旧々民法を参考とする家督相続・家督相続人

だ 男子養子の制限

旧民法では，法定推定家督相続人である男子がいる戸主は，男子を養子とする養子縁組をすることができなかった。この制限が男子養子の制限であり，旧民法に特有の養子縁組の要件であった。

例えば，既に長男がいる戸主は，女子を養子とすることはできるが，男子を養子とすることはできなかったということである。

ただし，婿養子については男子養子の制限の例外とされていた。例えば，戸主に，既に長男がいる場合であっても，娘の夫として婿養子縁組をして，その夫を婿養子（男子である養子）とすることができたということである。

旧々民法にも，同様の規定があった。

根拠条文等 旧 839
参考文献 基 149，人 107

た 単身戸主

家族がいない家における戸主を，単身戸主といった。

単身戸主とは，要するに，戸主だけで構成される家の戸主のことである。

⇒戸主，戸主権

根拠条文等 旧 732
参考文献 基 76，過 53，体 646，相 464

ち 嫡出子

夫婦の間に生まれた子，つまり，夫によって懐胎し，その妻が分娩した子が嫡出子である。

そして，妻が婚姻中に懐胎した子は，夫の子と推定され，婚姻の成立の日から 200 日を経過した後，又は婚姻の解消若しくは取消しの日から 300 日以内に生まれた子は，婚姻中に懐胎したものと推定される。なお。夫婦の婚姻後 200 日以内に生まれた子は，嫡出子であるとの推定は受けないものの，生まれながらに夫婦の嫡出子とされる。

嫡出子出生の届出は父又は母が行うが，旧民法（旧戸籍法）では，嫡出子出生の届出は，原則として，父が行い，嫡出子は父の家に入った（子の入る家）。

⇒準正，準正子

根拠条文等 旧 820，民 772，大判昭 15・1・23 大民集 19 巻 54 頁
参考文献 基 137，体 255，相二版（5・6（事項番号 1 ～ 10））

ち 嫡出でない子，嫡出ニ非サル子

嫡出子ではない子，つまり非嫡出子であり，嫡出でない子，旧民法では「嫡出ニ非サル子」である。

第3編 キーワード

嫡出でない子は，その父又は母がこれを認知することができるとされているが，母との関係では，母の認知を要せずに，分娩の事実により当然に，親子関係を生じる。

⇒庶子・私生子

根拠条文等 旧 827，民 779

参考文献 基 139，体 255，相二版（7（事項番号 14・15））

ち 嫡孫承祖

⇒代襲による旧民法施行前の家督相続

ち 嫡母，嫡母庶子関係

嫡母とは，「庶子の父の妻」を意味した（体 105 頁）。嫡母と庶子との間においては，親子間におけるのと同一の親族関係（法定血族）を生ずるが，庶子は嫡母の非嫡出子となった。嫡母庶子関係は，広義には継親子関係の範疇であるが，嫡出の親子関係となる狭義嫡出の継親子関係と異なり，非嫡出の親子となった。嫡母庶子関係のうちの，親であり，広義の継親子関係の継親に相当するが，庶子の夫の妻であるため，継母に相当する。嫡母は，嫡母庶子関係の成立の日から，その夫の庶子の母（非嫡出子の母という意味で）となった。なお，嫡母とは，嫡出子の母を意味するものではない。本来は，父に認知された非嫡出子を父との関係において庶子といったが，嫡母庶子関係の中では嫡母の非嫡出子として嫡母（母）との関係においても庶子といった。

嫡母庶子関係も，広義の継親子関係として，応急措置法，新民法以後の民法にはなく，旧民法に特有の法定血族である。

嫡母庶子関係は，当該庶子の父の妻（当該庶子の実母，養母ではない）にとって，次のいずれかの場合に，当該庶子との間に成立した。

ア　夫の子であって，その婚姻の当時，夫の家にある夫の庶子は，妻の庶子となった。
イ　夫の庶子であって，その婚姻中に，夫の家に入った（入籍した）庶子は，妻の庶子となった。

例えば，㋐夫婦が婚姻した際，夫の家に夫の庶子が在籍していたときは，その婚姻と同時に，夫の家に入籍した妻と当該夫の子は嫡母と庶子になり，㋑夫婦の婚姻後に，他家にある夫の庶子が，その夫婦の家に入籍したときは，その入籍と同時に，当該妻と入籍した庶子は嫡母と庶子になった。いずれも，養子縁組のような行為，届出を要さずに，前記の要件を満たすことで，当然に，嫡母庶子関係が生じた。

嫡母庶子関係が成立すると，嫡母と庶子は親子となったが，これは，夫の庶子を，その妻の庶子ともすることを意味し，妻にとっても非嫡出子となった。また，嫡母庶子関係も広義の継親子関係として，嫡母と庶子の血族との間には血族関係は生じなかったため，例えば，嫡母の親と庶子とは祖父母と孫にはならなかった。

旧民法の施行前にも，嫡母庶子関係はあった。

なお，妻の私生子は，その夫とは親子関係は生じず（非嫡出の継子にならない。），夫にとっては，単に，1 親等の直系姻族になるにすぎなかった。

根拠条文等 旧 728，人 23，大判大 9・4・8 民録 26 輯 466 頁，大判明 37・5・23 民録 10 輯 712 頁，大 7・5・30 民第 1159 号法務局長回答

参考文献 新 142，基 58，過 245，体 105，手 105

ち 直系

親と子や，祖父母と孫のような祖先と子孫の血族の関係をいう。

直系の尊属が直系尊属，直系の卑属が直系卑属である。

直系と対比される関係が，傍系である。

根拠条文等 旧 726 ①，民 726 ①

参考文献 基 44，体 93

ち 直系卑属

直系の卑属であり，子や孫（以下の子孫）のことである。

つ 常に相続人となる応急措置法施行中の相続人

応急措置法の施行中（昭和 22 年 5 月 3 日から昭和 22 年 12 月 31 日までの間），相続が開始した場合（応急措置法施行中の相続・相続人）において，その開始の時に，被相続人に配偶者がいたときは，配偶者は常に相続人となった。配偶者以外に，第 1 順位以下の相続人がいたときは，配偶者は，その先順位の者とともに共同（同順位）で相続人となった。

配偶者はいたものの，第 1 順位以下の相続人がいなかったときは，配偶者だけが相続人となった。

根拠条文等 応 8

参考文献 基 286，過 234

つ 常に相続人となる昭和 55 年民法の相続人

昭和 55 年民法が施行された以後，昭和 62 年民法が施行される前まで（昭和 56 年 1 月 1 日から昭和 62 年 12 月 31 日までの間）に相続が開始した場合（昭和 55 年民法の相続・相続人）において，その開始の時に，被相続人に配偶者がいたときは，配偶者は常に相続人となった。配偶者以外に，第 1 順位以下の相続人がいたときは，配偶者は，その先順位の者とともに共同（同順位）で相続人となった。

配偶者はいたものの，第 1 順位以下の相続人がいなかったときは，配偶者だけ

が相続人となった。

根拠条文等 民 890（昭和 55 年民法より）
参考文献 過 174

つ 常に相続人となる昭和 37 年民法の相続人

昭和 37 年民法が施行された以後，昭和 55 年民法が施行される前まで（昭和 37 年 7 月 1 日から昭和 55 年 12 月 31 日までの間）に相続が開始した場合（昭和 37 年民法の相続・相続人）において，その開始の時に，被相続人に配偶者がいたときは，配偶者は常に相続人となった。配偶者以外に，第 1 順位以下の相続人がいたときは，配偶者は，その先順位の者とともに共同（同順位）で相続人となった。

配偶者はいたものの，第 1 順位以下の相続人がいなかったときは，配偶者だけが相続人となった。

根拠条文等 民 890
参考文献 過 192

つ 常に相続人となる昭和 22 年民法の相続人

⇒常に相続人となる新民法施行中の相続人

つ 常に相続人となる昭和 62 年民法の相続人

昭和 62 年民法が施行された以後，平成 25 年民法が適用される前まで（昭和 63 年 1 月 1 日から平成 25 年 9 月 4 日までの間）に相続が開始した場合（昭和 62 年民法の相続・相続人）において，その開始の時に，被相続人に配偶者がいたとき，配偶者は常に相続人となった。配偶者以外に，第 1 順位以下の相続人がいたときは，配偶者は，その先順位の者とともに共同（同順位）で相続人となった。

配偶者はいたものの，第 1 順位以下の相続人がいなかったときは，配偶者だけが相続人となった。

根拠条文等 民 890
参考文献 過 148・162

つ 常に相続人となる新民法施行中の相続人

新民法が施行された以後，昭和 37 年民法が施行される前まで（昭和 23 年 1 月 1 日から昭和 37 年 6 月 30 日までの間）に相続が開始した場合（新民法施行中の相続・相続人）において，その開始の時に，被相続人に配偶者がいたときは，配偶者は常に相続人となった。配偶者以外に，第 1 順位以下の相続人がいたときは，配偶者は，その先順位の者とともに共同（同順位）で相続人となった。

配偶者はいたものの，第 1 順位以下の相続人がいなかったときは，配偶者だけが相続人となった。

根拠条文等 民 890
参考文献 過 208

つ 常に相続人となる平成 30 年民法の相続人

平成 30 年民法が施行された以後（令和元年 7 月 1 日以後）に相続が開始した場合（平成 30 年民法の相続・相続人）において，その開始の時に，被相続人に配偶者がいたときは，配偶者は常に相続人となる。配偶者以外に，第 1 順位以下の相続人がいたときは，配偶者は，その先順位の者とともに共同（同順位）で相続人となる。

配偶者はいるものの，第 1 順位以下の相続人がいなかったときは，配偶者だけが相続人となる。

根拠条文等 民 890
参考文献 過 49

つ 常に相続人となる平成 25 年民法の相続人

平成 25 年民法が適用された以後，平成 30 年民法が施行される前まで（平成 25 年 9 月 5 日から令和元年 6 月 30 日までの間）に相続が開始した場合（平成 25 年民法の相続・相続人）において，その開始の時に，被相続人に配偶者がいたときは，その配偶者は常に相続人となった。配偶者以外に，第 1 順位以下の相続人がいたときは，配偶者は，その先順位の者とともに共同（同順位）で相続人となった。

配偶者はいたものの，第 1 順位以下の相続人がいなかったときは，配偶者だけが相続人となった。

根拠条文等 民 890
参考文献 過 136

ど 同時死亡，同時死亡の推定

ある人とある人が同時に死亡したときは（共同危難には限られない。），相互に被相続人相続人の関係を生じない。例えば，被相続人である親と子が同時に死亡したときは，子は親の相続人とはならないことを意味し，もし，当該子に子（被相続人の孫）がいるときは，当該孫が代襲相続人となることも意味する。また，同時に死亡した夫婦は，互いに相続人とはならない。

そこで，数人の者が死亡した場合において，そのうちの一人が他の者の死亡後になお生存していたことが明らかでないときは，これらの者は，同時に死亡したものと推定される。この推定（同時死亡の推定）に関する規定は，昭和 37 年民法によって新設された。

根拠条文等 民 32 の 2（昭和 37 年民法より）

と 特定財産承継遺言

遺産分割の方法の指定として遺産に属する特定の財産を共同相続人の一人又は数人に承継させる旨の遺言を，特定財産承継遺言という。そして，特定財産承継遺言があるときは，遺言執行者は，当該共同相続人が共同相続における権利の承継の対抗要件を備えるために必要な行為をすることができる。

また，特定財産承継遺言の対象となる財産が預貯金債権である場合には，遺言執行者は，その預金又は貯金の払戻しの請求及びその預金又は貯金に係る契約の解約の申入れ（解約の申入れについては，その預貯金債権の全部が特定財産承継遺言の目的である場合に限る。）をすることができる。

これらの規律は，平成 30 年民法によって設けられた。

根拠条文等 民 1014（平成 30 年民法より）
参考文献 過 109

と 特別縁故者に対する相続財産の分与

相続人不存在の場合において，相続人捜索の公告による期間内に相続人としての権利を主張する者がないときは，相当と認めるときは，家庭裁判所は，被相続人と生計を同じくしていた者，被相続人の療養看護に努めた者その他被相続人と特別の縁故があった者の請求によって，これらの者に，清算後残存すべき相続財産の全部又は一部を与えることができ，この請求は，相続人捜索の公告の期間の満了後 3 か月以内にしなければならない。

特別縁故者に対する相続財産の分与は，昭和 37 年民法（昭和 37 年 7 月 1 日施行）によって創設された。

根拠条文等 民 958 の 3（昭和 37 年民法より）
参考文献 過 98，手 234

と 特別受益，特別受益者の相続分

共同相続人の中に，被相続人から，遺贈を受け，又は婚姻若しくは養子縁組のため若しくは生計の資本として贈与を受けた者（特別受益者）があるときは，被相続人が相続開始の時において有した財産の価額に，その贈与の価額を加えたものを相続財産とみなして，法定相続分の中からその遺贈又は贈与の価額を控除した残額が，その特別受益者の相続分となる。なお，被相続人の別段の意思の表示があるときは，その意思に従う（特別受益の持戻し免除の意思表示）。もし，遺贈又は贈与の価額が，相続分の価額以上であるときは，受遺者又は受贈者は，その相続分を受けることはできない。

旧民法では，特別受益に当たる贈与には，婚姻，養子縁組のため，生計の資本としての贈与の他，分家，廃絶家再興のための贈与も含まれた。

⇒配偶者のための持戻し免除の意思表示の推定

根拠条文等 旧 1007，民 903
参考文献 過 90

と 特別受益の持戻し免除の意思表示

⇒特別受益，特別受益者の相続分

と 特別の寄与

⇒寄与分
⇒相続人以外の者の特別の寄与

と 特別養子，特別養子縁組

昭和 62 年民法によって，昭和 63 年 1 月 1 日，特別養子制度が創設された。

特別養子は，養親にとって子であることは普通養子と変わりはないものの，成立要件，効果等には差異がある。

特別養子縁組とは，実方の血族との親族関係が終了する縁組をいい，特別養子縁組による養子が特別養子である。

特別養子縁組は，養親となる者の請求により，家庭裁判所が成立させ，普通養子縁組は当事者の合意（契約）及び戸籍の届出によって成立するが，特別養子縁組は家庭裁判所の審判によって成立する。審判を請求した養父又は養母は，審判が確定した日から 10 日以内に戸籍の届出をしなければならない。

特別養子縁組の要件は，次のとおりである。

(i) 養親となる者は，配偶者のある者でなければならず，その夫婦は，共同で養親養親の夫婦共同縁組）とならなければならない（夫婦の一方が他の一方の嫡出子（特別養子縁組以外の縁組による養子を除く。）の養親となる場合を除く。）。
(ii) 25 歳未満の者は養親となることができない（養親となる夫婦の一方が 25 歳未満であっても，その者が 20 歳以上であれば養親となることができる。）。
(iii) 特別養子縁組の審判の請求（申立て）の時に 6 歳以上である者（8 歳未満であって，6 歳前から引き続き養親となる者に監護されている者を除く。）は，特別養子となることができなかった。それが，令和元年 6 月 14 日法律第 34 号民法等の一部を改正する法律によって，令和 2 年 4 月 1 日から，特別養子となる者は，その審判の申立ての時に 15 歳未満の者（15 歳前から引き続き養親となる者に監護されている場合において，15 歳になるまでに，その審判の申立てがされなかったことについてやむを得ない事由があるときを除く。）でなければならず，また，その審判の確定時に 18 歳未満でなければならないとされた（特別養子となる者が 15 歳以上である場合においては，その者の同意を要する。）。
(iv) 養子となる者の父母の同意がなければならない（父母がその意思を表示することができない場合又は父母による虐待，悪意の遺棄その他特別養子となる者の利益を著しく害する事由がある場合を除く。）。
(v) 父母による養子となる者の監護が著しく困難又は不適当であることその他特別の事情がある場合において，子の利益のため特に必要があると認めるときでなければならない。

その他，普通養子縁組の要件である尊属・年長養子の禁止も，特別養子縁組にも適用され，また，成年被後見人が特別養子をするには，その成年後見人の同意を要しないとされている。

特別養子縁組が成立すると，特別養子は特別養子縁組の養親の嫡出子となる一方，特別養子は実親の子ではなくなる。これは，特別養子と実方の父母及びその血族との親族関係が，原則として，特別養子縁組によって終了することを意味する。そのため，実子ではあっても，他人の特別養子となった者は，その実親を被相続人とする相続については，相続人とはなり得ない。

根拠条文等 民 817 の 2 ～ 817 の 11（昭和 62 年民法より）
参考文献 過 58，体 342，相 818，相二版（87（事項番号 467 ～ 470））

に 日本国憲法公布後（応急措置法施行前）の家督相続人に対する相続財産の分配請求権

日本国憲法の公布の日（昭和 21 年 11 月 3 日）以後（昭和 22 年 5 月 2 日まで）に，戸主の死亡による家督相続が開始した場合には（家督相続人の不選定の場合を除く。），新民法によれば共同相続人となるはずであった者は，家督相続人に対して相続財産の一部の分配を請求することができた。

⇒新民法施行中の相続・相続人

根拠条文等 附 27
参考文献 新 215

に 日本国憲法の施行に伴う応急的措置に関する法律

⇒応急措置法

に 入籍

一般に，ある人が，現に自己が記載されていない戸籍に記載されることを入籍という。入籍には，例えば，出生という事実による生来の入籍，婚姻，養子縁組，認知などという法律行為（身分行為）に伴う入籍があり，これらは，新民法以後はもちろん，旧民法以前にもあった。また，新民法以後は，子が父又は母と氏を異にする場合には，子は，家庭裁判所（家事審判所）の許可を得て，その父又は母の氏を称することができるなどとする場合があり，その際に，当該父又は母の氏を称するための入籍もある。

旧民法において，入籍とは，家に入ることと同義であったが，旧民法では，前述の入籍以外に特有の入籍があった。それが，入籍そのものを目的とする法律行為（身分行為）としての入籍で，親族入籍と引取入籍があった。戸主が他家に入籍すると，入籍元の（入籍者が属した）家は廃家となった。

旧民法には，他に，随従入籍，携帯入籍があった。

応急措置法，新民法以後は，入籍の有無が相続人の特定に影響を与えることはないが，旧民法にあっては，入籍の有無が相続人の特定に影響を与えることもあった。

根拠条文等 旧 737・738・743・745・764・791
参考文献 基 87，相二版（54・55（事項番号 275 ～ 278））

に 入籍者の場合の第１種法定家督相続人の順序の特則

旧民法の施行中（明治 31 年 7 月 16 日から昭和 22 年 5 月 2 日までの間）に家督相続が開始し，その開始の時に，戸主と同じ家（の戸籍）に在籍する直系卑属であっても，生来，その家に在籍している者と，後に入籍した者とでは，第１種法定家督相続人の順序が異なった。

親族入籍又は引取入籍によって，その家の家族となった直系卑属は，嫡出子又は庶子である（親族入籍又は引取入籍していない）他の直系卑属（男女を問わない。）がいない場合に限って，第１種法定家督相続人の順序に従って家督相続人となったものである。

例えば，戸主に長男，二男，三男がいて，二男が分家した後，長男が死亡し（長男に直系卑属はいないものとする。），二男が分家を廃家して分家前の家に親族入籍した場合，戸主の死亡によって家督相続が開始したときは，親族入籍した二男ではなく，三男が家督相続人となった（ここで，三男がいなければ，二男が家督相続人となったことは当然である。）。また，この例で，三男が，二男が親族入籍した後に出生した者であったとしても，三男が家督相続人となった。あるいは，出生の際に他家に在籍した男子である庶子が，後日，親族入籍によって父である戸主の家に入籍した場合，戸主の死亡によって家督相続が開始したとき，その家に生来在籍する戸主の女子である庶子がいるならば，女子である庶子が家督相続人となった。

入籍者の場合の第１種法定家督相続人の順序の特則が適用されるのは，親族入籍又は引取入籍によって入籍した者であるため，認知，携帯入籍，復籍，養子縁組には適用されなかった。

⇒認知と家督相続権
⇒携帯入籍と家督相続
⇒復籍と家督相続
⇒養子の場合の第１種法定家督相続人の順序の特則

根拠条文等 旧 972
参考文献 基 187

に 入夫婚姻

旧民法に特有の婚姻の形態の一つに，入夫婚姻があった。

入夫婚姻とは，妻が女戸主である場合の婚姻であり，通常の婚姻では妻が夫の家（夫の属する家の戸籍）に入る（入籍する）のに対し，入夫婚姻では夫が妻の家に入った。

入夫婚姻の場合の夫は入夫と呼ばれ，入夫婚姻によって，原則として入夫が戸主となったが，当事者（女戸主と入夫）が入夫婚姻の当時，反対の意思を表示したときは入夫は戸主とならず，引き続き，女戸主が戸主であった。

入夫が戸主となる入夫婚姻によって，家督相続が開始した。

入夫婚姻は，妻の親と夫との間に養親子関係が生じなかったこと，妻が女戸主であったことが，婿養子縁組とは，異なった。

旧民法の施行中（明治 31 年 7 月 16 日から昭和 22 年 5 月 2 日までの間），女戸主の入夫婚姻は，家督相続の開始の事由であったため，入夫婚姻が成立すると家督相続が開始し，入夫が家督相続人となった。つまり，入夫婚姻によって開始した家督相続では，第 1 種法定家督相続人がいても，入夫が家督相続人になったのである。例えば，女戸主が入夫婚姻した場合，女戸主には同じ戸籍に前婚（入夫が戸主とならない入夫婚姻）の子がいたとしても，その子ではなく，入夫が家督相続人となった。

ただし，入夫婚姻が成立しても，女戸主と入夫が入夫婚姻の当時，反対の意思を表示したときは入夫は戸主とならず，つまり，家督相続は開始しなかった。

入夫婚姻が成立している戸籍で，妻を戸主（女戸主）とする戸籍が抹消され，入夫を戸主とする新戸籍が編製されている場合は，家督相続届の記載はないものの，入夫を家督相続人とする家督相続が開始したことが判明する。この場合の家督相続の開始の日は，入夫婚姻の日である。

他方，入夫婚姻が成立している戸籍であっても，入夫を戸主とする新戸籍が編製されていない場合（妻を戸主（女戸主）とする戸籍が継続している場合）は，家督相続は開始していなかったことが判明する。

なお，旧々民法において入夫婚姻は家督相続の開始の事由とはされていなかったが，旧民法の施行前の慣例では，入夫婚姻によって当然に入夫が戸主となったとの見解もある。

⇒財産留保
⇒生前相続と死亡相続
⇒旧民法施行中の家督相続・家督相続人

根拠条文等 旧 736・788・971

参考文献 基 83・132・162・197，体 399，過 252・290，相二版（47（事項番号 233 ～ 236），74（事項番号 397・398）），手 24

に 入夫の離婚，入夫離婚

旧民法の施行中（明治 31 年 7 月 16 日から昭和 22 年 5 月 2 日までの間），入夫婚姻によって婚姻している夫婦が離婚することを，入夫の離婚（入夫離婚）といい，入夫は（戸主となった入夫も，戸主とならなかった入夫も）実家に復籍した。

入夫婚姻によって戸主となった入夫が離婚すると，その家の戸主を入夫のまま存置することは許されないため，家督相続が開始した。

旧民法の施行中（明治 31 年 7 月 16 日から昭和 22 年 5 月 2 日までの間），入夫の離婚は，家督相続の開始の事由であったため，入夫離婚が成立すると家督相続が開始した。

入夫の離婚によって家督相続が開始した場合は，入夫婚姻以外の事由で家督相続が開始した場合と同様，家督相続人の順位に従って家督相続人が定まった。

例えば，女戸主と入夫が入夫婚姻し，入夫が戸主となって，夫婦の長男が誕生した後，入夫が離婚したときは，長男が家督相続人となり，前戸主である女戸主であった妻が家督相続人となるわけではなかった。

なお，入夫が戸主とならない入夫婚姻によって妻（女戸主）の家に入った入夫が離婚しても，家督相続は開始しなかった。

⇒旧民法施行中の家督相続・家督相続人

根拠条文等 旧 964 iii
参考文献 新（3），基 198

に 女戸主

⇒戸主，戸主権

に 認知

非嫡出子は，その父又は母が，認知することができる。

認知によって，その親子関係が生じるが，母との関係では，母の認知を要せずに，分娩の事実により当然に，親子関係を生じることから，認知は実際上，父によって（父に対して）なされることとなり，父と非嫡出子の関係は認知によって生じた。

旧民法にあっては，父が認知した子は庶子となった。

認知の効力は出生に遡ったが，第三者が既に取得した権利を害することはできなかった。

⇒庶子・私生子の入る家
⇒認知と家督相続権
⇒相続の開始後に認知された者の価額の支払請求権
⇒認知の訴え

根拠条文等 旧827・831，民779・784，最二小判昭37・4・27民集16巻7号1247頁

参考文献 基141，体304，相二版（8・9（事項番号16～26），44（事項番号216～226））

に 認知準正

⇒準正，準正子

に 認知と家督相続権

認知は出生の時に遡って効力が生じたものの，第三者が既に取得した権利を害することはできない。

旧民法の施行中（明治31年7月16日から昭和22年5月2日までの間）では，例えば，戸主が隠居し，戸主の庶子である男子が家督相続人となったあと，その隠居した戸主（であった者）が，その庶子よりも年長の私生子である男子を認知し，その私生子が庶子となった（隠居した戸主と同じ家に入籍した）場合は，認知された庶子も出生に遡って庶子であったことになったが，先に認知された庶子が既に家督相続人となっているため，その家督相続人としての地位（家督相続権）は害されず，年長であっても後から認知された庶子が家督相続人となることはなかった。この場合，入籍者の場合の第1種法定家督相続人の順序の特則は適用されなかった。

しかし，家督相続が開始する前に，先に認知された庶子が法定推定家督相続人であった場合に，その後，当該庶子よりも年長の私生子が認知によって子が庶子となったときは，法定推定家督相続人の地位は，先に認知された年少の庶子から，後から認知された年長の庶子に移った。法定推定家督相続人である地位は，第三者が既に取得した権利としての家督相続権とは，いまだ，いえなかったからである。

根拠条文等 旧832

参考文献 基180

に 認知の訴え

子，その直系卑属又はこれらの者の法定代理人は，認知の訴えを提起することができるが，父又は母（通常は父）の死亡の日から3年を経過したときは，この限りでない。

これは，認知されるべき子の側から訴訟によって認知を求めることが認められていることを意味する。また，昭和17年民法の施行以後は，認知の相手方である父又は母（通常は父）が死亡しても，その死亡の日から3年以内であれば認知の訴えを提起することができるようになっている（死後認知）。

根拠条文等 旧835，民787

ね 願済相続人

旧民法の施行前に，戸籍に，願済相続人との記載がある場合は，家督相続人に指定されたことを意味する。

⇒嗣子

参考文献 過 343，手 38

ね 願済廃嫡

旧民法の施行前の戸籍の願済廃嫡の記載は，旧民法の施行以後における法定推定家督相続人の廃除に相当するものであり，戸籍には，願済廃嫡のほか，（単に）廃嫡と記載されている場合がある。

参考文献 過 343，手 26

は 廃家

旧民法において，戸主が，自らの意思で家を消滅させることを廃家するといい，廃家によって消滅した家も廃家と呼ばれた。

家制度の下では，家の継続が最も重要な価値の一つであることから，原則として，廃家は禁止（廃家の禁止）されていた。

ただし，新たに家を立てた者（分家，一家創立によって戸主となった者）は廃家することができ，また，本家相続，再興，その他の正当事由があって，裁判所の許可が得られたときも，廃家することができた。

廃家した者は，他家に入ら（入籍しな）ければならなかったが，廃家に家族がいる場合は，その家族は，当然に，その廃家の戸主が入った家に入籍した（随従入籍）。

廃家した者が財産を有しているときは，引き続き，財産を有したまま他家に入ったことから，廃家の時に家督相続，遺産相続が開始することはなかった。

根拠条文等 旧 762.763
参考文献 新（11），基 118，体 644，相二版（80・81（事項番号 433～438））

は 廃家再興

⇒再興

は 配偶者

婚姻関係にある者，つまり，夫にとっての妻，妻にとっての夫を指す。

親族ではあっても，血族にも姻族にも当たらない。

根拠条文等 旧 725 ii，民 725 ii
参考文献 基 44，体 92

配偶者居住権

配偶者が，被相続人の死亡時において居住建物に居住していた場合には，配偶者居住権そのものを遺産分割の協議によって配偶者が取得し，あるいは，被相続人が遺言をもって遺贈によって配偶者に配偶者居住権を取得させることができ，これにより，配偶者は引き続き住み続けることができる。

この配偶者の権利が配偶者居住権と呼ばれ（配偶者短期居住権とは異なる。），被相続人の配偶者は，被相続人の財産に属した建物に相続開始の時に居住していた場合において，遺産の分割によって配偶者居住権を取得するものとされたとき，又は配偶者居住権が遺贈の目的とされたときは，被相続人が相続開始の時に居住建物を配偶者以外の者と共有していた場合を除いて，その居住していた建物（居住建物）の全部について無償で使用及び収益をすることができる（居住建物が配偶者の財産に属することとなった場合であっても，他の者がその共有持分を有するときは，配偶者居住権は，消滅しない。）。

また，共同相続人間に配偶者が配偶者居住権を取得することについて合意が成立しているとき，又は配偶者が家庭裁判所に対して配偶者居住権の取得を希望する旨を申し出た場合において，居住建物の所有者の受ける不利益の程度を考慮してもなお配偶者の生活を維持するために特に必要があると認めるときに限り，遺産の分割の請求を受けた家庭裁判所は，配偶者が配偶者居住権を取得する旨を定めることができる。

配偶者居住権の存続期間は，配偶者の終身の間であるが，遺産の分割の協議若しくは遺言に別段の定めがあるとき，又は家庭裁判所が遺産の分割の審判において別段の定めをしたときは，その定めるところによる。

居住建物の所有者は，配偶者居住権を取得した配偶者に対し，配偶者居住権の設定の登記を備えさせる義務を負う。

配偶者居住権は，平成 30 年民法によって新設されたもので，令和 2 年 4 月 1 日以後に開始した相続について適用されるが，遺贈に関しては令和 2 年 3 月 31 日以前にされたものについては適用されない。

根拠条文等 民 1028 ～ 1036（平成 30 年民法より），令 2・3・30 民二第 324 号民事局長通達

参考文献 過 103

配偶者たる家督相続人

⇒旧々民法を参考とする家督相続・家督相続人

[は] 配偶者短期居住権

配偶者は，被相続人の財産に属した建物に相続開始の時に無償で居住していた場合には，原則として，その居住していた建物（居住建物）の遺産分割の協議が成立するまでの間は配偶者は引き続き住み続けることができる。

この配偶者の権利が配偶者短期居住権と呼ばれ（配偶者居住権とは異なる。），居住建物について配偶者を含む共同相続人間で遺産の分割をすべき場合には，遺産の分割により居住建物の帰属が確定した日又は相続開始の時から６か月を経過する日のいずれか遅い日までの間，居住建物の所有権を相続又は遺贈により取得した者（居住建物取得者）に対し，居住建物について無償で使用する権利を有するというものである。なお，居住建物取得者は，遺産の分割により居住建物の帰属が確定した日又は相続開始の時から６か月を経過する日のいずれか遅い日の後であれば，いつでも配偶者短期居住権の消滅の申入れをすることができ，この場合は，配偶者短期居住権の存続する期間は，その申入れの日から６か月を経過する日までの間となる。

配偶者が居住建物に係る配偶者居住権を取得したときは，配偶者短期居住権は消滅し，それ以外の場合で配偶者短期居住権が消滅したときは，配偶者は，居住建物の返還をしなければならない。

配偶者短期居住権は，平成 30 年民法によって新設されたもので，令和２年４月１日以後に開始した相続について適用される。

根拠条文等 民 1037 ～ 1041（平成 30 年民法より）
参考文献 過 100

[は] 配偶者のための持戻し免除の意思表示の推定

共同相続人中に，被相続人から，遺贈を受け，又は婚姻若しくは養子縁組のため若しくは生計の資本として贈与を受けた者（特別受益者）があるときは，特別受益者の相続分の価額は，みなし相続財産の価額を基礎にした法定相続分に相当する価額から特別受益の価額を控除した残額とされる。

それが，婚姻期間が 20 年以上の夫婦の一方である被相続人が，他の一方に対し，その居住の用に供する建物又はその敷地について遺贈又は贈与をしたときは，当該被相続人は，その遺贈又は贈与について，特別受益者の相続分に関する規定を適用しない旨の意思を表示したものと推定される。この結果，婚姻期間が 20 年以上の夫婦間の居住用不動産の遺贈又は贈与は，この推定によって，本来は特別受益として取り扱われるべきものを，特別受益としては取り扱わないものとすることができる。

配偶者のための持戻し免除の意思表示の推定に関する規定は平成 30 年民法によって新設され，令和元年７月１日以後に開始した相続について適用されるが，当該贈与等が令和元年６月 30 日以前にされたものであるときには，適用されない。

根拠条文等 民 903 ④（平成 30 年民法より）
参考文献 過 116

廃除

⇒推定相続人の廃除
⇒法定推定家督相続人の廃除
⇒推定遺産相続人の廃除

廃絶家再興

⇒再興

廃嫡

旧民法の施行前の廃嫡とは，旧民法の施行以後における法定推定家督相続人の廃除に相当するものである。戸籍には，願済廃嫡又は，（単に）廃嫡と記載され，通常，併せて，嗣子などが定められた。

参考文献 過 343，手 26

引取入籍

旧民法において，入籍そのものを目的とする法律行為（身分行為）としての入籍の一つが引取入籍であった。

婚姻又は養子縁組によって他家に入っ（入籍し）た者が，自己の親族を，婚家又は養家の家族としようとするときは，親族入籍の場合に必要とされる戸主の同意の他，その配偶者又は養親の同意を得なければならず，また，婚家又は養家を去った（去家した）者が，その家（婚家又は養家）に在籍している自己の直系卑属を自家（去家した後に属している家）の家族としようとするときも同様であり，これによる入籍を引取入籍といった。

例えば，実家の戸籍に子がいる人が婚姻又は養子縁組で婚家又は養家に入籍した後，その子を，実家から婚家又は養家に入籍させて婚家若しくは養家の家族とし，あるいは，婚家又は養家の戸籍に子がいる人が，離婚又は離縁などで実家に復籍した後に，その子を婚家又は養家から実家に入籍させて実家の家族とすることが引取入籍であった。

根拠条文等 旧 738
参考文献 新（12），基 88，体 504，相二版（77（事項番号 416））

卑属

ある人（又は，その人の配偶者）から見て，より新しい世代（子を含み，子より新しい世代）の者をいう。例えば，親から見て子は直系卑属１親等の血族，伯父から見て甥は傍系卑属３親等の血族となる。

根拠条文等 旧 726，民 726
参考文献 基 44，体 94

卑属親（ひ）

旧民法の施行前，直系卑属を卑属親ともいった。

被代襲者（ひ）

⇒代襲相続，代襲相続人，代襲原因，代襲者

非嫡出子（ひ）

⇒嫡出でない子，嫡出ニ非サル子

非嫡出子の法定相続分（ひ）

直系卑属（子）が相続人である場合に，子に嫡出子と非嫡出子がいるときは，旧民法施行中の遺産相続，応急措置法施行中の相続において，非嫡出子の法定相続分は嫡出子の法定相続分の２分の１であった。新民法の施行後も同様であり，新民法施行中の相続，昭和 37 年民法の相続，昭和 55 年民法の相続まで同様であった。

そして，昭和 62 年民法の相続においても同様であったが，平成 25 年最高裁決定によって，非嫡出子の法定相続分は嫡出子の法定相続分の２分の１とされている民法の規定が，平成 13 年７月当時には憲法違反であったとされたことで，該当条文の改正はないものの，平成 13 年７月１日以後に開始した相続については，原則として，非嫡出子の法定相続分は嫡出子の法定相続分と同等となった。

その後，平成 25 年民法によって該当条文が改正され，平成 25 年民法の相続，平成 30 年民法の相続では，全て，非嫡出子の法定相続分と嫡出子の法定相続分は同等となっている。

根拠条文等 旧 1004，応７②，民 900 iv，最大決平 25・９・４民集 67 巻６号 1320 頁

夫婦共同縁組の原則（ふ）

夫婦は共同してでなければ，養子縁組をすることができなかったという規律を夫婦共同縁組の原則という。

夫婦共同縁組の原則は，養親として縁組をする場合にも，養子として縁組をする場合にも適用された。

旧民法にあっては，夫婦共同縁組の原則が適用され，ただ，夫婦の一方が他の一方の子を養子とする場合には，他の一方の同意があれば単独で縁組をすることができた。

夫婦共同縁組の原則は，新民法施行後も，昭和 62 年民法前まで（昭和 62 年 12 月 31 日まで），適用された。

昭和 62 年民法以後（昭和 63 年 1 月 1 日以後）は，夫婦であっても，原則として，単独で縁組をすることができるようになり，配偶者の同意を得れば，配偶者のある者は単独で縁組をすることでき，ただ，配偶者のある者が未成年者を養子とするには，配偶者とともにしなければならないとされた。

旧民法の施行前も，おおむね，旧民法における場合と同様であったが，戸籍において戸主の養子とされている者は，戸主の妻との養子縁組に関する記載がない場合であっても，戸主及び戸主の妻を養親とする共同養子縁組が成立したと判断することができる。

⇒特別養子，特別養子縁組

根拠条文等 旧 841，民 795・796
参考文献 基 148，過 342，体 349，手 52

ふ 復籍

養子縁組によって養親の戸籍に入籍した養子は，その養親と離縁すると，原則として，養親の戸籍を除籍し，養子縁組前の戸籍に再び入籍した。また，婚姻によって新たな戸籍に入籍した者は，離婚すると，その戸籍を除籍し，婚姻前の戸籍に再び入籍した。このように，離縁した養子や離婚した者が，養子縁組前又は婚姻前の戸籍に再び入籍する（戻る）ことを復籍といい，応急措置法，新民法以後にあっては戸籍の記載に関わるだけで，親子ではなくなり，また，夫婦ではなくなること以外に相続に関する影響（民法上の効果）はない。

旧民法では，養子縁組によって養家に入った養子は，その養親と離縁すると，養家を去って実家に入った。また，婚姻によって婚家に入った妻又は入夫は，離婚すると，婚家を去って実家に入った。このように，離縁した養子や離婚した妻又は入夫が実家に入る（戻る）ことを復籍といった。

復籍は，家（元在籍した家）に入るという意味では，入籍と同じではあるが，親族入籍や引取入籍とは，法的効果が異なった。復籍した者は，実家において有していた身分を回復した。実家において有していた身分を回復するとは，例えば，実家において二男であった者が養子として他家に入った後，離縁によって実家に復籍すると，親族入籍した者としてではなく，元の二男としての身分に戻ったという意味で，家督相続の順序に影響があった。

復籍するべき実家が廃絶している（廃家又は絶家となっている）ことで復籍することができない場合は，一家創立をするが，実家を再興することもできた。

⇒復籍と家督相続

根拠条文等 旧 739・875・740
参考文献 基 93・153・94

ふ 復籍と家督相続

旧民法の施行中（明治 31 年 7 月 16 日から昭和 22 年 5 月 2 日までの間）に家督相続が開始したとき，復籍した直系卑属には，入籍者の場合の第 1 種法定家督相続人の順序の特則の適用はなかった。

そのため，例えば，戸主に長男，二男，三男がいて，二男が養子縁組によって他家に入籍した後，長男が死亡し（長男に直系卑属はいないものとする。），二男が離縁によって復籍した場合，戸主の死亡によって家督相続が開始したときは，二男が家督相続人となった。

根拠条文等 旧 972
参考文献 基 188

ふ 不動産の取得時期と隠居又は入夫婚姻との関係

⇒生前相続と死亡相続

ぶ 分家

旧民法では，家族は，現に属する家から分かれて，自己を戸主とする新しい家を設立（新しい家の戸籍を編製）することができる。これによって新たに設立された家を分家といい，その設立する行為を分家するといった。

分家するには，分家しようとする者の属する家の戸主の同意を要し，分家届によって，分家した者を戸主とする分家の新戸籍が編製され，分家前の家とは本家と分家の関係になったが，戸主の長男など，法定推定家督相続人の去家の制限がある場合には分家することはできなかった。

分家すると，本家の戸主を被相続人として開始した家督相続については，その戸主の直系卑属であっても，家督相続人となる資格を失った。

このように，分家は現代の分籍とは異なり，民法上の効果があったが，旧民法の施行前の戸籍には，分籍と記載されているものも見られる。

⇒携帯入籍

根拠条文等 旧 743
参考文献 基 98・100，体 506・639，相 5，相二版（82～84（事項番号 447～454））

ぶ 分籍

現代，戸籍の筆頭者及びその配偶者以外の者で，成年に達した者は分籍をすることができ，分籍の届出があったときは，新戸籍が編製される。

旧民法の施行中（及び旧民法の施行前）の分家と異なり，分籍は，親族関係，相続には影響を与えない。

根拠条文等 戸籍法 21

平成 30 年民法

⇒第 2 編第 1 章第 1 節

平成 30 年民法の相続・相続人

新民法以後の相続・相続人のうち，平成 30 年民法が施行された以後（令和元年 7 月 1 日以後）に開始した相続であり，その相続人である。

配偶者は常に相続人となり，子，直系尊属，兄弟姉妹が各々第 1 順位から第 3 順位の相続人として，先順位の者が優先して相続人となり，配偶者と第 1 順位から第 3 順位の相続人がいる場合，同順位として，次のとおりの法定相続分となる。半血の兄弟姉妹の法定相続分は全血の兄弟姉妹の法定相続分の 2 分の 1（非嫡出子と嫡出子の法定相続分は同等）で共同相続人となる。

<table>
<tr><td colspan="2">常に相続人となる平成 30 年民法の相続人</td><td colspan="2" rowspan="2">相続人の順位</td></tr>
<tr><td colspan="3">法定相続分</td></tr>
<tr><td rowspan="3">配偶者</td><td>2 分の 1</td><td>2 分の 1</td><td>第 1 順位（第 1 順位の平成 30 年民法の相続人）
被相続人の子
＊　代襲相続の適用</td></tr>
<tr><td>3 分の 2</td><td>3 分の 1</td><td>第 2 順位（第 2 順位の平成 30 年民法の相続人）
被相続人の直系尊属（被相続人と親等が近い者）</td></tr>
<tr><td>4 分の 3</td><td>4 分の 1</td><td>第 3 順位（第 3 順位の平成 30 年民法の相続人）
被相続人の兄弟姉妹
＊　代襲相続の適用（被相続人の甥姪まで）</td></tr>
</table>

⇒常に相続人となる平成 30 年民法の相続人
⇒第 1 順位の平成 30 年民法の相続人
⇒第 2 順位の平成 30 年民法の相続人
⇒第 3 順位の平成 30 年民法の相続人
⇒代襲による平成 30 年民法の相続

根拠条文等 民 887 ～ 890
参考文献 過 27

平成 25 年最高裁決定

民法 900 条 4 号ただし書前段と憲法 14 条 1 項との関係について，平成 25 年 9 月 4 日最高裁判所大法廷は，民法 900 条 4 号ただし書前段の規定は，「遅くとも平成 13 年 7 月当時において，憲法 14 条 1 項に違反していたものというべきである。」，平成 13 年 7 月当時から「本決定までの間に開始された他の相続につき，本件規定を前提としてされた遺産の分割の審判その他の裁判，遺産の分割の協議その他の合意等により確定的なものとなった法律関係に影響を及ぼすものではないと解するのが相当である。」と決定した（民集 67 巻 6 号 1320 頁）。

これを受け，平成 25 年 12 月 11 日民二第 781 号民事局長通達において，“平成 13 年 7 月 1 日以後に開始した相続における法定相続に基づいて持分を取得した者を登記名義人とする登記については，嫡出でない子の相続分が嫡出である子の相続分と同等であるものとして，法定相続以外の遺言や遺産分割等に基づいて持分を取得した者を登記名義人とする登記については，当該遺言や遺産分割等の内容に従って，事務を処理すれば足りる。”とされた(注)。

ただ，すでに昭和 62 年民法の規定を前提に遺産分割が成立するなど，確定的なものとなった法律関係には影響は及ばない。

(注) 同趣旨の法務省先例として，平 25・9・4 民事局民事第二課補佐官事務連絡，平 25・9・4 民事局商事課補佐官事務連絡，平 25・12・11 民商第 108 号民事局長通達がある。

⇒昭和 62 年民法の相続・相続人

根拠条文等 民 901
参考文献 過 147

平成 25 年民法

⇒第 2 編第 1 章第 2 節

平成 25 年民法の相続・相続人

新民法以後の相続・相続人のうち，平成 25 年民法が適用された後，平成 30 年民法が施行される前まで（平成 25 年 9 月 5 日から令和元年 6 月 30 日までの間）に開始した相続であり，その相続人である。

配偶者は常に相続人となり，子，直系尊属，兄弟姉妹が各々第 1 順位から第 3 順位の相続人として，先順位の者が優先して相続人となり，配偶者と第 1 順位から第 3 順位の相続人がいる場合，同順位として，次のとおりの法定相続分となった。半血の兄弟姉妹の法定相続分は全血の兄弟姉妹の法定相続分の 2 分の 1（非嫡出子と嫡出子の法定相続分は同等）で共同相続人となった。

常に相続人となる平成25年民法の相続人	法定相続分		相続人の順位
配偶者	2分の1	2分の1	第1順位（第1順位の平成25年民法の相続人） 被相続人の子 ＊　代襲相続の適用
	3分の2	3分の1	第2順位（第2順位の平成25年民法の相続人） 被相続人の直系尊属（被相続人と親等が近い者）
	4分の3	4分の1	第3順位（第3順位の平成25年民法の相続人） 被相続人の兄弟姉妹 ＊　代襲相続の適用（被相続人の甥姪まで）

⇒常に相続人となる平成25年民法の相続人

⇒第1順位の平成25年民法の相続人

⇒第2順位の平成25年民法の相続人

⇒第3順位の平成25年民法の相続人

⇒代襲による平成25年民法の相続

根拠条文等 民887～890

参考文献 過131・136

ほ 抛棄，放棄

⇒相続の放棄

ぼ 傍系

兄弟姉妹や，叔父と甥のように，互いに直接の祖先と子孫の関係にはないが，祖先を同一とする者相互の血族の関係をいう。

傍系の尊属が傍系尊属，傍系の卑属が傍系卑属である。

傍系と対比される関係が，直系である。

根拠条文等 旧726②，民726②

参考文献 基44，体93

ほ 法定隠居

旧民法において，戸主は，隠居しなければ，婚姻によって他家に入ることができない，つまり，その婚姻届は受理されなかった。

ただ，戸主が，隠居をせずに，他家に入る婚姻届が誤って受理されてしまった場合は，その婚姻は有効に成立し，その戸主は，婚姻の日に隠居したものとみなされた。これは，法定隠居と呼ばれた。

養子縁組の場合も，同様であった。

根拠条文等 旧754・776，大判大5・1・20民録22輯49頁
参考文献 基116，相二版（72（事項番号389））

ほ 法定家督相続人

⇒法定家督相続人（旧民法施行前）
⇒第1種法定家督相続人
⇒第2種法定家督相続人

ほ 法定家督相続人（旧民法施行前）

⇒旧々民法を参考とする家督相続・家督相続人

ほ 法定血族

法定血族とは，自然血族ではないものの，血族として扱われる間柄をいう。準血族とも呼ばれる。

養親子関係に基づく血族関係の他，（旧民法（旧民法の施行前も）には）継親子関係に基づく血族関係があった。

根拠条文等 旧725 i，民725 i
参考文献 基44，体98

ほ 法定推定家督相続人

旧民法において，法定推定家督相続人とは，いまだ家督相続が開始していないときに，ある時点で家督相続が開始したとすると，その時点で第1種法定家督相続人の順序に従って最優先で家督相続人になるべき直系卑属をいった。通常，戸主の長男（子が女子のみであるときは長女）が法定推定家督相続人の地位にあり，家督相続人の予定者であった。法定推定家督相続人の地位は，次のとおり，一定の保護を受けた。

- 法定推定家督相続人は去家が制限されること（法定推定家督相続人の去家の制限）
- 法定推定家督相続人である男子がいる者には男子の養子が制限されること（男子養子の制限）
- 法定推定家督相続人は婿養子のために家督相続権を害されないこと（婿養子の場合の第1種法定家督相続人の順序の特則，第1種法定家督相続人の順序の特則）
- 家督相続人の指定は法定推定家督相続人の出現によって効力を失うこと

法定推定家督相続人であっても，廃除（法定推定家督相続人の廃除）によって，法定推定家督相続人の地位を失った。

第3編 キーワード

根拠条文等 旧 744・839・973・979・975
参考文献 基 171，過 293，相 31・215

ほ 法定推定家督相続人の去家の制限

旧民法では，戸主の長男など，法定推定家督相続人が，分家，婚姻，養子縁組，親族入籍，引取入籍などで，在籍している家を去る（去家する）こと（除籍すること）は制限されていた。その家の跡取りがいなくなることがないよう，法定推定家督相続人は，他家に入り，又は一家創立をすることはできなかった。

なお，本家相続の場合には，本家の家督相続人となって，他家である本家に入ることができた。

根拠条文等 旧 744
参考文献 基 108

ほ 法定推定家督相続人の廃除

法定推定家督相続人は，旧民法において，その地位の保護を受けていたが，廃除されることによって，その地位を失った（直系卑属であることには変わりない。）。これにより，法定推定家督相続人は家督相続権を剥奪され，家督相続が開始しても第１種法定家督相続人となることはなかった。法定推定家督相続人が廃除されると，その者以外で，第１種法定家督相続人の順序に従って新たな第１種法定推定家督相続人が定まった（ただし，代襲相続の場合もあった。）。

法定推定家督相続人の廃除は，次の事由があるときに，戸主である被相続人（となるべき者）が裁判所に請求することができた。

- 被相続人に対する虐待又は重大な侮辱
- 疾病その他身体・精神の状況により家政をとるに堪えないこと
- 家名に汚辱を及ぼす罪により刑に処せられたこと
- 浪費者として準禁治産の宣告を受け改悛の望みがないこと

これら以外の正当事由に基づいて，親族会の同意を得て，廃除を請求することもできた。

根拠条文等 旧 975
参考文献 基 172，相二版（75（事項番号 401・402））

ほ 法定相続分

被相続人の権利義務の承継について，民法の法定相続分の計算に関する規定に従って自動的に算定される共同相続人の各々の分数的な割合をいう。

民法では，見出しを除いて，単に相続分と記されている。

ほ 法定相続分の計算に関する規定

新民法以後は900条及び901条に規定されている。平成16年民法以後は，各々，法定相続分，代襲相続人の相続分と見出しが付されている。

応急措置法では8条，旧民法では遺産相続について1004条及び1005条に規定されている。

⇒平成30年民法の相続・相続人
⇒平成25年民法の相続・相続人
⇒平成25年最高裁決定
⇒昭和62年民法の相続・相続人
⇒昭和55年民法の相続・相続人
⇒昭和37年民法の相続・相続人
⇒昭和22年民法の相続・相続人
⇒応急措置法施行中の相続・相続人
⇒旧民法施行中の相続・相続人

根拠条文等 旧1004・1005，応8，民900・901

み 民法

本書においては，公布された成文の民法について，相続に関する改正事項等を中心に，各公布年に従って分類した。

	第2編掲載箇所
明治23年民法	⇒第1章第11節，第12節
明治31年民法	⇒第1章第9節，第10節
昭和17年民法	⇒第1章第9節，第10節
応急措置法	⇒第1章第8節
昭和22年民法	⇒第1章第7節
昭和37年民法	⇒第1章第6節
昭和55年民法	⇒第1章第5節
昭和62年民法	⇒第1章第3節，第4節
平成25年民法	⇒第1章第2節
平成30年民法	⇒第1章第1節

むこようしえんぐみ 婿養子縁組，婿養子

旧民法特有の婚姻の形態の一つに，婿養子縁組があった。婿養子縁組とは，夫が妻の家（の戸籍）に入る（入籍する）婚姻で，婿養子縁組の場合の夫を婿養子といった。また，婿養子縁組によって同時に，妻（女戸主ではない）の親と婿養子との間に養親子関係が成立した。婿養子縁組は婿養子縁組婚姻（婿養子婚姻）とも呼ばれることがあるが，婿養子縁組という用語は，婚姻及び養子縁組の意を含むものである。

婿養子縁組は，例えば，戸主の一人娘や，戸主の子が女子だけ（姉妹）の場合の長女であるときは，その子は法定推定家督相続人であることから，普通の婚姻によって夫の家に入ることができないため（去家の制限），婿養子縁組によって，夫を妻の家に迎えることで婚姻することができた。なお，二女以下の娘も，婿養子縁組によって婚姻することができた。

妻が女戸主ではないことで，入夫婚姻と区別された。

根拠条文等 旧 788

参考文献 新（１・２），基131・151，体354，相二版（46・47（事項番号 227〜232））

むこようしのばあいのだいいっしゅほうていかとくそうぞくにんのじゅんじょのとくそく 婿養子の場合の第１種法定家督相続人の順序の特則

旧民法の施行中（明治 31 年７月 16 日から昭和 22 年５月２日までの間）に家督相続が開始し，その開始の時に，戸主と同じ家（の戸籍）に在籍する直系卑属として婿養子がいたとき，婿養子の第１種法定家督相続人の順序については，以下のとおり，特別の規定が設けられていた。

それは，法定推定家督相続人は，その姉妹のためにする養子縁組（婿養子縁組）によって，その家督相続権を害されることがないというもので，これは，法定推定家督相続人との関係においては，婿養子は，養子としての本来の第１種法定家督相続人の順序によれば法定推定家督相続人に優先する順序であったとしても，法定推定家督相続人が優先するという趣旨であり，つまり，この場合であっても，法定推定家督相続人の地位に変動はなかったことになる。要するに，婿養子は，婿養子縁組の際に，自己以外に法定推定家督相続人がいるときは，家督相続人とはならなかったのである。

例えば，戸主に長女と二女がいて，二女が婿養子縁組をした後に戸主の死亡によって家督相続が開始したときは，第１種法定家督相続人の順序によれば男子である婿養子が家督相続人になるところ，婿養子の場合の第１種法定家督相続人の順序の特則によって婿養子ではなく，長女が家督相続人になった。

なお，婿養子と，その妻である家女とでは，男子である婿養子が家督相続の順序が優先したため，例えば，戸主に長女一人娘又は他の子も娘だけがいて，長女が婿養子縁組をした後に戸主の死亡によって家督相続が開始したとき，その婿養子が家督相続人になった。

根拠条文等 旧 973

参考文献 基 193，体 356

め 明治 31 年民法

⇒第 2 編第 1 章第 9 節，第 10 節

め 明治 23 年民法

⇒第 2 編第 1 章第 11 節，第 12 節

も 持戻し免除の意思表示の推定

⇒配偶者のための持戻し免除の意思表示の推定

よ 養家

⇒家，家制度

⇒養子

よ 養子，養子縁組，養親，養父，養母，養女，養親子関係

養子は，養子縁組（縁組）の日から養子は養親の嫡出子の身分を取得することのほか，旧民法では，養子は養親の家（の戸籍）に入った（入籍した）。

養子縁組は，養親は成年に達していること，養子は尊属又は年長者でないことなどが要件とされ，他にも，旧民法に特有の要件があった。

それは，まず，夫婦共同縁組の原則であり，さらに，養子は他家の法定推定家督相続人でないこと（去家の制限），家族が縁組をするときは戸主の同意を得ること，戸主が養子として他家に入るときは廃家をすること，成年の子が養親となるとき又は満 15 歳以上の子が養子となるときは同じ家の父母の同意を得ることなどや，男子養子の制限であった。

また，旧民法では，現代にはない制度として，遺言養子があった。

養子縁組によって成立した養親子関係のうちの子が養子であり，女である養子の続柄は養女とされる。また，養子縁組によって成立した養親子関係のうちの親が養親であり，その父の場合を養父，その母の場合を養母という。

養子は，養子縁組の日から，養親の嫡出子の身分を取得する。

養子は，婚姻によって氏を改めた者については，婚姻の際に定めた氏を称すべき間を除いて，養親の氏を称するところ，旧民法では，養子は，養子縁組によって，養親の家に入ったが，これにより，養親の家の氏を称した。

養子と養親及びその血族との間においては，養子縁組の日から，血族間におけるのと同一の親族関係を生ずる。これによる親族関係が養親子関係に基づく親族関係であり，法定血族である。養子縁組によって，例えば，養親の親と養子とは祖父母と孫に，養親の子と養子は兄弟姉妹になるが，養親と養子の血族との間には血族関係は生じない。

養親子関係が成立しても，当該養子と，その実方の親族との親族関係は継続（特別養子の場合を除く。）する。

養子縁組は，旧民法の施行後，現代に至るまで，戸籍の届出（養子縁組届）が受理されることで成立するが，旧民法の施行前は，戸籍の届出がなくても，事実上の養親子関係（旧々民法では儀式）にあれば婚姻が成立したと考えられている（相続実務では，当時の戸籍の記載をもって判断することになる。）。

⇒婿養子縁組

⇒特別養子，特別養子縁組

⇒養子を通した親族関係

⇒養子の子と親族関係

根拠条文等 旧 727・860・861・837 ～ 847・851，民 727・809・810・792 ～ 799，人 113

参考文献 新 20，基 47・148，過 53・248・341，体 333，相二版（12 ～ 20（事項番号 42 ～ 88））

よ 養嗣子

旧民法の施行前に，戸籍に，養嗣子と記載されている者は，旧民法の施行以後の指定家督相続人として指定された養子に，概ね相当する。

⇒嗣子

参考文献 過 343，体 38

よ 養子の子と親族関係

養子縁組によって養親子関係が成立した後，養子に子ができたときは，その子は養子を通じて，養親及び養親の血族と親族関係（法定血族）を生じた。例えば，養子縁組によって養父の養子となった者に，その後，実子又は養子ができたときは，その実子又は養子は，当該養父の孫，つまり，養親は養子の子の祖父母となる。

他方，養子の子ではあっても，養子縁組前に出生又は養子縁組した子は，養親及び養親の血族と親族関係は生じない。

⇒養子の子と代襲相続

よ 養子の子と代襲相続

被相続人の亡子の子が代襲相続するには，家督相続，遺産相続を問わず，亡子の子が被相続人の孫（直系卑属）でなければならなかった。

養子縁組によって養親子関係が成立した後，養子に子ができたときは，その子は養子を通じて，養親の孫，つまり，養親は養子の子の祖父母となった（養子の子と親族関係）。したがって，被相続人の養子の子は，被相続人の孫であり，直系卑属であった。

そのため，被相続人に養子がいて，その養子に，養子縁組後に出生した子がいる場合に，その養子（家督相続人となるべき者，遺産相続人となるべき者，相続人になるべき者）が相続の開始前に死亡するなどしたときは，その養子の当該子が代襲して家督相続人，遺産相続人，相続人となった。

なお，養子の子ではあっても，養子縁組前に出生した子は，養親の孫とはならなかったため（養子縁組前から孫である場合は除く。），被相続人について開始した相続について代襲相続人となることはなかった。

根拠条文等 旧 974・995・1004・1005，民 887 ②③・901
参考文献 基 207・262，体 581

よ 養子の場合の第１種法定家督相続人の順序の特則

旧民法の施行中（明治 31 年７月 16 日から昭和 22 年５月２日までの間），養子に，戸主の嫡出子として第１種法定家督相続人の順序が適用される場合，第１順序から第４順序までは原則どおり適用されたが，第５順序の適用には特例があった。

それは，家督相続に関しては，養子は，本来の生年月日ではなく，嫡出子の身分を取得した時（養子縁組の日）に生まれたものとみなして年長年少を定めるというものであった。例えば，同じ家（の戸籍）に，つまり，二人の嫡出子である女子（先に生まれた者と後に生まれた者）がいた場合（子はそれらの女子のみ）に，先に生まれた者が養子であり，後で生まれた者は実子（前者の養子縁組の前に出生）であったときは，生来は前者が年長でも，後者が第１種法定家督相続人となった。

なお，養子は，他家から養家に入籍した者ではあっても，入籍者の場合の第１種法定家督相続人の順序の特則の適用はなかった。

⇒婿養子の場合の第１種法定家督相続人の順序の特則

根拠条文等 旧 970 ②
参考文献 基 180

よ 養子の入る家

⇒養子，養子縁組，養親，養母，養女，養親子関係

よ 養子離縁における養親と養子の子等との親族関係の不消滅

⇒養親子関係の終了の例外

よ 養子を通した親族関係

養子縁組によって養親子関係が成立した後，養子に子ができたときは，その子は養子を通じて，養親及びその血族との間に血族と同一の親族関係が生じた。

つまり，養子の子は養親の孫（直系卑属）になり（養親は養子の子の祖父母（直系尊属）），養子の子は養親の子（当該養子以外）の甥姪となった。

なお，既に子がいる者が養子となった場合，その子が，養親の直系卑属でない限り，その子と養親及びその血族との間に血族と同一の親族関係は生じなかった。すなわち，養子縁組が成立しても，養子縁組前に出生した養子の子は，養親の孫とはならなかったことを意味する。

⇒養子の子と代襲相続

⇒養親子関係の終了の例外

根拠条文等 大判昭7・5・11大民集11巻1062頁
参考文献 基213

よ 養親子関係の終了

養親子関係は離縁によって終了し，これにより，養子と養親及びその血族との親族関係が終了する。

その他，旧民法に特有の終了として，養親の去家による養親子関係の終了があった。

根拠条文等 旧730①・②，民729
参考文献 基65，過248

よ 養親子関係の終了の例外

養子と養親の離縁によって養子と養親及びその血族との親族関係は終了したが，旧民法では，これには例外があった。

これは，養子離縁における養親と養子の子等との親族関係の不消滅の場合で，養子の配偶者，直系卑属又はその配偶者が，養子の離縁によって，当該養子とともに養家を去った（去家）ときは，その者と養親及びその血族との親族関係が終了するということによる。ということは，養子の配偶者，直系卑属又はその配偶者は，養子の離縁によっても，当該養子とともに養家を去らないときは，その者と養親及びその血族との親族関係は終了しないということを意味した。

例えば，養親と養子が離縁して，その養子が実家に復籍しても，その養子の子（養子縁組後に出生）が引き続き，養親の家に在籍（残留）した場合，養親と当該（養子の）子との祖父母と孫としての関係は継続した。応急措置法，新民法以後では，養親と養子が離縁すると，在籍している戸籍にかかわらず，養親と当該（養子の）子との祖父母と孫としての関係は終了する。

⇒養子の子と親族関係

⇒離縁養子の子と代襲相続

根拠条文等 旧730③
参考文献 基67，過248，体98，手157

よ 養親の去家による養親子関係の終了

養子と養親及びその血族との親族関係は，旧民法に特有のものとして，養親の去家による養親子関係の終了によっても終了した。

これは，旧民法に特有の終了として，養親が，養家を去った（去家）したときも，その者及びその実方の血族と養子との親族関係は終了したというものである。

例えば，夫婦が婚姻し（妻が実家から夫の家に入籍），夫婦が養子と養子縁組をした後，離婚し，当該妻が実家に復籍すると，離縁はないものの，当該妻であり養母であった者と，その養子の養親子関係は終了した（養父との養親子関係は終了しない。）(注)。

養親の去家による養親子関係の終了には例外があり，養親が，その家を去った（去家）ときであっても，それが，本家相続，分家，廃絶家再興の場合には，養親子関係は終了しなかった。

(注) 去家によって養親子関係が終了する養親は他家から当該養家に入籍した者に限られるため，生来，当該養家に在籍している養親が他家に入籍したとしても，養親子関係は終了しなかった。なお，旧民法の施行前にあっては，生来，当該養家に在籍している養親であっても，他家に入籍したときは，養親子関係が終了した（登研 527 号 160 頁）。

根拠条文等 旧 730 ②・731
参考文献 基 69・71，過 250，体 99，手 140

り 離縁

離縁によって，養子と養親及びその血族との親族関係が終了した。

旧民法では，養子縁組によって養家に入った養子は，その養親と離縁すると，実家に復籍し，実家において有していた身分を回復した。

さらに，離縁には，旧民法特有の要件として，養子が戸主となった後は，隠居しない限り，離縁することができなかったという制限があった。

⇒復籍と家督相続人

根拠条文等 旧 730・739・875・874，民 729・811・814・816
参考文献 基 153，体 370，相二版（21 ～ 32（事項番号 89 ～ 153））

り 離縁養子の子と代襲相続

旧民法の施行中，被相続人の亡子の子が代襲相続するには，家督相続，遺産相続を問わず，亡子の子が被相続人の孫（直系卑属）でなければならなかった。

被相続人の養子に子（養子縁組後に出生）がいて，被相続人である養親と養子が離縁したときは，旧民法特有の規律（養親子関係の終了の例外）として，養子の子が養親（被相続人）の家（の戸籍）に残留した場合，引き続き，養子の子は養親の孫であった。

そのため，被相続人の養子の子がいて，被相続人と養子が離縁しても，その養子縁組前に出生した子である場合に，その子が養親（被相続人）の家（の戸籍）に残留した場合には，その後，被相続人について開始した相続について，その子が，その離縁した養子（家督相続人となるべき者，遺産相続人となるべき者）を代襲して（代襲原因は離縁），家督相続人，遺産相続人となった。

⇒養子の子と親族関係

根拠条文等 旧 974・995・1004・1005・730 ③
参考文献 基 209・213・67・263

り 離婚

離婚によって，互いに配偶者でなくなることとはもちろん，その婚姻に基づいた姻族関係が終了した。

旧民法では，離婚が成立すると，婚姻によって他家（婚家）に入った者は，実家に復籍し，これにより，実家における身分を回復した。

⇒復籍と家督相続人

⇒入夫の離婚

根拠条文等 旧 729，民 728
参考文献 基 135，体 416，相二版（48 ～ 51（事項番号 237 ～ 259））

り 留保財産

⇒財産留保

判例・通達等索引

著者略歴

末光　祐一（すえみつ　ゆういち）

司法書士，土地家屋調査士，行政書士
法制史学会会員

昭和 63 年　司法書士試験合格，土地家屋調査士試験合格，行政書士試験合格
平成元年　司法書士登録，土地家屋調査士登録，行政書士登録
　　　　　愛媛県司法書士会入会，愛媛県土地家屋調査士会入会，愛媛県行政書士会入会
　〜
現在
日本司法書士会連合会
　空き家・所有者不明土地問題等対策部委員
　司法書士執務調査室　執務部会室委員
　マネーローンダリング・テロ資金供与対策部会室委員
社会福祉法人愛媛県社会福祉協議会
　生活福祉資金貸付審査等運営委員会委員
　〜
継続
愛媛大学法文学部総合政策学科
　司法コース　非常勤講師（不動産登記）

元職（主なもの）
愛媛県司法書士会
　常任理事研修部長，副会長総務部長
日本司法書士会連合会
　司法書士中央研修所副所長，理事，ADR 対策部長，司法書士執務調査室執務部会長，司法書士総合研究所業務開発研究部会主任研究員
社団法人（現：公益社団法人）成年後見センター・リーガルサポートえひめ
　支部長
　㈶法律扶助協会愛媛県支部
　運営委員
国土交通省委託事業

都市と農村の連携による持続可能な国土管理の推進に関する調査検討委員会委員，持続可能な国土管理主体確保のための検討会（以上，三菱 UFJ リサーチ＆コンサルティング株式会社）委員
農林水産省委託事業
相続未登記農地実態調査　調査検討会（公益財団法人日本生態系協会）委員
社会福祉法人松山市社会福祉協議会
法人成年後見事業検討委員会委員，松山市市民後見検討委員会委員
㈳愛媛県作業療法士会
理事（外部）

【主な著書】
『事例でわかる　過去から現在の相続に関する法律と実務』（日本加除出版，2020 年）
『事例でわかる　基礎からはじめる旧民法相続に関する法律と実務』（日本加除出版，2019 年）
『Q＆A　不動産の時効取得・瑕疵担保責任に関する法律と実務』（日本加除出版，2018 年）
『事例でわかる戦前・戦後の新旧民法が交差する相続に関する法律と実務』（日本加除出版，2017 年）
『Q＆A　隣地・隣家に関する法律と実務』（日本加除出版，2016 年）
『Q＆A　道路・通路に関する法律と実務』（日本加除出版，2015 年）
『Q＆A　農地・森林に関する法律と実務』（日本加除出版，2013 年）

新旧民法・相続キーワード215
—相続法変遷・相続人特定チェックリスト付き—

2021年12月16日　初版発行

著　者　末　光　祐　一
発行者　和　田　　　裕

発行所　日本加除出版株式会社

本　社　郵便番号171－8516
東京都豊島区南長崎３丁目16番６号
TEL　(03)3953－5757(代表)
(03)3952－5759(編集)
FAX　(03)3953－5772
URL　www.kajo.co.jp

営業部　郵便番号171－8516
東京都豊島区南長崎３丁目16番６号
TEL　(03)3953－5642
FAX　(03)3953－2061

組版・印刷　㈱亨有堂印刷所　／　製本　牧製本印刷㈱
表紙デザイン　㈱オセロ

ISBN978-4-8178-4774-4